Retorno à questão judaica

"Disseram-lhes sobre os judeus coisas infinitamente exageradas e muitas vezes contrárias à história. Como lhes atribuir as perseguições de que foram vítimas em diferentes povos? São, ao contrário, crimes nacionais que devemos expiar, devolvendo-lhes os direitos imprescritíveis do homem de que nenhum poder humano poderia tê-los destituído. Imputam-lhes, ademais, vícios, preconceitos, um espírito de seita e de lucro... Mas a quem podemos imputá-los senão às nossas próprias injustiças? Depois de tê-los excluído de todas as honrarias, até mesmo dos direitos à estima pública, só lhes restaram os objetos de especulação lucrativa. Devolvamo-los à felicidade, à pátria, à virtude, devolvendo-lhes a dignidade de homens e de cidadãos; pensemos que, digam o que disserem, nunca pode ser político condenar ao aviltamento e à opressão uma multidão de homens que vive no meio de nós."

MAXIMILIEN DE ROBESPIERRE, 23 de dezembro de 1789

"Que Céline tenha sido um escritor propenso ao delírio não o torna antipático para mim, mas esse delírio se exprimiu pelo antissemitismo; todo antissemitismo é, em última instância, um delírio e, mesmo delirante, o antissemitismo é e continua sendo o *erro capital.*"

MAURICE BLANCHOT, 1966

Introdução

"Nazistas, é isso o que vocês são, vocês expulsam os judeus de suas casas, vocês são piores que os árabes."

Proferida em dezembro de 2008 por jovens judeus fundamentalistas residentes em Hebron, na Cisjordânia, que jamais tinham conhecido o genocídio,[1] essa acusação dirigia-se a outros judeus, soldados do exército israelense (Tsahal), que tinham recebido ordens de evacuar seus compatriotas e que jamais, tampouco, tinham conhecido o genocídio.

"Nazistas piores que árabes": essa frase contém os significantes fundamentais da paixão que não cessa de se espalhar de uma ponta à outra do planeta desde que o conflito israelo-palestino transformou-se na questão central de todos os debates intelectuais e políticos no cenário internacional.

No coração desses debates – e tendo como pano de fundo matanças, massacres, afrontas –, judeus extremistas insultam outros judeus tratando-os de "piores que árabes". Isso mostra até que ponto eles odeiam os árabes, e não somente os palestinos, *todos os árabes*, isto é, o conjunto do mundo árabe-islâmico, e mesmo aqueles que não são árabes, mas que reivindicam o islamismo[2] em todas as suas variantes: jordanianos, sírios, paquistaneses, egípcios, magrebinos, iranianos etc. Judeus racistas, portanto, já que, nessa frase, comparam o que chamam de árabes – ou seja,

---

[1] Stéphane Amar, "Cette maison est à nous, ce pays appartient au peuple d'Israël", *Libération*, 6 dez 2008.

[2] O islamismo é a terceira religião monoteísta, fundada no século VII por Maomé. Deriva do judaísmo e reivindica seus profetas, Abraão e Moisés, donde a apelação de religião abraâmica. O judaísmo é uma religião da *Halachá*, o islamismo uma religião da *charia*: em ambos os casos, a lei promulgada por Deus rege a vida do crente: direito, culto, ética, comportamento social. A palavra "muçulmano" designa as pessoas que professam o islamismo. O adjetivo "islâmico" remete ao islamismo como religião. O islamismo é uma doutrina política surgida no século XX, e o islamismo "radical" uma exacerbação do islamismo que visa instaurar, em nome da lei de Deus, um regime teológico-político no lugar dos Estados laicos. Mas o islamismo também remete a uma cultura, assim como as outras religiões. O ortodoxismo e o fundamentalismo designam, no cristianismo, a adesão estrita a uma doutrina. O primeiro termo se aplica ao protestantismo, o segundo, ao catolicismo, mas ambos foram estendidos ao judaísmo e ao islamismo.

conjuntamente, muçulmanos e islamitas – a nazistas, *como sendo menos piores*; mas judeus que também assimilam outros judeus a *piores que árabes*, ou seja, aos maiores assassinos da história, aos genocidas responsáveis pelo que se chama em hebraico *Choah* (Holocausto), catástrofe – o extermínio dos judeus da Europa – tão determinante na fundação do Estado de Israel.[3]

Se transpusermos os muros, as cercas de arame farpado, as fronteiras, podemos estar certos de topar com a mesma paixão, gerada por extremistas que, embora não representem toda a opinião pública, nem por isso são menos influentes. Do Líbano ao Irã, e da Argélia ao Egito, os judeus, muitas vezes, são tratados aqui e acolá como nazistas ou assimilados a exterminadores do povo palestino. Quanto mais os judeus como um todo são comparados a genocidas pós-colonialistas, adeptos do imperialismo americano, ou a islamofóbicos,[4] mais uma literatura proveniente da tradição do antissemitismo europeu é consumida: "Os judeus," dizem eles, "são descendentes dos macacos e dos porcos." Mais ainda: "Os Estados Unidos foram corrompidos pelos judeus, os cérebros dos americanos foram mutilados pelos cérebros dos judeus. A homossexualidade foi difundida pelo judeu Jean-Paul Sartre. As calamidades que assolam o mundo, as tendências bestiais, a concupiscência e o comércio abominável com animais provêm do judeu Freud, assim como a propagação do ateísmo provém do judeu Marx."[5]

Num mundo assim, não se hesita em ler *Mein Kampf* [*Minha luta*], *Os Protocolos dos sábios de Sião*, *Les mythes fondateurs de la politique*

---

[3] [Em francês] escreve-se Judeu com letra maiúscula para designar os judeus no sentido da judeidade (que formam um povo) e judeu com letra minúscula para designar os judeus no sentido religioso (os que praticam a religião judaica, ou judaísmo, como os cristãos ou os muçulmanos). [Em português não existe essa distinção vernacular. Por isso, o leitor brasileiro deve ter em mente que o adjetivo "judeu" refere-se ora ao povo, ora aos praticantes do judaísmo. (N.T.)]

[4] O neologismo "islamofobia" designa uma difamação do islamismo assimilada a um racismo, ao passo que a Declaração Universal dos Direitos do Homem, segundo a qual nenhum ataque aos direitos de Deus é admissível, vê esse tipo de colocação como uma blasfêmia. Islamofobia, judeofobia, cristianofobia ou, inversamente, judeofilia, islamofilia, cristianofilia ou filossemitismo são neologismos ambíguos a serem utilizados com prudência.

[5] Cf. "Les racines de l'antisémitisme arabe", sinopses de jornais, *Courrier International*, fev-mar-abr 2009, número especial, p.12 e 13. E declarações feitas em 2009 contra o sionismo e seus "cúmplices" pelo ulemá egípcio Alla Saïd e depois difundidas pela cadeia de televisão Al-Rahma, em 2 de janeiro de 2009.

israélienne [*Os mitos fundadores da política israelense*],[6] em negar a existência das câmaras de gás ou, então, em denunciar pretensos complôs judeus visando dominar o mundo. Qualquer coisa cabe: os jacobinos, os defensores do capitalismo liberal, os comunistas, os franco-maçons, todos são apresentados como agentes dos judeus, como revela, por exemplo, o artigo 22 da Carta do Hamas, num total retrocesso em comparação com a da OLP[7]: "Já faz muito tempo que os inimigos [os judeus] têm feito e adotado planos para chegar aonde chegaram ... . Com dinheiro, assumem o controle da mídia mundial, das agências de notícias, jornais, editoras, rádios ... . Estiveram por trás da Revolução Francesa, da Revolução Comunista e da maioria das revoluções de que ouvimos falar, de tempos em tempos, aqui e acolá. Com dinheiro, criaram organizações secretas em todas as partes do mundo para destruir as sociedades e servir aos interesses sionistas, organizações como a franco-maçonaria, os Rotary Clubes, Lions, o B'nai B'rith etc. Com dinheiro, foram capazes de assumir o controle dos Estados colonialistas e foram eles que os instigaram a colonizar várias regiões para explorar suas riquezas e lá espalhar sua corrupção ... ."[8]

Se nos voltarmos agora para o coração da Europa, particularmente para o lado da França, veremos que as ofensas irrompem com a mesma violência. Muitos ensaístas, escritores, filósofos, sociólogos, jornalistas apoiam a causa israelense cobrindo de injúrias aqueles que defendem a causa palestina, que os insultam de volta, uns e outros não parando, aliás, de se tratar reciprocamente de nazistas, negacionistas, antissemitas, racistas. De um lado, os que malham o "Holocausto *business*", o "Estado sio-

---

[6] *Os Protocolos* são um documento forjado em 1903 por um agente da polícia secreta russa, Mathieu Golovinski (1865-1920), destinado a atestar a existência de um pretenso complô fomentado por um grupo de sábios judeus visando exterminar a cristandade. Roger Garaudy, *Les mythes fondateurs de la politique israélienne*, Paris, Samiszdat, 1996. Existe uma única edição francesa de *Mein Kampf*, publicada em 1934.

[7] OLP: Organização para a Libertação da Palestina, cuja Carta, laica, editada em 1964, foi considerada "caduca" em 1989 por Yasser Arafat, fundador em 1959 do Fatah, principal organização de resistência nacional à criação do Estado de Israel. Com essa declaração, Arafat reconhecia a existência desse Estado. Hamas: Movimento de resistência islâmico, originário do ramo palestino dos Irmãos Muçulmanos, que negam a existência do Estado de Israel.

[8] Texto fundador da Carta do Hamas, 1987. Citado por Charles Enderlin, *Le grand aveuglement. Israël et l'irrésistible ascension de l'islam radical*, Paris, Albin Michel, 2009.

nista genocida", o "nacional-laicismo", os "collabeurs"[9], os "judeólatras", os "jufistas" (judeus sionistas); de outro, os que denunciam os "colabo-esquerdistas-islamo-fascistas-nazistas".[10]

Em suma, o conflito israelo-palestino – vivido como um rompimento estrutural entre os judeus e o mundo árabe-islâmico, mas também como uma clivagem inerente à judeidade dos judeus, ou então como uma ruptura entre o mundo ocidental e o mundo ex-colonizado – passou a ocupar um lugar central em todos os debates entre intelectuais, estejam eles conscientes disso ou não.

E o motivo é compreensível. Depois do extermínio dos judeus pelos nazistas – acontecimento tragicamente fundador de uma nova organização do mundo que resultou na Declaração Universal dos Direitos do Homem e no Estado de Israel na Palestina –, as noções de genocídio e de crime contra a humanidade tornaram-se aplicáveis a todos os Estados do planeta. Consequentemente, e de modo progressivo, o discurso do universalismo dito "ocidental" foi seriamente questionado. Como as nações mais civilizadas da Europa tinham dado origem à maior das barbáries – ou seja, Auschwitz –, passava a ser possível, para todos os povos humilhados pelo colonialismo ou pelas diversas formas de exploração capitalista, bem como para todas as minorias oprimidas (devido a seu sexo, cor da pele ou identidade), contestar os valores de liberdade e de igualdade considerados "universais". Com efeito, em nome deles os Estados ocidentais haviam cometido o pior e continuavam a reinar sobre o mundo perpetrando crimes e delitos em total contradição com os princípios da Declaração dos Direitos que eles mesmos tinham promulgado.

Assiste-se, assim, a uma nova querela dos universais. Quer nos interessemos pela globalização, pela história do colonialismo e do pós-colonialismo, pela história das chamadas minorias "étnicas" ou "identitárias", quer nos debrucemos sobre a construção ou a desconstrução das determinações de gênero ou de sexo (homossexualidade, heterossexualidade), ou expressemos a necessidade de estudar o fato religioso ou a dessacralização do mundo, ou tomemos partido da história memorial

[9] Insulto composto de "colaborador" e "*beur*", gíria por vezes pejorativa com que os árabes são tratados no norte da África. (N.T.)

[10] Torrentes de ofensas desse tipo, com a consequente e inevitável criação de neologismos, são permanentemente veiculadas pela internet.

contra a história acadêmica, começamos sempre nos reportando à questão do extermínio dos judeus como momento fundador de uma possível reflexão sobre os conflitos identitários. Donde uma exacerbação do antissemitismo e do racismo, simultaneamente acompanhada de uma nova reflexão sobre o ser judeu.

Devido às estruturas laicas de suas instituições, a França pareceu por muito tempo estar livre desse tipo de conflito, chegando a fazer sonhar os judeus *asquenazes* de outrora, que moravam na Alemanha, na Rússia ou no Leste europeu: felizes como Deus na França, diziam eles, substancialmente. Um judeu que vivesse na França não seria incomodado pelas preces, ritos, bênçãos e pedidos de interpretação de delicadas questões dietéticas. Cercado por ímpios, também ele poderia relaxar ao cair da tarde, tal como milhares de parisienses em seu café preferido. Poucas coisas são mais agradáveis, mais civilizadas que uma mesa tranquila na calçada à tardinha.

Mas os tempos mudaram depois que o modelo francês da laicidade foi questionado, à medida que o conflito israelo-palestino se tornava uma problemática importante no seio da sociedade civil e que, com o surgimento de reivindicações identitárias e religiosas, a República deparava com dificuldades novas para assimilar imigrantes oriundos de suas ex-colônias. Mais recentemente, parece inclusive tomada pela mania da avaliação das origens, que, desprezando a política, estimula o recenseamento dos sujeitos humanos em função de critérios ditos étnicos, sexuais ou de "pertencimento comunitário". Essa mania de mensuração talvez não seja mais que um retorno do recalcado, já que a pátria dos direitos do homem, a primeira que emancipou os judeus em 1791, foi a mesma que esteve na origem, por volta de 1850, das primeiras teses antissemitas e depois, em 1940, da traição de seu próprio ideal com a instauração do regime de Vichy.

Retorno à questão judaica, portanto, ou seja, às diferentes maneiras de ser judeu no mundo moderno, depois que, no final do século XIX, o antissemitismo se tornou o motor de uma revolução da consciência judaica. Mas é um retorno histórico, crítico, desapaixonado, num espírito iluminista. Para responder finalmente à seguinte pergunta: quem é antissemita e quem não é? Como contribuir serenamente para libertar o debate intelectual das loucuras, dos ódios e das ofensas manifestados em torno dessas questões?

No primeiro capítulo, "Nossos primeiros pais", é feita uma distinção clara entre o antijudaísmo medieval (perseguidor) e o antijudaísmo iluminista (emancipador e hostil ao obscurantismo religioso), sem esquecer que muitos hoje gostariam de identificar o segundo com o primeiro para melhor desacreditá-lo: são todos antissemitas, dizem eles, de Voltaire a Hitler. No segundo, "A sombra dos campos e a fumaça dos fornos", são examinadas as etapas da constituição do antissemitismo europeu, político na França (de Ernest Renan a Édouard Drumont), racial na Alemanha, com Ernst Haeckel. "Terra Prometida, terra conquistada" transporta em seguida o leitor a Viena, onde nasce a ideia sionista, concebida por seus iniciadores (Theodor Herzl e Max Nordau) como uma descolonização de si, pelo mundo árabe como um projeto colonialista e pelos judeus da diáspora como um novo fator de divisão: uma ideia, três reações igualmente legítimas.

Em "Judeu universal, judeu de território", esse conflito de legitimidades materializa-se num célebre debate entre Sigmund Freud e Carl Gustav Jung. "O genocídio entre memória e negação" volta a examinar as condições nas quais foi instituído, em 1948, um Estado *dos* judeus (Israel) na Palestina, fundação que repercutiu a necessidade não só de constituir uma memória judaica do Holocausto, como de julgar Adolf Eichmann em Jerusalém num processo a respeito do qual se opuseram duas grandes figuras da judeidade moderna (Hannah Arendt e Gershom Scholem), enquanto se instalava subterraneamente na Europa a ideia de que o genocídio seria uma invenção dos judeus. No meio do caminho, são analisadas as tomadas de posição dos intelectuais sobre a questão do pós-Auschwitz, de Jean-Paul Sartre a Maurice Blanchot, passando por Theodor Adorno, Pierre Vidal-Naquet e Jacques Lacan: o que dizer, o que fazer, o que pensar, como redefinir a identidade judaica?

"Um grande delírio devastador": é sob essa forma que é apresentado aqui o negacionismo, discurso "lógico" construído como enunciado de uma verdade delirante que falsifica a verdade e ao qual Noam Chomsky, linguista das estruturas insignificantes, acreditou ser conveniente dar um apoio de peso. O último capítulo, "Perfis de inquisidores", põe em cena processos por antissemitismo abertos por alguns revisionistas com o único intuito de embaralhar as cartas e reduzir o debate sobre a questão judaica a um conflito de legitimidade inscrito no eixo do bem e do mal.

1 Nossos primeiros pais

Como muito bem apontou Hannah Arendt, devemos evitar confundir o antissemitismo, ideologia racista que surgiu no fim do século XIX, e o antijudaísmo, que se desenvolveu no Ocidente cristão depois que o cristianismo se tornou religião de Estado sob o reinado do imperador Teodósio, no final do século IV. Foi nessa época, ou seja, mais de 40 anos depois do concílio de Niceia, reunido em 325 pelo imperador Constantino, que o cristianismo consumou sua transformação em religião oficial imposta pelo poder secular: Jesus tinha anunciado o reino e adveio a Igreja. Os pagãos, outrora perseguidores dos primeiros cristãos, são, por sua vez, perseguidos, assim como são erradicados os resquícios da cultura greco-latina: proibição dos Jogos Olímpicos, condenação à morte dos homossexuais – denominados na época sodomitas e já vistos como perversos, pois colocavam em risco as leis da procriação.

O antijudaísmo cristão que surge então em toda a Europa – até o século das Luzes – repousa sobre os mesmos princípios, com a diferença de que, para os monarcas cristãos, o judaísmo não é de forma alguma um paganismo. Portanto, o judeu não é nem o inimigo do exterior, nem o bárbaro fora das fronteiras, nem o infiel (muçulmano), nem o herege (albigense, cátaro), nem o *outro* estrangeiro de si mesmo. Ele é o inimigo do interior, inscrito no âmago de uma genealogia – o primeiro pai, segundo a tradição cristã –, já que ele gerou o cristianismo e o fundador da nova religião era judeu.

O judeu portador do judaísmo é, portanto, ainda mais detestável por estar ao mesmo tempo *dentro* e *fora*. Dentro porque subsiste no seio do mundo cristão, fora porque não reconhece a verdadeira fé e vive numa comunidade que não é a dos cristãos. Para que o cristianismo se torne a única religião monoteísta universal – e Cristo deixe de ser portador do nome judeu – ele ainda tem de se livrar de sua origem judaica julgada pérfida. O tema sexual do judeu pérfido, perverso, de costumes desnaturados – porque, dizem, as mulheres judias dormem com bodes –, está sempre presente nas perseguições antijudaicas da época medieval, e é por isso que a figura do judeu acha-se frequentemente associada à do sodomita e do incestuoso.

Prova disso é a incrível lenda da maldição judaica retomada por Jacopo de Varazze em torno de 1260, que faz de Judas uma réplica de Édipo, destruidor do *genos* (dinastia) dos labdácidas, e portanto da ordem familiar, conjugando incesto e parricídio. Ei-la, sinteticamente. Grávida de Rubem, Ciboreia sonha que dará à luz uma criança maldita, maculada pelo vício e que provocará a ruína do povo judeu. Depois do nascimento desse filho chamado Judas, ela se livra dele abandonando-o num cesto em alto-mar. Mas a frágil embarcação vai dar numa ilha cuja rainha, estéril, adota a criança. Depois de crescido, Judas fica sabendo que não é filho de seus pais e foge para Jerusalém, pondo-se a serviço de Pilatos. Num dia em que este quer comer maçãs de um jardim vizinho, Judas vai até lá e briga com o proprietário sem saber que se trata de Rubem. Mata-o e Pilatos lhe dá como herança os bens e a esposa daquele. Depois de ter descoberto que matou o pai e se casou com a mãe, Judas junta-se a Jesus e torna-se seu discípulo. Mas o trairá e depois se enforcará.[1]

Em suma, na longa história do mundo medieval, o judeu é ao mesmo tempo o diabo e a feiticeira, o assassino do pai e o esposo da mãe, mas também um sexo e o outro, isto é, aquele que reúne os dois em um. Além disso, é muitas vezes designado como um animal que integra uma dualidade bem particular do macho e da fêmea: ele é a aliança do escorpião com a porca. Na ordem da humanidade, ele abole a diferença dos sexos e das gerações, sendo incestuoso e duplamente sexuado (masculino/feminino), e, na ordem da animalidade, suprime a barreira das espécies procedendo a um acasalamento que não existe na natureza. Senhor dos venenos, da usura e do saber, lúbrico e glutão, ele encarna, portanto, o horror absoluto.

Denunciados como deicidas até o concílio de Trento,[2] os judeus formaram na Europa uma "comunidade" que não pertencia a nenhum ter-

---

[1] Jacopo de Varazze (1230-98) é autor de uma famosa coletânea de lendas e de vidas de santos e de santas, *A legenda áurea*, reeditada sob a direção de Alain Boureau, Paris, Gallimard, Bibliothèque da Pléiade, p.222-3 [ed. bras.: Jacopo de Varazze, *Legenda áurea*, São Paulo, Companhia das Letras, 2003]. Freud não conhecia essa história, tampouco Otto Rank, que não a registra em "O mito do nascimento do herói" [ed. fr.: *Le mythe de la naissance du héros*, Paris, Payot, 1983].

[2] Décimo nono congresso ecumênico convocado pelo papa Paulo III em 1542, em resposta às exigências de Martinho Lutero no contexto da Reforma protestante. Esse concílio constituiu uma linha divisória entre a Igreja medieval e a Igreja dos tempos clássicos. Contra o

ritório. Uma comunidade simultaneamente visível e invisível, uma comunidade errante. Só podendo exercer profissões proibidas aos cristãos, os judeus foram acusados de todo tipo de práticas repugnantes, ligadas à sua condição de abolidores da diferença sexual e da separação das espécies: bestialidade, assassinatos rituais, incestos, roubos de crianças, profanação da hóstia, ingestão de sangue humano, poluição das águas, uso instrumental dos leprosos, propagação da peste, complôs diversos. Mas, sobretudo, e pelo mesmo motivo, foram vistos como detentores dos três grandes poderes próprios da humanidade: poder das finanças, poder do intelecto, poder perverso sobre a sexualidade. Por isso, para reduzir o poder a eles atribuído, foi preciso obrigá-los a se converterem ou a aceitarem uma humilhação incessante: "queima do Talmude", uso do círculo amarelo na roupa, do chapéu amarelo ou do distintivo de vergonha, encerramento em guetos – ou "judiarias" – rigorosamente vigiados.[3]

Esse antijudaísmo – que não visava exterminar os judeus, mas convertê-los, persegui-los ou expulsá-los – não era um antissemitismo no sentido moderno, porque surgia num momento da história humana em que Deus – e não os homens – governava o mundo.

O antijudaísmo cristão da época medieval pressupõe, com efeito, o princípio de uma soberania divina – de um Deus único (o monoteísmo) –, ao passo que o antissemitismo, que fará do judeu o espécime de uma "raça" e não mais o adepto de uma aliança divina, ainda que odiosa, repousa na transformação do judeu religioso num judeu identitário, portador de um estigma, ou seja, de um "resto": a judeidade.

Encarnado até o século XVIII pela monarquia de direito divino, e veiculado pela Igreja católica romana,[4] o Deus dos cristãos decidia sobre o

---

antijudaísmo de Lutero, o concílio decreta: "Se quisermos encontrar o motivo que levou o filho de Deus a sofrer tão dolorosa paixão, veremos que foram, além do erro hereditário de nossos primeiros pais, os pecados e os crimes que os homens, e não os judeus, cometeram desde o começo do mundo..." Em 1959, a menção "judeus pérfidos" foi suprimida das litanias da sexta-feira por João XXIII.

[3] Jean-Louis Schefer, *L'hostie profanée. Histoire d'une fiction théologique*, Paris, POL, 2007. Léon Poliakov, *Histoire de l'antisémitisme*, 4 vol. (1956, 1961, 1968, 1977), Paris, Seuil, col. Points Histoire, 2 vol., 1991 [ed. portuguesa: *História do Anti-semitismo*, Instituto Piaget, 1997]. A primeira expulsão dos judeus da França ocorreu em 1306, no reinado de Filipe, o Belo, e a segunda foi decidida por Charles VI, em 1394. Cf. Gilbert Dahan (org.), *L'expulsion des Juifs de France. 1394*, Paris, Cerf, 2004.

[4] Foi em 1054 que se produziu o grande cisma interno do cristianismo, que inicialmente era ao mesmo tempo católico (universal) e ortodoxo (repousando sobre um dogma). O cisma marca a separação entre a Igreja do Ocidente (católica e romana) e a Igreja do Oriente (ortodoxa).

futuro do mundo, ao passo que o Deus dos judeus, invisível e não representável, continuava prometendo a seu povo a vinda de um messias e o retorno à Terra Prometida. Enquanto o Ocidente permaneceu cristão, judeus e cristãos tiveram um mesmo Deus, embora a relação de uns e outros com esse mesmo Deus não fosse de natureza idêntica.

Pois, se o cristianismo é uma religião da fé individual e coletiva, representada por uma igreja – e mais ainda pela Igreja católica romana –, o judaísmo é uma religião de pertencimento que vem acompanhada de um culto da memória, de um pensamento feito de glosas e comentários e de uma obediência a ritos ancestrais: vestimentares, corporais (circuncisão), alimentares (*kashrut*), comportamentais (*shabat*). Ela está baseada no primado de uma aliança original e incessantemente renovada de um Deus com seu povo eleito.

Em outras palavras, a religião judaica é diferente dos dois monoteísmos aos quais ela deu origem. Desde que existem, os judeus (como povo) não se designaram apenas como judeus (como religião), ou seja, como seguidores de uma religião chamada judaísmo, mas como um povo mítico e uma nação, oriundos do reino de Israel e depois da Judeia (Sião), tendo Jerusalém como cidade santa. Consequentemente, segundo a lei judaica (*Halachá*), todo judeu permanece integrado a seu povo, mesmo que tenha deixado de ser praticante do judaísmo e mesmo que rejeite sua judeidade se convertendo. E quando um não judeu se converte ao judaísmo, ele se torna judeu para sempre, queira ou não.

Ser judeu, portanto, não é como ser cristão, porque, mesmo que um judeu abandone sua religião, ele continua a fazer parte do povo judeu e, portanto, da história desse povo: é a sua judeidade, sua identidade de judeu sem deus, por oposição à judaidade dos que permanecem religiosos. Nenhuma religião jamais retomou essa ideia: com efeito, segundo a lei judaica, continua-se judeu (no sentido da judeidade) mesmo que se tenha deixado de ser judeu (no sentido do judaísmo ou da judaidade). E se é judeu de modo definitivo e sem retorno possível, seja por filiação materna, seja por conversão.

O jornalista e satirista alemão Ludwig Börne, convertido ao luteranismo em 1818 e que depois foi morar na França, pátria dos direitos do homem e da emancipação dos judeus, resumia assim o princípio dessa identidade sempre suspeita e sempre dilacerada: "Alguns me condenam por ser judeu, outros me elogiam por sê-lo, outros, ainda, me perdoam esse fato, mas ninguém esquece."[5]

E, desde suas origens míticas, esse povo caracteriza-se pelo culto que devota à sua própria memória. Ele não para de se lembrar das catástrofes (Holocausto) que sempre lhe foram enviadas por Deus e que, a cada vez, o condenam ao exílio, à dispersão (diáspora ou *Galut*) e, portanto, à perda de seu território e de seus lugares santos: destruição por Nabucodonosor do primeiro templo construído por Salomão, cativeiro na Babilônia, regresso do cativeiro, reconstrução do segundo templo destruído em seguida por Tito – e do qual subsistirá apenas um muro de choros e soluços (o muro das Lamentações) –, perseguição pelos romanos, que rebatizam a Judeia de *Palestina*,[6] e depois pelos cristãos.

A história do povo judeu é a história de um eterno sofrimento, de um profundo infortúnio e de uma infinita lamentação que se traduz, ao longo das expulsões e dos massacres, pelo sonho nunca realizado sem catástrofe de uma volta à Terra Prometida: "O Eterno te dispersará no meio de todos os povos de um extremo a outro da terra. Ele te dará ali um coração inquieto, olhos enlanguescidos e alma angustiada."[7] Até o surgimento do sionismo, consequência da dessacralização do mundo europeu, o povo judeu continuará sendo o povo da memória e da lembrança, perpetuamente à espera de uma entrada na história.

E quando se anunciou a nova religião (o cristianismo), que o judaísmo tinha gerado e que vinha de certa forma substituí-lo, foi preciso que os judeus fixassem a Lei oral (Torá), tanto em Jerusalém como na Babilônia, em textos e comentários (Mishná e Guemará), para que o judaísmo se tornasse um corpus ortodoxo de regras unificadas (o Talmude). Lembra-te

---

[5] Ludwig Börne, *Lettres de Paris*, 7 fev 1832, citado por Hannah Arendt, *Sur l'antisémitisme* [Sobre o antissemitismo] (1951), Paris, Seuil, col. Points Politiques, 1984, p.146. Trata-se da primeira parte das *Origens do totalitarismo* [São Paulo, Companhia das Letras, 1989]. Ludwig Börne (1786-1837), cujo verdadeiro nome era Leo Baruch, é considerado, assim como Heinrich Heine, o representante de um movimento literário radical que contribuiu para as revoluções de 1848. Cf. Cap.2 do presente volume.

[6] Cf. Martin Goodman, *Rome et Jérusalem. Le choc de deux civilisations*, Paris, Perrin, 2009.

[7] Dt 28,64-65. (N.T.)

da terra sempre prometida (Eretz Israel) por Javé aos antigos hebreus, o povo da Bíblia, errante e nômade; lembra-te da terra sempre perdida e reconquistada; lembra-te do Eterno e de sua unidade; lembra-te de Noé, o pai da arca e da aliança, de Abraão, o ancestral comum aos três monoteísmos,[8] de Moisés, o fundador da lei; lembra-te do que resta do judeu quando o povo judeu está disperso e quando o judeu já não é totalmente judeu. "O ano que vem em Jerusalém": é este o destino complexo dos judeus.

Com relação a isso, a mística judaica sempre foi portadora de certo messianismo do retorno e do recolhimento, porque a redenção prometida por Deus só pode advir de duas maneiras: ou por uma regeneração espiritual que conduz ao exílio interior, ou por uma ruptura concreta e coletiva que deve se traduzir pela partida para a Terra Santa, uma terra que tem necessariamente de ser outorgada por Deus pela voz de um novo messias.

Foi esta, aliás, a escolha de Sabatai Tzvi, que, sob o império otomano, em meados do século XVI, se proclamou messias. Depois de se ter infligido severas mortificações e passado várias vezes de um estado de lamentação a um estado de exaltação, ele desafiou a lei judaica ao preço de ser passível de *cherem*.[9] Ajudado por seu discípulo Nathan de Gaza e renunciando a se impregnar espiritualmente da presença íntima de Deus, sublevou a tal ponto as comunidades judaicas do Oriente que as convenceu a trabalhar para fazer renascer o antigo reino de Israel. Preso, aceitou se converter ao islamismo antes de ser exilado em Dulcigno,[10] em 1676, abandonado por seus fiéis.

No fim de um magnífico estudo dedicado às grandes correntes da mística judaica, Gershom Scholem descreve como, na sua última fase, o hassidismo, que se seguiu ao sabatianismo, acabou transformando a

---

[8] No *Gênese*, Ismael é o primeiro filho de Abraão e de Hagar, a serva egípcia de sua esposa Sara. Somente Isaac, filho de Sara e de Abraão, será o eleito de Deus. Ismael ficará, assim, excluído da aliança, mas os muçulmanos o consideram o pai da linhagem dos árabes, da língua árabe e do profeta Maomé.

[9] Tal como Espinosa, mas por motivos opostos. Cf. adiante. O *cherem* é um procedimento de exclusão típico da comunidade judaica, comparado, pela tradição cristã, a uma excomunhão.

[10] No atual Montenegro.

investigação teórica, ou mesmo a busca mística, em fonte inesgotável de narrativas: tudo virou história, diz ele, ou seja, história memorial. E conta o seguinte episódio, atribuído a um contador (*Maguid*) hebreu: "Quando Báal Shem Tov tinha uma tarefa difícil para cumprir, ia para certo local da floresta, acendia uma fogueira e mergulhava numa oração silenciosa; e o que ele tinha para cumprir se realizava. Quando, uma geração depois, o Maguid de Meseritz se viu confrontado com a mesma tarefa, foi para aquele mesmo local na floresta e disse: 'Já não sabemos acender a fogueira, mas ainda sabemos dizer a oração.' E o que ele tinha para cumprir se realizou. Uma geração depois, Rabi Moshe Leib de Sassov teve de cumprir a mesma tarefa. Também ele foi para a floresta e disse: 'Já não sabemos acender a fogueira, já não conhecemos os mistérios da oração, mas ainda conhecemos o local preciso da floresta onde aquilo acontecia, e isso deve bastar.' E bastou. Mas quando outra geração passou e o Rabi Israel de Rishin teve de enfrentar a mesma tarefa, ficou em casa sentado na sua poltrona e disse: 'Já não sabemos acender a fogueira, já não sabemos dizer as orações, já nem conhecemos o local na floresta, mas ainda sabemos contar a história.' E a história que ele contou teve o mesmo efeito que as práticas de seus predecessores."[11]

Para além do hassidismo, esse episódio revela o que é o pertencimento identitário vivido pelos judeus e definido como um "resto" e como um "lembra-te!", tornando sempre ao mesmo tempo possível e impossível o retorno à Terra Santa.

Jacques Le Goff conta como Luís IX se comportava, em meados do século XIII, em relação aos inimigos da fé que eram os hereges, os infiéis e os judeus. Via os primeiros como os piores, pois tinham praticado a fé e a tinham renegado, tornando-se assim traidores, desleais, apóstatas "infectados pela mácula da perversão". Aconselhava queimá-los ou expulsá-los

---

[11] Gershom Scholem, *Les grands courants de la mystique juive*, Paris, Payot, 1973, p.368 [ed. bras.: *As grandes correntes da mística judaica*, São Paulo, Perspectiva, 1995]. Israel ben Eliezer, dito Báal Shem Tov (1700-60): fundador do judaísmo hassídico novo (diferente do da época medieval), que pregava o retorno a uma espiritualidade religiosa tendo por finalidade reconfortar o povo judeu ante as perseguições. Nesse sentido, opunha-se ao movimento iluminista judaico ou *Haskalá* (ver adiante), que tendia à desjudaização dos judeus. Os dois movimentos tinham em comum a ideia de uma possível "regeneração" dos judeus. Cf., também, *Histoire des Juifs*, de Heinrich Graetz (1811-91), texto integral disponível na internet.

do reino. Considerava os segundos como inimigos "cheios de imundície", mas detentores de uma alma, já que aderiam a uma religião. Quanto aos judeus, "abomináveis e cheios de veneno", propunha escravizá-los para todo o sempre e fazer deles párias e excluídos "submetidos pelo jugo da servidão".

No entanto, dentro dessa ótica, a religião judaica não era vista nem como heresia (albigense ou cátara), nem como a religião do inimigo exterior (os sarracenos). Era reconhecida e familiar, pois tinha gerado a religião cristã. Consequentemente, os judeus deviam ser a um só tempo protegidos e reprimidos. E bastava aceitarem a conversão para serem reintegrados no seio da cristandade. "Como caracterizar a atitude de são Luís em relação aos judeus?", indaga Jacques Le Goff. "Dispomos hoje de dois termos: antijudaísmo e antissemitismo. O primeiro concerne exclusivamente à religião e, seja qual for a importância da religião na sociedade judaica e na conduta de são Luís em relação a ela, ele é insuficiente. O conjunto dos problemas envolvidos nessa conduta extrapola o quadro estritamente religioso e põe em jogo sentimentos de ódio e uma vontade de exclusão que vão além da hostilidade à religião judaica. Mas 'antissemitismo' é inadequado e anacrônico. Não há nada de racial na atitude e nas ideias de são Luís. Será preciso esperar o século XIX para que as teorias raciais pseudocientíficas façam germinar mentalidades e sensibilidades racistas, antissemitas. Só encontro o termo 'antijudeu' para caracterizar a conduta de são Luís. Mas essa concepção e essa prática, enfim, essa política antijudaica preparou o terreno para o antissemitismo posterior. São Luís é uma escala no caminho do antissemitismo cristão, ocidental e francês."[12]

Eis uma bela lição de método. Há, de fato, duas maneiras de tratar a questão judaica. Uma consiste em acumular fatos e acontecimentos e confundir rupturas e filiações; outra, ao contrário, propõe destacar mudanças de paradigmas no interior de uma aparente continuidade a fim de não fazer um enunciado qualquer dizer qualquer coisa com a única finalidade de encontrar nele o que se busca projetar ali: as provas não devem jamais preceder a conclusão.

Em outras palavras, para tratar a questão judaica, não se deve privilegiar nem a ficção de uma historiografia judaica, que consiste em apresentar

---

[12] Jacques Le Goff, *Héros du Moyen Âge, le Saint et le Roi*, Paris, Gallimard, col. Quarto, 2004, p.865-6.

uma visão apologética das vítimas perseguidas desde a noite dos tempos por carrascos sempre idênticos a si próprios, nem a de uma historiografia antijudaica, que repousa sobre a constatação de um complô judeu cujos artífices desejariam dominar o mundo. Trata-se, ao contrário, de mostrar, para melhor as superar, como essas duas representações se alimentam mutuamente, à medida que vão irrompendo novos debates sobre a judeidade e o antissemitismo.

Em virtude desse procedimento, em que vamos nos abster de inventar uma genealogia do complô contra os judeus (simétrica inversa da mitologia do complô atribuído aos judeus), afirmaremos que, embora a história da perseguição dos judeus seja antiga e certa, ela não foi a mesma em todas as épocas, assim como os judeus não foram idênticos a eles mesmos ao longo de toda a sua história.

Nesse mesmo espírito, poderemos chamar de "história do antissemitismo" a história da perseguição dos judeus, desde que se esclareça que a palavra antissemitismo, tal como definida no momento de sua invenção, em 1879, e, em seguida, no momento de sua difusão maciça como ideologia racial e como movimento político, não pode ser aplicada retrospectivamente ao antijudaísmo cristão e menos ainda ao antijudaísmo iluminista, como veremos.

Ou seja, o termo antijudaísmo contém muitas variantes paradigmáticas, conforme as épocas estudadas. Assim, a política de são Luís vai além do simples antijudaísmo medieval e tem em meta o povo judeu por trás do judeu, sem que isso seja explicitado, sem que se possa confundir essa política antijudaica com o antissemitismo. O antijudaísmo iluminista, por sua vez, não depende de nenhuma política antijudaica e sim de uma vontade, comum aos judeus e aos não judeus, de reformar o status tanto do judaísmo quanto da vida dos judeus na sociedade.

Inversamente, pode-se dizer que, em nossos dias, a língua do antissemitismo também é enunciada, *em graus diversos* e às vezes de forma inconsciente, na quase totalidade dos discursos do antijudaísmo cristão, islâmico ou ateu. Isso se deve ao fato de que o antissemitismo acabou integrando, na sua própria definição, os principais significantes do ódio ao judeu. Por isso é que a palavra pode ser conservada como termo genérico que permite designar todas as formas de discurso antijudeu.

Um episódio da história do antijudaísmo cristão – o da *Limpieza de sangre* – mostra que, no final do século XV – que, de certa forma marca o fim da Idade Média –, a temática da raça estava presente na Espanha, na designação de certos homens julgados infames, entre os quais estavam os convertidos, judeus e muçulmanos (marranos e mouriscos), e os descendentes dos leprosos. Estimulados a se converter, os judeus da Península Ibérica, ou *sefardim*, eram na verdade suspeitos de dissimular suas antigas práticas, embora alardeassem sua nova fé. Por isso eles eram passíveis, enquanto hereges, de serem submetidos aos tribunais da Inquisição. E como eles eram poderosos na sociedade, os "velhos cristãos", ditos "de boa cepa", os designavam como impuros ou "porcos" (*marranos*).

Donde o surgimento dos "estatutos de pureza do sangue", que autorizavam os convertidos, por meio de diversos atos – certidões de batismo, produção da prova de que tinham pais convertidos etc. –, a se integrarem à cristandade. É certo que, nas sociedades do Antigo Regime, a referência à pureza do sangue remetia à linhagem e à hereditariedade e não à raça biológica no sentido do século XIX. Mas, enfim, a ideia de que uma identidade possa depender de um estigma definido, mesmo depois de um engajamento espiritual que deveria ter permitido escapar a sinais distintivos (chapéu amarelo ou círculo amarelo na roupa), indicava claramente que o status de convertido era, em si, suspeito: a declaração de fé não bastava para fazer de um judeu um verdadeiro cristão, aliás, um muçulmano também não. Independentemente de sua sinceridade ou falta de sinceridade, os cristãos-novos definitivamente não passavam, aos olhos dos outros cristãos, de impostores ou apóstatas. Assim foi que se instauraram leis discriminatórias que iriam se impor durante dois séculos,[13] o que não impediu o grande expurgo de 1492: pelo decreto de Alhambra, 150 mil judeus *sefardim* foram condenados a um exílio forçado – em outros países da Europa, na África do Norte e no império otomano –, ao passo que 50 mil outros se tornaram cristãos, sem nunca conseguirem garantir para si uma integração plena e completa na comunidade dos católicos.

Terrível a situação dos marranos. Como judeus convertidos, eram, ao mesmo tempo, cristãos-novos e judeus-novos. Na Espanha e em Portugal,

[13] Os decretos de pureza do sangue, que se tornaram leis, serão ab-rogados em 1865, com uma breve interrupção no reinado de José Bonaparte (1808-12). Cf. Yosef Hayim Yerushalmi, "L'antisémitisme racial est-il apparu au XXe siècle? De la *Limpieza de sangre* en Espagne au nazisme: continuité et ruptures", *Esprit*, n.150, mar-abr 1993.

convertidos por obrigação, praticavam secretamente a sua fé. Mas se emigrassem, tinham de se (re)converter ao judaísmo, tornando-se suspeitos, então, aos olhos dos outros judeus, de continuarem sendo culturalmente antigos cristãos. Nesse aspecto, o marranismo pode ser definido, de modo estrutural, como um lugar de passagem ou de transição entre duas existências.[14] Incessantemente convertido, o sujeito marrano é sempre um estrangeiro, rompendo consigo mesmo e prisioneiro tanto de seu passado quanto de seu futuro: ele é judeu para os cristãos e cristão para os judeus – seja para fazer eclodir a contestação da fé, da religião e do dogma, seja para fabricar verdadeiros fanáticos do dogma.

Foi nesse cadinho tão particular que se afirmou em Amsterdã, no meio do século XVII, o deísmo espinosiano, que conduziria ao ateísmo. Tendo nascido judeu e jamais tendo se convertido, Baruch de Espinosa vinha da comunidade marrana, que tinha fugido da Península Ibérica para escapar da Inquisição. Em 1656, quando ainda não tinha publicado nada, contestou a imortalidade da alma e o caráter divino das Escrituras, recusando assim os princípios fundamentais da fé judaica e cristã. Por isso, por pouco não foi assassinado por um fanático. Para evitar o escândalo, os *parnassim*[15] lhe propuseram todo tipo de acomodação: "Se Espinosa tivesse querido", escreve Henry Méchoulan, "poderia ter se retirado para alguma cidade vizinha, provido de um pecúlio fornecido pela comunidade, ou então continuado a praticar fingidamente uma fé que já não possuía. Mas Espinosa recusou o compromisso. Ao romper com a religião de seus pais, Espinosa aspirou à universalidade."[16]

Ao se recusar a fingir, o próprio Espinosa instaurava uma ruptura que iria conduzi-lo ao espinosismo. Em outras palavras, ratificava sua própria exclusão (*cherem*) para, dessa forma, marcar a condição de uma elaboração futura de sua doutrina. Por isso é que seu *cherem* implicava um não retorno (*schammatha*) desejado por ambas as partes. Do lado dos juízes, ele vinha acompanhado de violentas maldições que não encontramos no

[14] Aliás, o termo é empregado hoje para definir um modo interno de resistência a uma instituição opressiva.

[15] Membros do Mahamad, a autoridade laica que governava a comunidade judaica de Amsterdã.

[16] Henry Méchoulan, "L'excommunication de Spinoza", *Cahiers Spinoza*, 3, Paris, Éd. Réplique, 1980, p.133.

enunciado de nenhum outro *cherem* da época: "Por decisão dos anjos e veredito dos santos, excomungamos, expulsamos, execramos e amaldiçoamos Baruch de Espinosa com o consentimento de toda a sagrada comunidade, na presença de nossos livros sagrados ... . Maldito seja de dia e maldito seja de noite; maldito seja quando se deita e maldito seja quando se levanta ... . Queira o Eterno jamais o perdoar ... . Que seu nome seja apagado neste mundo e para todo o sempre ... . Ordenamos que ninguém mantenha com Espinosa comunicação oral ou escrita, que ninguém lhe preste favor algum e que ninguém se aproxime dele a menos de quatro jardas. Que ninguém permaneça com ele sob o mesmo teto e que ninguém leia nenhum de seus escritos."[17]

Entende-se, então, por que Espinosa, na sua obra filosófica, atacou tão violentamente a religião judaica, sublinhando que o ódio universal que os judeus suscitavam decorria, em parte, do modo como eles se distinguiam dos outros povos por seu apego a ritos destinados à sua própria conservação. Assim fazendo, não criticava senão a intolerância e o ódio demonstrados pelos judeus na sua "execração" daqueles que ousavam questionar seus dogmas.

Finalmente, por meio desse julgamento, Espinosa denunciava acima de tudo as formas de intolerância religiosa próprias dos Estados teocráticos, mostrando, aliás, que os filhos de Israel (os hebreus) tinham inventado uma democracia autêntica que, em seguida, mergulhara na decadência. Invertendo o argumento da queixa, da lamentação e da catástrofe – tal como farão, depois dele, Voltaire, Marx, Freud e muitos outros –, ele concluía que, devido à sua dispersão e a esse modo de viver afastado dos outros povos que lhes era próprio, os judeus tinham atraído para si o ódio das nações, o que, aliás, lhes permitira subsistir como povo. E, tal como fará Rousseau, conjeturava o possível retorno dos judeus a Israel: "Se os próprios princípios da sua religião não lhes arrefecessem o coração, eu acreditaria sem qualquer reserva, e conhecendo a mutabilidade das coisas humanas, que, na primeira oportunidade, os judeus restabeleceriam seu império e que Deus os escolheria de novo."[18]

---

[17] Ibid., p.127-8.
[18] Espinosa, *Traité des autorités théologiques et politiques* (1670), *Œuvres complètes*, Paris, Gallimard, col. Bibliothèque de la Pléiade, 1954, p.721.

Em suma, ao contrário do que afirmam hoje alguns procuradores do pensamento, hostis ao Iluminismo, Espinosa era tão pouco antissemita que David Ben Gourion propôs, em meados dos anos 1950, que o Estado de Israel anulasse solenemente sua excomunhão.[19] Em vão.

Como se sabe, o espírito das Luzes emerge com o Renascimento ao derrubar a antiga representação de um cosmo dominado pela potência divina. Quando, depois de Galileu, o heliocentrismo sucede ao geocentrismo, Deus já não pode exercer sobre os homens o mesmo poder. O homem fica então condenado a se pensar como responsável por seu destino e pelo governo de seus semelhantes. Assim é que principia, na Europa, a crítica do obscurantismo religioso, de Espinosa a Voltaire, passando por Kant, Montesquieu, Diderot e d'Holbach. Trata-se agora de iluminar o mundo e não de contribuir para obscurecê-lo, de fazer do homem um ser de razão capaz de utilizar livremente seu juízo para recusar a crença e os falsos saberes.

No século XVIII, com a contestação pelos filósofos iluministas do obscurantismo religioso, a conversão forçada cessa, é claro, de ser percebida como solução para a integração dos judeus. Somente a emancipação e depois a adesão voluntária a outra ordem do mundo – a da cidadania humana e laica – aparecem então como saída possível do confinamento vitimário que fizera dos judeus os inimigos irredutíveis do filho que eles tinham gerado.

Daí a consolidação, na Alemanha em particular, terra da Reforma luterana, de um grande movimento, a *Haskalá*, destinado a reformar o judaísmo no sentido de um humanismo fundado no uso da razão (*Aufklärung*) e já não na submissão e na exclusão. Os judeus podem, então, como proclama Moses Mendelssohn, fundador do Iluminismo judeu, ser, ao mesmo tempo, "judeus *e* alemães" – e não "judeus na intimidade e alemães por fora".[20] Não se tratava de viver dois pertencimentos que se excluiriam mutuamente, mas sim duas identidades positivas claramente definidas, uma resultante de uma fé mais interiorizada e destituída de signos exteriores

[19] Cf. Daniel Lindenberg, *Figures d'Israël*, Paris, Hachette-Littératures, 1997, p.168-70. Sobre os procuradores do pensamento, cf. cap.7.

[20] Cf. Dominique Bourel, "Humanisme juif et philosophie des Lumières. En Allemagne: Moses Mendelssohn", in *Colloque des intellectuels juifs. L'idée d'humanité*, Paris, Albin Michel, 1994.

(ritos alimentares, obrigações diversas), a outra, do solo: "Adaptem-se aos costumes do país em que estão exilados; mas respeitem sem falta a religião de seus pais. Suportem esses dois fardos o melhor que puderem."[21]

Na França, para poder realizar o programa iluminista, procura-se ir ainda mais longe e sair do "fardo das duas identidades": a única coisa que deve contar é o sujeito de direito na sua universalidade, liberto da influência religiosa ou comunitária e, consequentemente, autorizado a praticar o culto que escolher.[22]

Trata-se, ao mesmo tempo, de inverter a genealogia própria da antiga ordem monárquica e de pensar o cristianismo, já não como realização de um messianismo libertador capaz de vencer o judaísmo – por conversão, perseguição ou expulsão –, mas, inversamente, como expressão da maior intolerância para com todas as outras formas de pensamento e, portanto, para com *a outra religião*, a "religião-mãe", a do "primeiro pai": "O judaísmo e o cristianismo", dirá Diderot, "são duas religiões inimigas; uma trabalha para se estabelecer sobre as ruínas da outra; é impossível fazer um elogio magnífico de uma religião que trabalha pelo aniquilamento daquela em que se crê e que se professa."[23]

Essa inversão, evidentemente, permite criticar tanto o obscurantismo da primeira religião quanto o da segunda: "Não devemos esperar encontrar entre os judeus", acrescenta imediatamente Diderot, "correção nas ideias, exatidão no raciocínio, precisão no estilo, em suma, tudo o que deve caracterizar uma filosofia sadia. Encontramos, ao contrário, uma mistura confusa dos princípios da razão e da revelação, uma obscuridade afetada e amiúde impenetrável, princípios que levam ao fanatismo, um respeito cego à autoridade dos doutores e da antiguidade, em suma, todos os defeitos que anunciam uma nação ignorante e supersticiosa."[24]

---

[21] É assim que Hannah Arendt comenta a mensagem de Mendelssohn, in "L'*Aufklärung* et la question juive", *Revue de Métaphysique et de Morale*, 90e année, n.3, jul-set 1985, p.391. Os judeus ortodoxos recusarão o próprio princípio desse iluminismo judeu pregando valores inversos aos da Reforma.

[22] Cf. também Michael Löwy, "Humanisme juif et philosophie des Lumières", in *L'idée d'humanité*, op.cit, p.148-59.

[23] Verbete "Judeu" da *Enciclopédia* (1750), introduzido pelo cavaleiro de Jaucourt. Os soberanos da cristandade empregam o termo "primeiro pai" para designar o judaísmo, já os filósofos iluministas preferem falar da "religião-mãe".

[24] Ibid.

Se na Alemanha a emancipação conduz à criação de um humanismo "germano-judaico"[25], na França ela desemboca na invenção de um humanismo laico, com propósito universalista: o sujeito dos direitos do homem só será sujeito – isto é, cidadão – se for desjudaizado, caso seja judeu, e descristianizado, caso seja cristão. Mas poderá igualmente ser judeu, cristão ou o que quiser a título privado.

Várias tendências atravessam o Iluminismo francês, mas, no conjunto, os filósofos coincidem num ponto. Todos eles pensam, em diferentes graus, que os judeus deixarão de se apegar a uma religião feita de tirania e de superstições quando acabar a perseguição de que são objeto e quando as religiões – sempre inimigas umas das outras – pararem de governar o mundo para, finalmente, se submeterem ao império da razão. Deixará de haver guerras sangrentas entre protestantes e católicos, deixará de haver noites de são Bartolomeu, fogueiras ou acusações de feitiçaria, hereges ou infiéis: seja Deus acessível ou não, quer ele exista ou seja inventado pelos homens, não deve mais servir para dividi-los.

Uns escolhem a Bíblia como alvo, preferindo denunciar os antigos hebreus a denunciar os judeus da época; outros, ao contrário, definem os contornos de um novo futuro para os judeus.

Dos que adotam o primeiro método, d'Holbach é o mais veemente – mas também o mais ateu. Trata o Deus dos hebreus de bárbaro e seus adeptos de padres supersticiosos, bandidos, ladrões e assassinos.[26] Voltaire é o mais irônico, mas também o mais panfletário, o mais blasfemo: "Vocês só encontrarão neles um povo ignorante e bárbaro, que há muito tempo alia a mais sórdida avareza à mais detestável superstição e o mais invencível ódio pelos povos que os toleram e enriquecem. No entanto, não se deve queimá-los."[27]

---

[25] Segundo expressão de Dominique Bourel. Cf. também Enzo Traverso, *Les Juifs et l'Allemagne. De la "symbiose judéo-allemande" à la mémoire d'Auschwitz*, Paris, La Découverte, 1992. E Jacques Ehrend-Freund, *Mémoire juive et nationalité allemande. Les Juifs berlinois à la Belle Époque*, Paris, PUF, 2000.

[26] D'Holbach, *L'esprit du judaïsme ou Examen raisonné de la loi de Moïse et de son influence sur la religion chrétienne*, Londres, 1770.

[27] Voltaire, *Dictionnaire philosophique ou la raison par l'alphabet* (1764) [*Dicionário filosófico*], artigo "Judeu", seção I, Paris, Flammarion, 1964. A obra será condenada pelo Parlamento e por Roma. Cf. também *Essai sur les mœurs et l'esprit des nations* (Introdução), 1753 [*Ensaio sobre os costumes e o espírito das nações*]. Todas as obras de Voltaire estão acessíveis on-line em francês.

Voltaire decerto fustiga os judeus por sua submissão à religião-mãe, mas afirma amar o povo judeu e sentir compaixão por ele em virtude das perseguições que sofreu. Em seguida, depois de ter blasfemado contra a religião hebraica, ataca não só o que considera ser uma porção de seitas – papistas, calvinistas, nominalistas, tomistas, molinistas, jansenistas –, mas, sobretudo, o cristianismo, a religião mais "absurda, mais sangrenta". E depois, com um humor um tanto pérfido, recomenda a todos a religião de Maomé, "mais simples, sem clero, sem mistério. Nela não se adorava um judeu que abominasse os judeus; nela não se caía na blasfêmia extravagante de dizer que três deuses fazem um deus; enfim, nela não se comia o que se adorava e não se ia defecar o próprio criador".

Entre os que se inscreviam na segunda perspectiva, Jean-Jacques Rousseau é o mais visionário quanto a um possível destino dos judeus, e Montesquieu o mais rigoroso no tratamento da relação entre perseguidores e perseguidos.

Ao contrário de seus contemporâneos, Rousseau acha que a emancipação e a igualdade, embora necessárias, não bastarão para resolver a questão da singularidade do povo judeu. Este terá que dispor de seu próprio Estado: "Nunca julgarei ter entendido bem as razões dos judeus enquanto eles não tiverem um Estado livre, escolas, universidades, onde possam falar e discutir sem risco. Só então poderemos saber o que têm a dizer."[28]

Quanto a Montesquieu, ele afirma que o problema judeu só existe porque aqueles que perseguem os judeus têm um problema com a religião-mãe: "[Os judeus] fomentam nos cristãos, assim como entre nós, uma obstinação invencível por sua religião. A religião judaica é um velho tronco que produziu dois galhos que cobriram toda a terra, qual sejam, o maometismo e o cristianismo; ou melhor, é uma mãe que gerou duas filhas que a atormentaram com mil aflições: pois, quando o assunto é religião, as mais próximas são as maiores inimigas. Mas, por pior que tenha sido o tratamento que delas recebeu, ela não deixa de se vangloriar de as ter posto no mundo; serve-se de cada uma delas para abarcar

[28] Jean-Jacques Rousseau, *L'Émile ou De l'éducation* (1762), livro IV, *Œuvres complètes*, t.IV, Paris, Gallimard, col. Bibliothèque de la Pléiade, p.621 [ed. bras.: *Emílio ou da educação*, São Paulo, Martins, 2004].

o mundo inteiro, ao passo que, por outro lado, sua venerável velhice abarca todos os tempos."[29]

Foi em novembro de 1791, ao fim de debates memoráveis ocorridos na Assembleia Constituinte a partir de setembro de 1789, que os judeus franceses de todas as obediências se tornaram cidadãos, livres para praticar seu culto e para gozar de todas as outras liberdades.

Rabaud Saint-Etienne abriu fogo: "Peço a liberdade para todos esses povos sempre proscritos, errantes, vagabundos no globo, esses povos destinados à humilhação: os judeus."

Posição idêntica foi defendida, pouco depois, pelo abade Grégoire, seguido do conde de Clermont-Tonnerre e por Mirabeau, Robespierre e Barnave, contra os deputados da reação. Vários constituintes sugeriram em seguida que os turcos, os muçulmanos, os homens oriundos de todas as "seitas" fizessem jus aos mesmos direitos. Mais tarde, o deputado Regnault pediria que todos os que falassem contra os judeus fosse advertidos: pois, nesse caso, estariam infringindo a própria Constituição.

Em 13 de novembro de 1791, Luís XVI, que fora favorável à emancipação dos judeus, ratificou a lei declarando-os cidadãos franceses. O Iluminismo é que tinha dado origem a essa importante decisão.

Nessas condições, é evidentemente aberrante qualificar de antissemitismo o antijudaísmo iluminista que, ao contrário daquele do Antigo Regime, não visava nem eliminar, nem excluir, nem perseguir os judeus, mas, antes, denunciar os malefícios das três religiões monoteístas – judaísmo, cristianismo, islamismo ("maometismo"[30]) – bem como os costumes arcaicos e detestáveis dos que as praticavam.[31] Em se tratando dos judeus,

---

[29] Montesquieu, *Les lettres persanes* (1721), *Œuvres complètes*, t.I, Paris, Gallimard, col. Bibliothèque de la Pléiade, p.218 [ed. bras.: *Cartas persas*, carta LX, São Paulo, Nova Alexandria, 2005].

[30] Conforme o uso da época.

[31] Ao contrário do que afirma Pierre-André Taguieff, que descontextualiza as citações de Voltaire e esquece o *cherem* de que Espinosa foi vítima, a fim de fazer de ambos judeófobos, ou seja, antissemitas (*La judéophobie des modernes. Des Lumières au Jihad mondial*, Paris, Odile Jacob, 2008, p.95). A tese de um suposto antissemitismo iluminista já tinha sido defendida em 1968 pelo rabino conservador americano Arthur Hertzberg (1921-2006), violentamente hostil a toda forma de laicidade à francesa. Na sua opinião, o antissemitismo teria sido criado pelos filósofos iluministas e pelos revolucionários de 1789, os quais, ao emanciparem os judeus, teriam sido, na verdade, seus piores inimigos, por quererem lhes impor uma cidadania. Concomitantemente, Hertzberg expressa sua preferência pelo antijudaísmo cristão em comparação com o antijudaísmo iluminista, o que é totalmente inoperante para a compreensão da gênese do antissemitismo. Cf. *Les origines de l'antisémitisme moderne*, Paris, Presses de la Renaissance, 2004. O cardeal Jean-Marie Lustiger também se

a grande palavra de ordem do novo século foi a de sua possível "regeneração" – que, aliás, foi retomada pelos fundadores do sionismo: inventar um novo judeu, livre das preces, dos rituais, da circuncisão, das restrições alimentares. Não mais odiar os judeus, mas amá-los, às vezes à revelia deles mesmos, a ponto de desejar-lhes um destino melhor do que o de vítimas presas na espiral da rejeição, da perseguição e da estigmatização.

Amar os judeus será, portanto, desejar que eles sejam homens antes de serem judeus: homens livres e não mais sujeitos alienados por suas tradições. E os próprios judeus subscreverão esse desejo a fim de não mais suscitarem o ódio nem serem, em contrapartida, habitados pela catástrofe de ser judeu: "O povo de Israel", dirá Theodor Lessing em 1930, "é o primeiro e talvez o único povo que procurou em si mesmo a culpada origem de suas infelicidades. No mais fundo de cada alma judaica esconde-se essa mesma tendência a conceber todo infortúnio como um castigo."[32]

Depois que pensadores franceses – filósofos ou historiadores – se convenceram, no começo dos anos 1970, de que, na Alemanha e na França, o Iluminismo fora tão somente o cadinho original dos dois totalitarismos, nazista e stalinista, tornou-se corriqueiro fazer de Marx, na esteira de Espinosa, Voltaire e Hegel, um dos fundadores do antissemitismo.[33]

---

juntou a essa tese: "As Luzes conduzem a Auschwitz." Eis por que ele se opôs à transferência das cinzas do abade Grégoire para o Panteão, em 12 de dezembro de 1989. E, simultaneamente, atacou Nietzsche, Marx e Freud. Cf. *Le choix de Dieu. Entretien avec Jean-Louis Missika et Dominique Wolton*, Paris, De Fallois, 1987.

Na mesma perspectiva, notemos que, atualmente, é a extrema-direita cristã, aliada, por sinal, a fundamentalistas judeus, que tira proveito dessa propensão contemporânea a tratar Voltaire como antissemita, não só para isentar Pio XII de qualquer colaboração com os nazistas, como para atribuir a Voltaire a paternidade do antissemitismo hitlerista. Nessa ótica, "o antijudaísmo cristão" poderia ser perdoado, porque a Igreja católica pronunciou sua *mea culpa* sobre o genocídio dos judeus, ao passo que "o ateísmo das Luzes", anunciador do comunismo, do socialismo e, portanto, de toda a esquerda moderna só mereceria condenação, pois teria sido, por antecipação, responsável pelo genocídio. Cf. Paolo Quintili, *Voltaire. Il manifesto dell'antisemitismo moderno, a cura del padre della tolleranza*, Comento di Elena Loewenthal, Milão, Claudio Gallone Editore, 1997.

[32] Theodor Lessing, *La haine de soi. Le refus d'être juif*, Berg International, 2001, p.37. Retraduzi a passagem com base na edição alemã.

[33] Em especial, Léon Poliakov, *Histoire de l'antisémitisme*, 2 vols., Paris, Seuil, col. Points Histoire, 1991, retomado por Pierre-André Taguieff, *La judéophobie des modernes*, op.cit. Cf. também Arthur Hertzberg, *Les origines de l'antisémitisme moderne*, Paris, Presses de la Renaissance, 2004. E, sobretudo, Robert Misrahi, *Marx et la question juive*, Paris, Gallimard,

E, ao mesmo tempo, a Revolução de 1789, embora tivesse emancipado os judeus, seria ainda mais detestável, pois estaria na origem de todos os banhos de sangue posteriores: o terror, a epopeia napoleônica, o bolchevismo, o stalinismo, a "solução final" e, enfim, o terrorismo islamita. Consequentemente, todos os pensadores subversivos ou radicais da segunda metade do século XX que ousaram comentar as obras de Nietzsche, Marx ou Freud veem-se acusados de serem adeptos desse detestável legado. Não causa espanto, por certo, que, nesse contexto, o bicentenário dessa mesma Revolução, odiosa desde então, tenha sido celebrado, em 1989, sob o signo da Contrarrevolução: Joseph de Maistre em vez de Robespierre.[34]

Embora seja perfeitamente legítimo mostrar, por exemplo, que o espírito de emancipação pode se transformar no seu contrário, e embora seja coerente estudar as contradições internas aos ideais da democracia e dos Direitos do Homem para revelar a "parte obscura" que eles contêm,[35] é difícil aceitar sem protestar a ideia de que o Gulag e o genocídio já estão em Marx e, portanto, em Robespierre e, portanto, em Voltaire e Rousseau e, portanto, em Espinosa – em suma, que o antissemitismo está... onde não está.

1972. Cf. também Michael Löwy, que chega a afirmar que o abade Grégoire revelou seu antissemitismo ao procurar "regenerar" os judeus, op.cit. Mas a tese de um Marx antissemita já fora desenvolvida bem antes de toda essa literatura. Cf. Franz Mehring, *Vie de Karl Marx* (1918), tradução, notas e introdução de Gérard Bloch, Paris, PIE, 1984. Como Gérard Bloch, vários autores questionaram essa abordagem, especialmente: Robert Mandrou, Introduction à la reédition de *À propos de la question juive* de Karl Marx, seguido de *La question juive*, de Bruno Bauer, Paris, UGE, col. 10/18, 1968. A melhor exegese é a de Élisabeth de Fontenay, *Figures juives de Marx*, Paris, Galilée, 1973, que, aliás, não deixa de ter relação com a de Hannah Arendt, *L'antisémitisme*, op.cit. Cf. também Zeev Sternhell, *La droite révolutionnaire* (1978), Paris, Fayard, 1997. E Lionel Richard, "Anachronisme et contresens: Karl Marx, juif antisémite?", *Le Monde Diplomatique*, set 2005. Cf. ainda a excelente análise de Enzo Traverso, *Les marxistes et la question juive*, Paris, Kimé, 1997, prefácio de Pierre Vidal-Naquet. O texto de Marx está em *Œuvres*, t.III, *Philosophie*, edição estabelecida, anotada e comentada por Maximilien Rubel, Paris, Gallimard, col. Bibliothèque de la Pléiade, p.346-81.

[34] Cf. François Furet, *Penser la révolution française*, Paris, Gallimard, 1978 [ed. bras.: *Pensando a Revolução Francesa*, São Paulo, Paz e Terra, 1989]; *Le passé d'une illusion. Essai sur l'idée communiste au XXe siècle*, Paris, Robert Laffont, 1995. E, para a crítica da tese de uma Revolução que se tornou odiosa, Olivier Bétourné e Aglaia I. Hartig, *Penser l'histoire de la Révolution. Deux siècles de passion française*, Paris, La Découverte, 1989. A André Glucksmann é que devemos a absurda ideia de que Hegel, Marx e a filosofia alemã teriam engendrado o Gulag – e, ao mesmo tempo, o extermínio dos judeus. Cf. *Les maîtres penseurs*, Paris, Grasset, 1977.

[35] Abordei essa questão em *Filósofos na tormenta* (Paris, 2005), Rio de Janeiro, Jorge Zahar, 2006, e em *A parte obscura de nós mesmos* (Paris, 2007), Rio de Janeiro, Jorge Zahar, 2008.

No entanto, foi em virtude dessa lógica que um pequeno ensaio de 40 páginas, publicado em 1843 em resposta a dois outros de Bruno Bauer e dedicado à questão da emancipação dos judeus na Alemanha, transformou-se numa espécie de manifesto racialista embutindo um projeto exterminador. Chegaram até a afirmar, em nome da psicanálise, que Marx não teria sido mais que um "homossexual enrustido", "antimarxista" e "criminoso", desejoso de eliminar os judeus para melhor assumir a culpa de um pai acusado de ter se convertido ao protestantismo para exercer a profissão de advogado:[36] maneira fascinante, afinal de contas, de se dizer mais marxista que Marx e estigmatizar, ao mesmo tempo, a homossexualidade.

Sabemos que o pai de Karl Marx, Herschel Levi, filho do rabino Marx Levi, pediu para ser batizado em Trier, em 1824, com o nome de Heinrich Marx, seis anos depois do nascimento de seu filho. Patriota prussiano, admirador de Voltaire e de d'Holbach, não teve nenhuma dificuldade em renunciar à sua judaidade por considerar a sua conversão um passo na direção da civilização e uma libertação de todo preconceito judeu. Quanto ao filho, completamente ateu, sonhava apenas livrar a humanidade de toda religião, esse "ópio do povo".

Certos autores, a exemplo de Pierre-André Taguieff, não hesitaram em bisbilhotar a correspondência privada do fundador do comunismo para incriminá-lo mais e ignorar solenemente o sentido de sua hostilidade ao judaísmo. E encontraram o que buscavam. Muito frequentemente, em suas cartas, Marx, tão panfletário quanto Voltaire, zomba de seus inimigos assim como de seus amigos: russo "atrasado", polonês "imbecil", francês "sem cérebro" etc. Quanto aos judeus, seus correligionários, gosta de chamá-los por apelidos e adjetivos de uma maldade inaudita: "judeu de bolsa", "Judeu Süss do Egito"[37], "judeu maldito", "judeu porco", "judeu tagarela", "judeu seboso", "judeu eslavo", "judeu negro" etc. E a respeito de Ferdinand Lassalle, socialista alemão e companheiro de estrada, Marx não poupa pala-

[36] Robert Misrahi, *Marx et la question juive*, Paris, Gallimard, 1972, p.223-7. Inversamente, no mundo anglófono e germanófono prevaleceu a tendência de rejudaizar Marx e fazer dele um profeta de Israel, portador de um messianismo de um tipo novo, que vê o proletariado como o povo eleito e convida os judeus a se emanciparem do "bezerro de ouro capitalista". Cf., mais uma vez, Enzo Traverzo, *Les marxistes et la question juive*, op.cit.

[37] Referência ao filme de propaganda nazista *O judeu Süss*, realizado por Veit Harlan, a pedido de Goebbels, em 1940. (N.T.)

vras agressivas. Mas Lassalle não dissimula o quanto detesta o povo da Bíblia, seu próprio povo. E fustiga os judeus da mesma maneira que Marx, assim como também fará mais tarde Karl Kraus, o grande jornalista vienense.[38]

Está entendido: a recusa de ser judeu, a aversão ao relato bíblico – recheado de histórias de assassinatos –, a rejeição dos ritos, considerados ridículos e alienantes, foram os principais componentes de um "ódio de si judeu" através do qual se manifestou no século XIX – e muito mais em Viena do que em outros lugares[39] – o humor ferino dos judeus desjudaizados que voltavam contra si próprios o ódio que suscitavam nos outros. E para os judeus germanófonos, esses asquenazes herdeiros da *Haskalá* que já não acreditavam nem em eleição, nem no judaísmo, nem em nenhuma Terra Prometida, essa execração de si foi a última etapa da catástrofe: "Odeio os judeus", dizia Lassalle, "e odeio os jornalistas. Infelizmente, sou as duas coisas."[40]

Em 1842, a questão da emancipação dos judeus se colocava de forma premente na Alemanha. O país era, de fato, composto de um conglomerado de Estados autônomos, distintos uns dos outros, e os judeus não gozavam de direitos civis – como passaria a ocorrer em 1871, depois da unificação alemã.

Foi no contexto da afirmação das ideias liberais que Bruno Bauer, pertencente ao círculo dos jovens hegelianos, se esforçou para demonstrar aos judeus que eles deviam renunciar à sua religião. Enquanto os judeus permanecerem judeus, dizia ele em síntese, permanecerão inaptos a qualquer emancipação. Por isso devem renunciar à perpetuação de seus ritos antes de exigirem qualquer laicização do Estado. Ao contrário dos cristãos, cuja religião se tornou universal, os judeus, devido a seu apego à lei mosaica, seriam, segundo Bauer, particularistas incapazes de ter acesso aos direitos do homem.

---

[38] Cf. Jacques Le Rider, *Modernités viennoises et crises de l'identité* (1990), Paris, PUF, 1994 [*Modernidade vienense e as crises de identidade*, Rio de Janeiro, Civilização Brasileira, 1993]. As famosas citações tiradas da *Correspondência* de Marx foram coletadas por Léon Poliakov e, depois, repetidas ao infinito.

[39] Nesse aspecto, Marx é menos representativo do ódio de si judeu do que os judeus vienenses do final do século XIX, nascidos depois de 1850.

[40] Citado por Paul Giniewski, *Simone Weil ou La haine de soi*, Paris, Berg International, 1978, p.287.

Contra essa argumentação, o jovem Marx retorquiu que os judeus podiam perfeitamente se emancipar sem se afastar do judaísmo, mas que seria uma boa ideia tomar consciência de que a obtenção dos direitos civis não passa de ilusão enquanto o próprio Estado repousar sobre uma ancoragem teológica. Somente um Estado não religioso tem condições, pensava ele, de garantir a liberdade de cada cidadão, inclusive sua liberdade de culto. Consequentemente, a questão da emancipação dos judeus é apenas um caso particular da questão da emancipação humana.

Favorável nesse sentido ao modelo francês, Marx, a pedido do presidente do consistório de Colônia, não hesitou em redigir uma petição a favor dos judeus prussianos, destinada à Dieta: "Por maior que seja minha aversão à religião israelita, as concepções de Bauer me parecem abstratas demais. O negócio é abrir o máximo de brechas possível no Estado cristão e nele introduzir fraudulentamente a maior quantidade de racionalidade. Convém ao menos fazer uma tentativa, e a exasperação cresce a cada petição rejeitada sob protestos."[41]

Na segunda parte de seu artigo, a mais curta e mais comentada, Marx afirmava que os "judeus de todos os dias", os "verdadeiros judeus", já não estavam condicionados por seu vínculo com o judaísmo e, sim, por práticas de vida que lhes tinham sido impostas por seus perseguidores e que tinham feito deles "judeus de dinheiro" voluntariamente submetidos à lei de bronze do capitalismo: "O deus dos judeus se secularizou, converteu-se em deus do mundo. A letra de câmbio é o verdadeiro deus do judeu. Seu deus é apenas a letra de câmbio ilusória." Consequentemente, somente a emancipação religiosa – e, portanto, de qualquer Estado teológico-político – permitirá aos judeus emancipar-se socialmente: "A emancipação social do judeu é a emancipação da sociedade livre do judaísmo."[42]

Portanto, Marx não tem nada de antissemita e sua correspondência não pode ser usada em favor dessa tese, embora seja bem penosa de ler. Quanto à evocação pejorativa do judeu adorador do deus dinheiro – traço comum aos textos do antissemitismo constituído –, ela não provém, no caso de Marx, desse tipo de engajamento e, sim, de um conflito que opõe,

[41] Karl Marx, *Oeuvres III*, op.cit., p.326.
[42] Ibid., p.381.

no século XIX e mais ainda na Alemanha, os "judeus do dinheiro" aos "judeus intelectuais". O que Marx critica não é o judeu como tal, mas o que aconteceu com o judeu no mundo burguês. Ele também ataca os princípios de uma sociedade baseada no culto do dinheiro – da qual os judeus reais são agora protagonistas com plenos direitos depois de terem sido perseguidos –, mas não faz do deus dinheiro a emanação de uma essência judaica corruptora da humanidade. Segundo ele, é a sociedade burguesa que deve ser abolida e não o judeu, o qual, uma vez abolido o judaísmo, poderá finalmente entrar na história e renunciar à sua condição de judeu abstrato para se tornar judeu histórico.

O Marx da maturidade, o do *Capital*, evocará a dialética da dominação e da exploração ao se lembrar dessa cisão inerente à sua judeidade de judeu que detesta o judaísmo. As mercadorias, dirá ele então, são "judeus de alma circuncisa", "meios maravilhosos de fazer dinheiro".[43] E a essa invisibilidade do judeu circuncidado interiormente, transformado em mercadoria, ele oporá a visibilidade sofredora do corpo do operário braçal, novo povo eleito alienado ao Capital, como os judeus tinham sido a Jeová.

Por fim, e talvez sem se dar conta, Marx, para pensar o advento do comunismo e do proletariado, acabou se prendendo não à religião judaica como tal, mas à história de seu povo, que, ao inventar o judaísmo, deu à luz seu inimigo, o cristianismo. Segundo o mesmo procedimento, o judaísmo convertido ao Capital estaria, a seu ver, gerando um novo povo eleito destinado a subvertê-lo: "Se o judeu Karl Marx", dirá Hannah Arendt, "podia se exprimir como os radicais antijudeus, era porque esse tipo de antijudaísmo tinha realmente muito pouco a ver com um verdadeiro antissemitismo ... . A forte influência exercida pelo marxismo sobre o movimento operário ale-

---

[43] Elisabeth de Fontenay faz um comentário magistral a essas duas referências marxistas à história judaica. Essa frase figura na segunda seção do livro 1, capítulo IV, tendo sido suprimida pelos comunistas franceses e substituída por: "Portanto, o dinheiro não tem aqui uma atitude hostil em relação à mercadoria, como no caso do acumulador. O capitalismo sabe muito bem que todas as mercadorias, seja qual for seu aspecto e cheiro, são 'na fé e na verdade' dinheiro e, além disso, meios maravilhosos de fazer dinheiro." Cf. Karl Marx, *Le Capital*, livro 1, t.1, Paris, Éditions Sociales, 1972, p.158, e Garnier-Flammarion, 1969, p.120. Prefácio de Louis Althusser. Cf. também Enzo Traverso, *Les marxistes et la question juive*, op.cit.

mão é um dos motivos pelos quais encontramos tão poucos vestígios dele nos movimentos revolucionários alemães."[44]

Os representantes do Iluminismo francês insistiam na necessidade de ligar o particular ao universal e libertar o indivíduo de qualquer forma de soberania – fosse ela religiosa, monárquica, territorial etc. – para fazer dele um sujeito livre, capaz de pensar por conta própria e alcançar, assim, a dignidade suprema. Nesse sentido, segundo os ideais de 1789, o povo será assimilado a uma nação, ou seja, a uma coletividade social definida não por fronteiras ou raízes, mas pela referência a um Estado de direito encarregado de representá-lo.

Desse ponto de vista, o termo nação se assemelhava ao termo pátria, que designava a um só tempo a terra natal e o país escolhido – esse país que o cidadão dos direitos do homem escolhia *livremente* servir e defender com sua vida. Assim, o novo herói do Iluminismo, igual aos antigos gregos, podia identificar-se com uma nação que nada tinha de nacionalista e com uma pátria a cujo ideal servia, longe de qualquer retraimento identitário.

Foi esse o credo do Iluminismo francês, e ele foi retomado ao longo de toda a epopeia revolucionária: unir o povo (a nação) à elite (o sujeito livre) para servir à pátria, ou seja, à Revolução, à República, à igualdade entre os homens – e, portanto, ao gênero humano. A Montesquieu é que devemos a formulação mais forte desse pensamento do universal abstrato que buscava, sem deixar de respeitar as diferenças, subtrair o ser humano de todo particularismo identitário, religioso ou sexual: "Se eu soubesse de algo que me fosse útil", dizia Montesquieu, "e fosse prejudicial à minha família, eu o afastaria de meu espírito. Se eu soubesse de algo que fosse útil para minha família e não o fosse para minha pátria, eu procuraria esquecê-lo. Se eu soubesse de algo que fosse útil para minha pátria e fosse prejudicial para a Europa, ou então que fosse útil para a Europa e prejudicial para o gênero humano, eu o consideraria um crime."[45]

---

[44] Com exceção de Karl Eugen Dühring (1823-1921). Após ter sido atacado por Marx e Engels, ele acusará os judeus de serem responsáveis por sua demissão da Universidade de Berlim e publicará, em 1880, um dos primeiros textos antissemitas de inspiração biológica. Cf. Hannah Arendt, *L'antisémitisme*, op.cit., p.86-7.

[45] Montesquieu, "Mes pensées", *Œuvres complètes*, t.1, Paris, Gallimard, col. Bibliothèque de la Pléiade, p.98. Ressaltemos que, em 1890, Friedrich Engels condena de maneira ex-

Em virtude desse princípio, a França revolucionária foi o primeiro país da Europa a emancipar os judeus, o que pressupunha que a religião judaica desfrutasse das mesmas prerrogativas que as outras religiões. No entanto, independentemente de sua nacionalidade, os judeus do século XIX se viram confrontados com um dilema: ter de escolher entre a universalidade humana e a particularidade judaica.

O judaísmo, como dissemos, é, de fato, a única religião a afirmar que uma pessoa continua judia (no sentido da judeidade) mesmo tendo deixado de ser judeu (no sentido da judaidade). Portanto, para além de todo pertencimento religioso, os judeus, ao contrário dos cristãos, são um povo e formam uma nação, mesmo que esta não esteja vinculada a nenhum território. Nessas condições, como ser outra coisa senão judeu? Mendelssohn percebeu claramente o dilema quando recomendou a seus correligionários serem, ao mesmo tempo, "judeus *e* alemães".

De fato, tanto na Alemanha como na França, os judeus adeptos do humanismo iluminista geralmente optaram pela conversão. Para os judeus alemães, esse era o único modo de ter acesso a direitos civis; para os judeus franceses, foi uma escolha patriótica – mas também um modo de escapar do ódio que eles suscitavam na sociedade civil. De ambos os lados, as conversões e mudanças de nome deram lugar a uma verdadeira assimilação e, portanto, a uma renúncia à judeidade. Simultaneamente, contudo, à medida que se tornavam menos visíveis, eram o tempo todo acusados, tão logo surgia uma crise social ou econômica, de dissimulação ou de fomentar complôs contra a nação que os tinha emancipado ou tolerado. A sociedade civil que tão bem os integrara era, portanto, capaz de, diante do menor abalo, designar os judeus como uma parte maldita, estigmatizá-los como agiotas, um povo dentro do povo, uma nação dentro da nação.

E como os judeus assimilados acabaram perdendo a visibilidade no seio da sociedade civil, foi preciso, para expô-los novamente ao opróbrio, substituir essa invisibilidade adquirida por assimilação por uma nova visibilidade. Mas como distinguir um judeu de um não judeu, se mais nenhum signo de pertencimento religioso ou vestimentar permitia identificá-lo? Será esta a grande questão que mobilizará os antissemitas.

tremamente firme toda forma de antissemitismo. Cf. Enzo Traverso, *Les marxistes et la question juive*, op.cit., p.52.

Foi na França, pátria dos direitos do homem e da emancipação dos judeus, que nasceu a ideia antissemita, em meados do século XIX, antes mesmo de o termo ter sido inventado, 20 anos depois, no mundo germânico. E por ter sido gerado por uma emancipação radical, o antissemitismo será ainda mais poderoso na França.

Contudo, para que ele advenha, será necessária uma mudança radical de paradigma.

2 A sombra dos campos e a fumaça dos fornos

Após ter sido portadora de todas as aspirações dos povos europeus à autodeterminação, a palavra "nação" foi se convertendo no seu contrário à medida que o ideal patriótico insuflado pelo espírito iluminista se transformava num projeto comunitário centrado no apego ao solo. O termo "nacionalismo", por exemplo, derivado de "nação" e criado em 1797 pelo abade Augustin de Barruel, inimigo jurado dos jacobinos, para designar pejorativamente o ideal patriótico assimilado a um "complô maçônico",[1] acabou se tornando, 40 anos depois, uma doutrina baseada no chauvinismo, na exclusão da alteridade e no primado do coletivo sobre a individualidade.

Em toda a Europa, porém, a aspiração a se tornar uma nação livre tinha efetivamente constituído um ideal de progresso e de liberdade até 1850. Prova disso foi o grande movimento revolucionário de 1848. Primavera dos povos, primavera das revoluções, primavera do liberalismo, primavera do socialismo, aurora do comunismo. Por toda a parte os europeus exigem a abolição dos antigos regimes monárquicos que tinham sido restaurados, depois de 1830, em todos os países em que as guerras napoleônicas haviam contribuído para a expansão dos ideais de 1789: "Um espectro ronda a Europa", escrevem Marx e Engels em 1848: "o espectro do comunismo. Todas as potências da velha Europa se uniram numa Santa Aliança para conjurá-lo..."[2] Essas revoluções, como se sabe, foram severamente reprimidas e a aspiração dos povos à autodeterminação se transformou numa vontade de unificar não homens entre si, europeus e não europeus, mas nações opostas umas às outras.

Desde então, cada nação, agora voltada para si própria, passou a ser assimilada à soma de seus particularismos. Assim, o nacionalismo se

---

[1] Augustin de Barruel (1741-1820) foi, de fato, um dos precursores dessas teorias conspiratórias que visaram, sem cessar, os franco-maçons e os judeus. *Mémoires pour servir l'histoire du jacobinisme*, 1797-98.

[2] Karl Marx e Friedrich Engels, *Manifeste du Parti Communiste* (1848), Paris, Éditions Sociales, 1966, p.25 [ed. bras.: *O manifesto do Partido Comunista*, Petrópolis, Vozes, 2008].

tornou uma doutrina contrária ao ideal original do qual fora portador: "A Constituição de 1795", já dizia Joseph de Maistre em 1796, "assim como suas antecessoras, é feita para o Homem. Ora, não existe Homem no mundo. Na minha vida só vi franceses, italianos, russos etc. Quanto ao Homem, declaro jamais tê-lo encontrado na vida. Se ele existe, ignoro."[3]

Na França burguesa da segunda metade do século XIX, que passara a condenar publicamente o socialismo, Valmy e as insurreições dos esfomeados, o termo adquiriu um novo significado. Longe de servir para designar a união do povo com a pátria, foi utilizado por volta de 1850 para definir uma comunidade unida por uma alma coletiva, uma semelhança e uma identidade genealógica. E designaram com o nome de raça essa entidade caracterizada por um dado histórico. Mais tarde, com o desenvolvimento do darwinismo, uma dimensão biológica será insuflada nessa noção nova, estimulando a passagem de uma concepção historicista ou morfopsicológica da origem dos povos (das raças) a uma concepção organicista. Já não basta uma designação cultural ou identitária, a ela será acrescentada esta outra, ligada à antropologia física: cor da pele, forma do crânio, das orelhas, do nariz, dos pés.

Contra o espírito iluminista, os estudiosos alemães e franceses, adeptos do historicismo, buscaram se livrar ao mesmo tempo do universalismo e da questão da origem das religiões, pretendendo descobrir, para o estudo das línguas, uma maneira de laicizar a teologia. Desinteressando-se de Deus, da fé e dos mitos, sua finalidade era pensar o advento das civilizações a partir de uma ciência das línguas, a filologia, encarregada de traduzir a alma nacional dos povos e o corpo orgânico das nações. Nessa perspectiva, forjaram o par infernal dos arianos e dos semitas, convencidos de que cada um desses dois povos imaginários teria sido portador de uma identidade secreta, cujos valores teriam sido transmitidos desde a noite dos tempos, a ponto de cada nação europeia poder encontrar neles suas origens.[4] Assim, reinventaram o mito ancestral da guerra das

[3] Joseph de Maistre, *Considérations sur la France*, 1796.

[4] O melhor livro sobre a questão é o de Maurice Olender, *Les langues du paradis. Aryens et Sémites: un couple providentiel*, Paris, Gallimard/Seuil, col. Hautes Études, 1989. Olender estuda os trabalhos de Johann Gottfried Herder (1744-1803), Ernest Renan (1823-98), Friedrich Max Müller (1823-1900), Adolphe Pictet (1799-1875), Rudolf Friedrich Grau (1835-93) e, por fim, Ignaz Isaac Goldziher (1850-1921), único a criticar os fundamentos da utilização da dupla infernal e que se tornou um dos fundadores da islamologia moderna.

raças – e portanto, da dialética da conquista e da escravização de uma raça por outra.[5]

Nessa perspectiva, os semitas, ou seja, os hebreus (e, portanto, os judeus), teriam tido o privilégio de criar o monoteísmo, mas, ao permanecerem nômades, teriam se revelado inaptos à criação, ao saber, ao progresso e à cultura. Os arianos politeístas, ao contrário – confundidos com os indo-europeus –, são investidos, em contraposição, de todas as virtudes do dinamismo, da razão, da ciência e da política. Somente o cristianismo teria, então, se mostrado capaz de realizar uma síntese harmoniosa entre o monoteísmo judeu, salvo por Jesus, e o dinamismo ariano, fonte de futuro.[6]

Podemos perceber aqui, claramente, como funciona estruturalmente o par infernal que, em seguida, dará origem ao antissemitismo. Embora os judeus sejam, entre os semitas, o povo primordial, o da primeira religião, tornaram-se nômades sem criatividade, nocivos, errantes e inúteis, depois de terem sido despojados pelos cristãos do que tinham de mais sublime: o monoteísmo. Consequentemente, são designados como inferiores aos supostos arianos, os quais são definidos como os únicos capazes de aliar as qualidades do monoteísmo, importadas pelo cristianismo, àquelas (intrínsecas) de uma tradição indo-europeia rebatizada de arianismo. Donde a sua superioridade.

Sejam quais forem as variantes – arianizar o cristianismo, semitizar o arianismo, inventar etapas intermediárias –, para os partidários dessa abordagem trata-se sempre de demonstrar que o cristianismo é superior ao judaísmo, não como religião, mas como civilização, que a língua é uma questão de raça e que o judaísmo, enquanto identidade cultural, não se

---

No prefácio a esse livro, Jean-Pierre Vernant escreveu: "Nos dois espelhos-miragens, acoplados e assimétricos, em que os cientistas europeus do século XIX tentam, neles se projetando, discernir os traços de seu próprio rosto, como poderíamos não ver desenhar-se hoje a sombra dos campos e a fumaça dos fornos?"

[5] Sobre as metamorfoses da questão da guerra das raças, cf. Michel Foucault, "Il faut défendre la société". Curso no Collège de France, 1976, Paris, Gallimard/Seuil, 1997, col. Hautes Études [ed. bras.: *Resumo dos cursos do Collège de France* (1970-1982), Rio de Janeiro, Jorge Zahar, 1997].

[6] O termo semita deriva de Sem, o nome de um dos três filhos de Noé (sendo os outros Cam e Jafé), ancestral de Abraão, de quem teriam vindo os hebreus, os árabes, os arameus, os fenícios e os elamitas. As línguas ditas "arianas", derivadas do sânscrito, teriam sido faladas originalmente pelos latinos, eslavos, gregos, celtas, germanos e persas, todos oriundos do grupo indo-europeu. Isso levou a confundir os indo-europeus, povos da Europa e da Ásia, com uns supostos "arianos" que só existem nas construções teóricas dos filólogos do século XIX desejosos de opô-los aos semitas.

prolonga no cristianismo e, sim, no islamismo, cultura considerada tão semita quanto a dos judeus. Nessa perspectiva, os muçulmanos são decerto execrados, na medida em que pertencem ao campo do semitismo, mas os judeus o são ainda mais, já que deram origem ao islamismo. A tese do "primeiro pai" vê-se aqui perenizada, embora laicizada e depois "racializada". Passa-se, assim, do antijudaísmo ao antissemitismo e, depois, ao racismo: os judeus já não são vistos como os adeptos de uma religião, mas como semitas – e, entre os semitas, como os piores –, isto é, como fazendo parte de uma raça historicamente inferior a todas as outras.

Esse encadeamento revela as razões profundas pelas quais o racismo tem o antissemitismo como matriz, pelas quais, em outras palavras, todo racismo é primeiro expressão de um antissemitismo. Notemos inicialmente que, embora racismo e antissemitismo sejam duas manifestações distintas – uma recai sobre uma alteridade manifesta e a outra sobre uma alteridade sem estigmas aparentes –, ambos sempre se juntam, ainda que por caminhos tortuosos. Mas o antissemitismo é primeiro e o racismo, segundo. Uma vez que o judaísmo é a primeira religião monoteísta e abraâmica, e que gerou as outras duas, quando os judeus foram designados como uma raça semítica, por volta de 1850, continuaram sendo os primeiros pais, não só por terem gerado os outros monoteísmos, mas por terem se tornado o suporte original de todas as projeções raciais primárias.

Constatamos, aliás, que a passagem do antijudaísmo ao antissemitismo tem por corolário histórico a invenção do racismo,[7] por sua vez popularizado pelo colonialismo. Voltaremos a isso.

Por volta de 1848, fascinado com a dupla infernal do ariano e do semita, Ernest Renan lança-se numa grande demonstração filológica, sem saber que ela faria dele um dos fundadores do antissemitismo. Professor de filosofia, apaixonado pelo orientalismo e fortemente marcado pelos trabalhos de Johann Gottfried Herder e de Franz Bopp, tornou-se um dos maiores hebraizantes de seu tempo, fino conhecedor das línguas antigas e das culturas arcaicas, que, segundo ele, revelam o segredo do funcionamento das sociedades modernas. A partir daí, concebe o louco projeto de fazer da filologia a ciência exata das coisas do espírito e, portanto, do gênero humano. É nessa perspectiva, e depois de se ter libertado do jugo da

[7] O termo aparece em 1894 na pena de um colaborador de *La Libre Parole*, jornal de Édouard Drumont.

religião, que ele publica, em 1855, seu principal estudo sobre a questão: *História geral e sistema comparado das línguas semíticas*.[8]

Ao ler as 500 páginas dessa obra, dedicada à origem das línguas e da humanidade, ao percorrer a grande saga que nos leva do estudo da Bíblia ao dos povos semíticos e indo-europeus, impressionam o rigor da demonstração e a paixão do autor em reconstruir uma espantosa mitologia que, a seu ver, deve abrir caminho para uma ciência dos fundamentos da natureza humana. No cerne desse monumento de erudição, saturado de referências bibliográficas e de termos gregos, hebraicos ou árabes, vemos descortinar-se a grande fábula do semita e do ariano – entre "o sublime e o odioso".[9] Tomamos conhecimento, em particular, da vida dos hebreus, dos arameus, dos heveus, dos heteus, dos ferezeus, dos girgazeus, dos jebuseus, e descobrimos com estupor em que medida a recém-promovida ciência pode servir de suporte para um tecido de lendas que pretende demonstrar que as línguas nada mais seriam que o produto da consciência humana, que toda teoria da língua residiria em sua história e que, enfim, as línguas seriam tão somente a ilustração da existência de uma desigualdade natural entre os diferentes componentes da espécie humana. Sem a menor ênfase, sem a menor emoção, sem o menor romantismo, sem a menor renúncia à razão: assim é o estilo de Renan, uma paixão fria.

Portanto, quatro anos antes da publicação, por Charles Darwin, de *A origem das espécies*, esse grande cientista, fervoroso humanista, afirma tranquilamente que a humanidade estaria composta, desde suas origens, de três tipos de raças:[10] as inferiores, as da época arcaica, hoje desaparecidas; as civilizadas, chinesa e asiática, materialistas, apegadas aos negócios, incapazes de qualquer sentimento artístico e com um instinto religioso pouco desenvolvido; as raças nobres, por fim, compostas de dois ramos: os semitas e os arianos. Os primeiros, criadores do monoteísmo, teriam sofrido, em seguida, uma enorme decadência, dando origem ao islamismo, que "simplifica o espírito humano", ao passo que os segundos, superiores em tudo, teriam se tornado, depois de terem integrado o monoteísmo, se-

---

[8] Ernest Renan, *Histoire générale et système comparé des langues sémitiques*, Paris, L'Imprimerie Impériale, 1855. A obra será reeditada inúmeras vezes. Renan apoiará as teses de Darwin, que, no entanto, contradizem radicalmente as suas. Cf. Charles Darwin, *A origem das espécies* (1859), São Paulo, Larousse/Escala, 2009.

[9] Nas palavras de Maurice Olender.

[10] No sentido histórico e não biológico do termo.

nhores do gênero humano, os únicos capazes de garantir o funcionamento do mundo: "Se a raça indo-europeia não tivesse aparecido no mundo", escreve Ernest Renan, "é certo que o mais alto grau de desenvolvimento humano teria sido algo análogo à sociedade árabe ou judaica, uma sociedade sem filosofia, sem reflexão e sem política."[11]

A julgar pela aparência, haverá quem diga que as imprecações antijudaicas dos homens das Luzes – de Voltaire a Marx – são bem mais insuportáveis de serem lidas hoje do que o discurso erudito de Renan, uniforme e elegante, sempre preocupado em respeitar a verdade dos povos e de sua história. Contudo, não nos enganemos. Os exageros linguageiros de uns são apenas a expressão de uma vontade emancipadora de arrancar o homem da religião, ao passo que a elegância historizante do outro antecipa a chegada de uma doutrina do extermínio. Nesse sentido, apesar das diferenças, ela reata com a tradição persecutória do antijudaísmo cristão. Não nos surpreende que Renan tenha sido o primeiro na França a incorporar o antijudaísmo cristão a uma pretensa ciência da desigualdade histórica dos semitas. Afastando-se da religião a ponto de ter sido considerado blasfemo pela Igreja católica por ter historicizado a vida de Jesus, nem por isso deixa de ser o herdeiro de seu principal preconceito. Substituiu o "judeu pérfido" pelo semita decaído, tornando, assim, aceitável a ideia dessa decadência – logo, a da inferioridade: "A dívida do antissemitismo francês para com Renan é indiscutível", escreve Zeev Sternhell: "É difícil imaginar o sucesso de Drumont, bem como sua posteridade até as leis raciais de 1940, sem a respeitabilidade que, graças a Renan, a ideia da inferioridade dos semitas tinha adquirido."[12]

E quando, em 1882, Renan tomou partido a favor dos direitos dos povos à autodeterminação, foi apenas para combater ainda mais o espírito iluminista. Pois aquilo que ele chamava de nação não era a pátria dos constituintes, mas o núcleo do nacionalismo, essa nação que supunha que todo homem tinha de pertencer a um corpo coletivo orgânico e hierarquizado. E Renan odiava a Alemanha. Aderiu, portanto, à democracia por nacionalismo francês.[13]

[11] Ernest Renan, *Histoire générale...*, livro 1, op.cit., p.476.
[12] Zeev Sternhell, *La droite révolutionnaire*, op.cit., p.20.
[13] Ernest Renan "Qu'est-ce qu'une nation?" (1882). Citado por Zeev Sternhell em *La droite révolutionnaire*, op.cit., p.19-20.

Nada a ver com a revolta de Nietzsche contra o Iluminismo francês. Apaixonado pela filologia, o filósofo alemão jamais cede à paixão antissemita, ao contrário do que dizem aqueles que o representam como precursor do nazismo.[14] Nietzsche não gosta nem do cristianismo ("religião de escravos"), nem do socialismo, nem da democracia, nem das massas, nem do nacionalismo, nem mesmo da religião judaica em sentido estrito. Mas ele só critica as Luzes para acender outras, mais sombrias e, ao mesmo tempo, mais cintilantes. Espera, assim, que essa superação das Luzes por outras Luzes possa dar lugar a uma "fusão das nações" capaz de produzir um novo homem europeu.

É por isso que, em 1878, no momento mesmo em que se constitui o antissemitismo alemão, ele condena a perseguição dos judeus como uma das faces mais repugnantes do nacionalismo, aquela que "consiste em levar os judeus ao abatedouro como bodes expiatórios de todos os males possíveis públicos e privados". "Se a questão já não é conservar nações", escreve ele, "mas produzir e criar uma raça mista de europeus tão forte quanto possível, o judeu é um ingrediente tão útil e desejável quanto qualquer outro vestígio nacional ... ." E, depois de ter feito um elogio suntuoso a Espinosa e saudado o gênio dos judeus livre-pensadores, ele acrescenta, contrariando radicalmente Renan e os adeptos da dupla infernal: "Aos esforços deles é que devemos, em grande parte, o fato de que uma explicação do mundo mais natural, mais racional, e em todo caso livre do mito, tenha podido, por fim, triunfar e que a corrente da civilização, que agora nos liga às Luzes da Antiguidade greco-romana, tenha permanecido ininterrupta. Se o cristianismo fez de tudo para orientalizar o Ocidente, foi sobretudo o judaísmo que contribuiu para ocidentalizá-lo novamente: o que significa, em certo sentido, fazer da missão e da história da Europa uma continuação da história grega."[15]

Enfim, em 1887, numa carta a Theodor Fritsch, que ele considera um imbecil, ataca o antissemitismo propriamente dito: "Acredite-me: essa invasão repugnante de diletantes rebarbativos que pretendem ter algo a di-

---

[14] Pelo fato de sua irmã, Elisabeth Förster, antissemita e pró-hitlerista, ter falsificado sua obra.

[15] Friedrich Nietzsche, *Humano, demasiado humano*, São Paulo, Companhia das Letras, 2005, §475.

zer sobre o valor dos homens e das raças, essa submissão a autoridades que todas as pessoas sensatas condenam com frio desprezo – como Eugen Dühring, Richard Wagner, Ebrard, Wahrmund, Paul de Lagarde –, qual deles é o menos autorizado e o mais injusto nas questões de moral e de história? Essas contínuas e absurdas falsificações e distorções de conceitos tão vagos como 'germânico', 'semítico', 'ariano', 'cristão', 'alemão' – tudo isso pode acabar me deixando realmente furioso e me fazer perder a bonomia irônica com que assisti até agora às veleidades virtuosas e aos farisaísmos dos alemães atuais. Por último, o que o senhor acha que sinto quando antissemitas se permitem pronunciar o nome de *Zaratustra*?"[16]

No mesmo ano que Renan, o conde Arthur de Gobineau, escritor medíocre e diplomata fracassado, marcado pelo romantismo e habitado por um fatalismo típico dos adeptos do anti-Iluminismo, publica seu famoso *Ensaio sobre a desigualdade das raças humanas*, que, naquela data, não faz sucesso algum. Em vez de tomar como fundamento daquela suposta desigualdade a dupla infernal do ariano e do semita, ele se lança num elogio dos judeus – "povo livre e forte que forneceu ao mundo doutores e comerciantes em igual quantidade"[17] –, para melhor fustigar o que chama de raças inferiores, no sentido morfopsicológico ou fisiognomônico, e não biológico. Postula, assim, a existência, na origem dos homens, de uma raça arquetípica – os árias ou arianos –, verdadeira casta aristocrática, ou "raça pura", que teria dado origem aos povos mais civilizados do mundo. Simultaneamente, afirma que a mistura de raças – ou mestiçagem – sempre teve como consequência provocar a decadência das civilizações.

No topo da pirâmide, ele coloca a raça branca, superior em tudo por sua beleza, inteligência e faculdade de resistência; na parte inferior da escala, a raça negra, selvagem e abjeta. No centro, situa a raça amarela, obesa e apática, sempre arraigada a gozos materiais ou a impulsos sensuais. Como

---

[16] Carta de Friedrich Nietzsche a Theodor Fritsch, 29 mar 1887. Cf. Jacques Le Rider, *L'Allemagne au temps du réalisme. De l'espoir au désenchantement (1848-1890)*, Paris, Albin Michel, 2008, especialmente p.422-32, dedicadas ao suposto antissemitismo de Nietzsche. Pouco depois dessa correspondência, Theodor Fritsch (1852-1933), discípulo de Wilhelm Marr e primeiro tradutor alemão dos *Protocolos dos sábios de Sião*, fez uma resenha de *Além do bem e do mal*. Declarou ter encontrado nele uma "exaltação dos judeus" e uma "dura condenação do antissemitismo", e considerou Nietzsche um "filósofo superficial" que não "entendia nada da essência da nação".

[17] Joseph-Arthur de Gobineau, *Essai sur l'origine des races humaines* (1855), t.1, Paris, Gallimard, col. Bibliothèque de la Pléiade, 1983, p.306.

bom católico que é, preserva, contudo, a ideia da unidade original da espécie humana, sublinhando que no canibal mais repugnante subsiste uma centelha do fogo divino. Nenhum povo pode evoluir, pois a raça determina a condição humana: logo, nenhum progresso é possível e, em contrapartida, toda colonização é inútil.

De fato, Gobineau não se preocupa, como Renan, em dar um conteúdo racional às suas teses. Só as sistematiza para aplicá-las a uma análise da sociedade pós-revolucionária, que ele execra. Por isso, ataca tanto os socialistas quanto os liberais, adeptos, ambos, da Declaração dos Direitos do Homem. E aproveita para compará-los a seres de raça amarela, bons apenas o suficiente para satisfazer suas necessidades naturais. Assim fazendo, realiza um amálgama erudito entre raças e classes sociais. Na parte inferior da escala, diz ele, está a "turba" – camponeses e operários, semelhantes a negros; no centro, os burgueses, industriais –, os amarelos; no topo, a nobreza, ou raça branca, a única capaz de grandeza, mas em via de extinção.

Não espanta que as teses de Gobineau, depois de terem sido objeto de veneração dos nazistas e outros colaboracionistas, da mesma maneira, aliás, que as de Édouard Drumont, tenham sido reabilitadas a partir dos anos 1980 não só pelos partidários da Nova Direita, como também pelos detratores do suposto antissemitismo iluminista. Já que o conde fazia a apologia dos judeus, dirão eles em síntese, pouco importa sua doutrina da desigualdade: ela seria apenas a afirmação de uma diversidade estrutural das culturas, pensável nos próprios termos da antropologia moderna. E para fundamentar essa asserção, irão se servir de uma citação de Claude Lévi-Strauss tomando o cuidado... de descontextualizá-la.[18] Em *Raça e história*, este sublinha, com efeito, que Gobineau concebia a desigualdade das raças de maneira qualitativa e não quantitativa, o que poderia ter sido positivo, mas acrescenta logo em seguida que ele tinha cometido o erro de confundir raça e cultura e que, por isso, tinha se encerrado no círculo

[18] Esta é, em parte, a tese de Pierre-André Taguieff, quando ele se insurge contra a apresentação da obra de Gobineau como uma teoria racista para uso dos antifascistas, opondo o bom racialismo do conde ao mau racialismo de Vacher de Lapouge e dos nazistas: "Depois de 1945", escreve ele, "era inevitável que a inversão dessa avaliação ideológica ocorresse: o antigobinismo foi mecanicamente integrado ao antifascismo como um de seus componentes culturais. A obra de Gobineau se tornou uma vergonha para a França." *La couleur et le sang. Doctrines racistes à la française*, Paris, Mille et Une Nuits, 2002, p.58. Cf. também o artigo da *Wikipédia* sobre Gobineau. E o de Jean Gaulmier na *Encyclopaedia Universalis*.

infernal de uma "legitimação involuntária de todas as tentativas de discriminação e de exploração".[19] Na sequência do texto, Lévi-Strauss dissolve as noções de raça e de desigualdade para mostrar que a existência da diversidade das culturas é um dos princípios fundadores da noção de humanidade: na contramão das teses de Gobineau.

Na verdade, a obra gobiniana apoiava claramente a tese desigualitarista que viria a se tornar um dos principais componentes do antissemitismo. Ela acrescentava à de Renan o elemento que lhe faltava, e sem o qual a noção de raça, no sentido biológico, não poderia ter sido utilizada para suplementar a antiga formulação morfopsicológica. Por isso, pouco importa que os judeus não figurem nela como tal. Pois bastará que, em seguida, se desenvolvam o darwinismo social e, depois, o eugenismo – doutrina centrada na perspectiva de um suposto aprimoramento da raça humana – para que estejam reunidas as condições necessárias ao surgimento do antissemitismo político, fundamentado numa visão de mundo antimoderna, antidemocrática, antiliberal e nacionalista. Das discussões sofisticadas, até então reservadas a elegantes orientalistas, ciosos da alta autoridade da Bíblia e que se certificavam, com cuidado, das origens do primeiro pai, irá se passar, numa quinzena de anos, e tendo como pano de fundo crises sociais e identitárias, à expressão realista, perigosa e populista de um antissemitismo de massa: o "socialismo dos imbecis", dirá August Bebel.[20]

Na Alemanha, com o fracasso da Revolução de 1848, as classes médias aspiravam a uma reforma profunda da cultura e da sociedade. Enquanto muitos radicais provenientes da extrema esquerda, hostis ao liberalismo, evoluíam na direção de um ideal pangermânico, os liberais, ligados a Bismarck e à sua política de unificação baseada no modelo prussiano, abraçavam a causa nacionalista por uma questão de eficiência econômica, mas também por adesão a um realismo da desilusão, que sobrevinha depois do otimismo da primavera dos povos.[21] Será por isso que, em 1870, uma onda de pessimismo antimoderno se espalhará pela Alemanha no mesmo

---

[19] Claude Lévi-Strauss, *Race et histoire* (1952), Paris, Gallimard, col. Folio Essais, 1987, p.10 [ed. bras.: "Raça e história", in *Antropologia estrutural*, t.2, Petrópolis, Vozes, 1982]. Claude Lévi-Strauss nunca escondeu sua admiração por algumas obras de Gobineau.

[20] August Bebel (1840-1913): um dos fundadores do Partido Social-Democrata Alemão, conhecido por seus discursos a favor da diversidade das culturas.

[21] Cf. Jacques Le Rider, *L'Allemagne au temps du réalisme*, op.cit., p.137-42.

momento em que a França sofria uma derrota humilhante que logo desembocaria numa reação nacionalista e germanofóbica.

Foi quando, de ambos os lados das novas fronteiras traçadas pelo tratado de paz entre os dois países, os judeus foram considerados responsáveis por todas as desgraças que pareciam se abater sobre as duas nações. Numa Alemanha poderosa e unificada, mas reduzida a uma *Kleindeutschland* dominada pela Prússia e de maioria protestante, acusaram-nos de termos contribuído para uma modernização social e cultural contrária ao ideal imperial antigo da *Grossdeutschland*, de maioria católica (com a Áustria), e para a tradição romântica goethiana.

Na Áustria, contudo, os judeus, oriundos de todas as comunidades disseminadas nos impérios centrais, tinham se integrado à burguesia liberal adotando a língua e a cultura alemãs. Entre 1857 e 1910, Viena se tornou a grande metrópole judaica da *Mitteleuropa*.[22] Mas, precisamente nesse novo contexto, a integração dos judeus à sociedade vienense teve como consequência favorecer não só o aumento do antissemitismo, como também, e bem mais que em outros lugares, o famoso ódio de si judaico (*jüdischer Selbsthass*), especialmente entre intelectuais como Karl Kraus, Otto Weininger e muitos outros: "Essa forma austríaca característica da rejeição do ego, essa dúvida judaica, essa pulsão apaixonada de recusa de si", escreve Arnold Zweig, "aparece primeiramente quando a vida da sociedade não judaica produz ou reflete uma atração real, colorida, mágica, e uma humanidade humana."[23]

A partir de 1873, em decorrência da crise financeira, os judeus vienenses urbanizados viram-se confrontados com uma rejeição violenta e acusados de serem os responsáveis não só pela desestabilização dos mercados, como pelo declínio do patriarcado. Em outras palavras, foram mais uma vez considerados responsáveis por um processo de transformação social que iria culminar, logicamente, numa evolução dos costumes e numa nova organização da família. O povo judeu não era, desde sempre, um povo errante sem pátria nem fronteiras, sempre disposto a praticar o assassinato

---

[22] A população era de 7 mil moradores em 1857 e de 175 mil em 1910.

[23] Citado por Claude Klein, em seu *Essai sur le sionisme: de l'État des Juifs à l'État d'Israël*, in Theodor Herzl, *L'État des Juifs*, Paris, La Découverte, 2008, p.129 [ed. bras.: *O estado judeu*, Garamond, 1998].

ritual, a favorecer os comércios sexuais perversos, movido pelo chamariz do lucro?[24]

De fato, as repercussões da desintegração política do império austro-húngaro fizeram de Viena, no final do século, um dos "caldos mais férteis de cultura anistórica" daquela época, como mostra Carl Schorske.[25] Consequentemente, os filhos da burguesia judaica, confrontados com o choque do antissemitismo e com o crescimento de um nacionalismo pangermânico, rejeitaram as ilusões liberais de seus pais e exprimiram outras aspirações: fascinação pela morte e pela atemporalidade em Freud, sonho de uma Terra Prometida, em Theodor Herzl ou Max Nordau.

Na França, país vencido e depois enfraquecido pela guerra civil, os judeus foram designados como conspiradores que colaboraram para a derrota da nação com a cumplicidade do inimigo germânico. Os nacionalistas das mais diversas proveniências viram então no antissemitismo "o denominador comum capaz de servir de plataforma para um movimento de massas",[26] como diz Zeev Sternhell. Contra a democracia liberal e a sociedade burguesa, para alguns socialistas e anarquistas vencidos pela repressão de Versalhes; contra o fantasma da Revolução de 1789 e o marxismo alemão internacionalista, para a direita radical antiuniversalista, hostil aos *communards* e apegada aos ideais da antiga França monárquica.

O adjetivo antissemita apareceu pela primeira vez na Alemanha, em 1860, sob a pena de Moritz Steinschneider, eminente judeu orientalista da Boêmia que qualificava com esse termo a expressão de um preconceito hostil aos semitas (*antisemitisch Vorurteil*). E era a respeito de um artigo dedicado à obra de Renan por outro filólogo judeu (Heymann Steinthal) que Steinschneider denunciava a tese dita "antissemita", segundo a qual os povos semitas sofreriam de taras culturais e raciais.[27]

---

[24] No discurso antissemita, o judeu é sempre a encarnação de uma sexualidade considerada perversa: é, portanto, designado como tão perigoso quanto o homossexual ou o travesti. O pior dos judeus para o antissemita é a mulher judia, o judeu "feminilizado", ou então o judeu intelectual, incapaz de exercer uma atividade "viril". O ódio às mulheres e aos homossexuais é, muitas vezes, sinal de um antissemitismo mascarado. Donde o fato de o ódio de si judaico equivaler à rejeição da suposta "feminilidade" do judeu.

[25] Carl Schorske, *Viena fin de siècle*, São Paulo, Companhia das Letras, 1988. Ver também Jacques Le Rider, *Modernité viennoise et crises de l'identité*, op.cit.

[26] Zeev Sternhell, *La droite révolutionnaire*, op.cit., p.191.

[27] Moritz Steinschneider (1816-1907), *Hebräische Bibliographie. Blätter für neuere and ältere Literatur des Judenthums*, vol.III, Berlim, 1860. Heymann (Haim) Steinthal (1823-99),

Dezenove anos depois, em 1879, a palavra saíra da esfera dos debates eruditos para constituir, sob a pena de Wilhelm Marr, o núcleo de uma nova visão de mundo: o *Antisemitismus*. Medíocre publicista saído da extrema esquerda, o núcleo Marr tinha evoluído para o anarquismo e o ateísmo antes de fundar uma liga que se atribuía como tarefa expulsar os judeus da Alemanha e mandá-los para a Palestina, e sobretudo estigmatizá-los como pertencentes a uma classe perigosa para a pureza da raça germânica.

Em poucos anos, e até a Primeira Guerra Mundial, o antissemitismo se difundiu por toda a Europa sob inúmeras variantes: biológica, higienista e racialista na Alemanha, nacionalista e católica na França.

Seus partidários formaram ligas por toda a parte e criaram uma imprensa especializada na denúncia e na injúria, visando um amplo público em busca de bodes expiatórios. Publicaram vários panfletos contra o espírito iluminista, retomando, em diversos graus, os principais componentes do antijudaísmo cristão para reintegrá-los a um programa político contestatário, antiliberal, monarquista, antimarxista, populista, xenófobo, antiuniversalista, antimoderno, antiemancipador e antiprogressista. Doravante, sob o vocábulo "antissemitismo", passavam a ser visados exclusivamente os judeus – e não mais os outros semitas, os árabes em particular, outrora associados aos judeus. Ao acrescentarem às teses de Renan as de Gobineau e seus herdeiros, eles puderam designar os judeus como os representantes de uma raça inferior, identificável por seus estigmas e toda ela entregue, desde a noite dos tempos e mediante a suposta potência de seus três poderes pulsionais – o sexo perverso, o dinheiro e o intelecto –, à devoração dos povos "arianos" civilizados.

Na França, na Alemanha e depois em toda a Europa multiplicaram-se, então, ligas antissemitas ou "antissemíticas" para estigmatizar a suposta "raça judaica", de que os povos tinham de se livrar a qualquer preço. A era das conversões, da assimilação e da integração, que tanto conflito produzira entre os judeus europeus – e mais ainda entre os judeus alemães –, terminava com o advento de um grande projeto de erradicação. O ódio ao

---

"Zur Charakteristik der Semitischen Völker", *Zeitschrift fur Völkerpsychologie und Sprachwissenschaft*, 4, 1860. Cf. Gilles Karmazyn, "L'antisémitisme: une hostilité contre les Juifs. Genèse du terme et signification commune", 2002-04. Artigo disponível on-line.

judeu foi substituído pelas premissas de uma política de extermínio que iria tomar corpo 50 anos depois.

É a Édouard Drumont, jornalista católico e monarquista, inspirado pelos escritos de Hippolyte Taine e que detesta tanto a burguesia liberal quanto o legado iluminista e o da Revolução de 1789, que devemos o livro mais abjeto jamais escrito contra os judeus. Verdadeiro manual fundador do antissemitismo constituído, *La France juive*, publicado em 1886,[28] pretende retraçar em seis partes, e de modo objetivo, uma verdade que teria sido permanentemente ocultada: a história da destruição pelos judeus dos povos civilizados da Europa. E para dar ao mundo a prova da veracidade de sua tese, Drumont retoma toda a temática conspiracionista do antijudaísmo cristão: os judeus propagam a peste, poluem as águas, cometem crimes rituais, fazem picadinho das crianças etc.

Mas ele integra a história desse conspiracionismo à longa epopeia da luta de vida ou morte a que teriam se entregado, no correr dos séculos, os semitas e arianos. E conclui que a maior vitória dos arianos contra a praga semita teria sido o expurgo de 1394. Entre essa data e o advento da Revolução de 1789, diz ele em síntese, a França, "finalmente se tornara, graças à eliminação desse veneno, uma grande nação europeia".[29] Em seguida, explica ele, a França teria entrado em decadência.

Drumont descreve o semita como uma criatura vil, gananciosa, ardilosa, feminina, escrava dos instintos, nômade, e o ariano como um verdadeiro herói, filho do céu, que enfrenta a morte e é imbuído de um ideal cavalheiresco. Contradizendo a tese de Renan segundo a qual os semitas teriam criado o monoteísmo, ele explica que o verdadeiro semita já não é o sarraceno, ao menos capaz de heroísmo, mas o judeu bárbaro, reco-

---

[28] Édouard Drumont, *La France juive. Essai d'histoire contemporaine*, Paris, Ernest Flammarion e Charles Marpon, 1886. A primeira edição do livro, apresentado em dois volumes perfazendo 1.200 páginas, vendeu 65 mil exemplares e a obra teve 150 edições. Cito aqui a edição de 1887, ilustrada com "cenas, vistas, retratos, cartas e planos por nossos melhores artistas", Librairie Blériot, 954 páginas. Cf. Grégoire Kauffmann, *Édouard Drumont*, Paris, Perrin, 2008. Sobre os antissemitas franceses de direita e de esquerda – Joseph Proudhon, Maurice Barrès, Jules Guérin, Alphonse Toussenel, Gustave Tridon, Georges Vacher de Lapouge, Charles Maurras etc. –, cf. Zeev Sternhell, *La droite révolutionnaire*, op.cit.
[29] Ibid., p.154.

nhecível pelo fedor que exala, consequência de seu "gosto imoderado pela carne de bode e pela carne de ganso".[30]

O semita é, portanto, o judeu e nada mais que o judeu, uma criatura pertencente antes a uma "raça" do que o praticante de uma religião.[31] O ariano, por sua vez, deu origem ao cristão, criador do monoteísmo. O discurso antissemita fundado por Drumont instaura, portanto, uma separação definitiva entre, por um lado, o judaísmo e o cristianismo, e, por outro, entre o judaísmo e o "maometismo". Quanto ao protestantismo, Drumont assimila-o a um "semijudaísmo": "O protestantismo serve de ponte para os judeus entrarem, não na sociedade, mas na humanidade. A Bíblia, deixada em segundo plano na Idade Média, ocupou um lugar mais perto dos Evangelhos. O Antigo Testamento foi novamente posto de lado. Por trás da Bíblia, apareceu o Talmude."[32]

Desse ponto de vista, os negros ou os árabes "maometanos" são, decerto, povos inferiores, mas menos perigosos para a civilização ariana, isto é, cristã, que os judeus: portanto, se uns devem ser submetidos, os outros, isto é, a "raça semítica", devem ser eliminados. Pois, como não dispõem de nenhum território próprio, os semitas só se assimilaram para destruir os povos que os acolheram. Em outras palavras, ao contrário de Gobineau, que ele não cita, Drumont é mais antissemita que racista, o que confirma a hipótese de que o antissemitismo é a matriz do racismo moderno, que será sua consequência.

Embora se diga europeu em sua cruzada contra os judeus, Drumont atribui o qualificativo "judeu" a tudo que não é "francês". Os imigrantes são, portanto, judeus. Mas isso não basta. Para que um não judeu possa ser assimilado a um judeu, ele também tem de ser ou franco-maçom, ou ateu,

---

[30] Ibid., p.95.

[31] Drumont baseia-se, sobretudo, nas teses de Théodule Ribot (1839-1916), psicólogo francês, adepto das teorias da hereditariedade-degenerescência e da desigualdade das raças. Numa obra famosa, *L'hérédité* (1873), postulava que a formação de uma nação resultava de leis fisiológicas e psicológicas. Chamei de "inconsciente à francesa" uma configuração de pensamento, oriunda dessa doutrina, que será retomada constantemente por antifreudianos como Marcel Gauchet, Jacqueline Carroy ou os autores do *Livre noir de la psychanalyse*, Paris, Les Arènes, 2005. Cf. Elisabeth Roudinesco, *Histoire de la psychanalyse en France*, vols.1 e 2, Paris, Fayard, 1994 [ed. bras.: *História da psicanálise na França*, Rio de Janeiro, Jorge Zahar, 1988]. Sobre a retomada por Max Nordau da tese da degenerescência, cf. adiante.

[32] Ibid., p.157. "Quem diz judeu, diz protestante", dirá Alphonse Toussenel em *Les Juifs, rois de l'époque. Histoire de la féodalité financière*, publicado na mesma data que *La France juive* (1886).

ou republicano, ou protestante ou jacobino. Cambacérès, por exemplo, é designado como judeu porque é definido como franco-maçom, assim como Léon Gambetta, porque é republicano e de origem italiana. Em virtude desse raciocínio, a França estaria "judaizada" de todos os lados, na medida em que, por culpa de Voltaire e do abade Grégoire – o primeiro como anticristão e o segundo como apóstata –, os judeus teriam conquistado todos os poderes devido à sua emancipação. Nesse aspecto, Drumont sequer menciona o antijudaísmo iluminista, pois entendeu que esse antijudaísmo visava liberar os judeus do peso da religião.

Popularizando a tese de Barruel e de boa parte dos adeptos dos antiiluministas, Drumont situa no século XVIII as origens do "semitismo", o que significa que a Revolução nada mais seria, segundo ele, do que um complô dos judeus contra a verdadeira França cristã e ariana.[33] Mas como também pretende se apoiar no povo insurrecional de "boa cepa francesa" contra os liberais "judaizados", e na França cristã contra os socialistas cosmopolitas, "judaizados" eles também, acusa os primeiros, os versalheses, de terem esmagado a Comuna de 1871, e os segundos de terem mudado a direção da revolta dos *communards* em proveito dos primeiros. Desse modo, a destruição da Comuna seria obra dos judeus: "A Comuna teve, portanto, duas faces. Uma irracional, irrefletida, mas corajosa: a face francesa. A outra, mercantil, gananciosa, saqueadora: a face judaica. Os federados franceses lutaram bem e foram mortos. Os *communards* judeus roubaram, assassinaram e petrolearam [*sic*] para esconder seus roubos."[34]

Aos olhos de Drumont, os judeus não apenas são criaturas cosmopolitas, sujas, lúbricas e fedorentas, como padecem de todo tipo de doenças orgânicas e mentais, o que sugere corrupção do sangue e da alma: escorbuto, sarna, escrófula, neurose: "Examinem o espécime que predomina em Paris, intermediários políticos, especuladores da Bolsa, jornalistas, vocês os encontrarão consumidos pela anemia. Os olhos girando, com pupilas febris cor de pão torrado, denotam doenças hepáticas: com efeito, o judeu tem no fígado a secreção produzida por um ódio de 1.800 anos."[35] Não

[33] Os atuais detratores do espírito iluminista, que afirmam que ele "leva a Auschwitz", nada mais fazem senão retomar as teses de Drumont, invertendo-as e sem disso se dar conta.

[34] Ibid., p.318.

[35] Ibid., p.107.

contente em revisar a história explicando que as vítimas são os perseguidores e os carrascos vítimas,[36] Drumont forja um estilo, um vocabulário e uma sintaxe baseados no insulto e na delação. Inaugura, assim, esse novo modo de expressão jornalística a que me referia acima, e que será uma espécie de marca registrada de *La Libre Parole*, o jornal dele, e durante o caso Dreyfus, antes de ressurgir, mais virulento ainda, entre as duas guerras mundiais e até 1945 – com os panfletos de Louis-Ferdinand Céline e as instigações ao assassinato de Robert Brasillach. Drumont monta listas, entrega nomes, espalha boatos e delineia os perfis da anti-França: Rothschild, Fould, Crémieux, Kahn, Halévy, os lacaios de Marx, Heine ou Disraeli. Numa palavra, funda a língua do antissemitismo, que será repetida indefinidamente em seguida, como uma estrutura, para dar origem a um discurso sempre igual e que se tornou praticamente inalterável, apesar de suas múltiplas metamorfoses.

De quebra, Drumont anexa à sua luta o escritor francês mais popular do século XIX, jogando assim a cartada do Romantismo contra o Classicismo: Victor Hugo contra Voltaire. Dando voz aos mortos, explica que o grande poeta, que um ano antes havia sido homenageado com funerais nacionais, era um verdadeiro antissemita, defensor dos valores cristãos. Hugo, diz ele em síntese, recheava sistematicamente seus textos com o epíteto "imundo" sempre que falava dos judeus. Aliás, esclarece, ele mesmo teria sido vítima de um judeu, infiltrado em sua casa, que o teria assassinado depois de tê-lo impedido de "retornar a Cristo".[37]

A escolha de Hugo não é supérflua. Ao fazer dos judeus regicidas (1793), assassinos do povo (1871) e assassinos do escritor mais célebre do século XIX, aquele que despertava consciências e liberdades, Drumont tenta reunir, para combatê-los, os ideais fundadores das duas Franças: França medieval de um lado, encarnada por Joana d'Arc e a cristandade; França popular de outro, a dos oprimidos, dos miseráveis, dos revoltados. Ora, como se sabe, Hugo era, de fato, o símbolo daquelas *duas* Franças: na sua própria vida, já que fora monarquista na juventude, liberal na maturidade e republicano com a proximidade da velhice; na sua obra, pois não cessou de

---

[36] Tese que será retomada pelos genocidas nazistas e que é enunciada, sem tirar nem pôr, por Rudolf Höss, comandante de Auschwitz. Cf. Elisabeth Roudinesco, *A parte obscura de nós mesmos*, op.cit., em especial o capítulo "As confissões de Auschwitz".

[37] Édouard Drumont, *La France juive*, op.cit., p.283 e 806.

contar suas heroicas metamorfoses sem deixar de sofrer por não ter conseguido resolver o conflito ancestral entre judaísmo e cristianismo. Expondo o ódio que os judeus suscitavam, Hugo tinha afirmado que não podia "tranquilamente deixar homens serem judeus, ou seja, perseguidos".

Para levantar todo o povo da França contra os judeus, Drumont convocava, portanto, Hugo. Mas omitia dizer que se, às vezes, ao comentar a Bíblia ou reinventar a lenda do "crime ritual", Hugo indicara, sem deles se distinguir, que os cristãos apontavam os judeus como um povo trapaceiro e deicida – "amo, logo odeio" –, tampouco deixara de afirmar que era preciso abençoá-los depois de os ter amaldiçoado e que a maldição que pesava sobre eles era uma tragédia: "Há uma maldição sobre os judeus; há um mistério nos ciganos. Os judeus são a tragédia, os ciganos, o drama."[38]

E, é claro, o autor de *La France juive* também silenciava o apelo do poeta, em 1882, em favor dos judeus russos perseguidos,[39] bem como a famosa carta endereçada em 1843 ao diretor dos Arquivos Israelitas, no dia seguinte ao da representação de *Os Burgraves*, que aquele tanto criticara pelo modo como os judeus nele eram representados: "O século XIII", dizia ele, "é uma época crepuscular. Há nele trevas espessas, pouca luz, violências, crimes ... . Os judeus eram bárbaros, os cristãos também, os cristãos eram os opressores, os judeus eram os oprimidos, os judeus reagiam ... . É preciso retratar as épocas semelhantes. Será que isso quer dizer que nos tempos em que vivemos os judeus esganam e comem criancinhas? Senhor, nos tempos em que vivemos, os judeus como o senhor são cheios de ciência e de luz, e os cristãos como eu são cheios de estima e de consideração pelos judeus como o senhor. Anistie, pois *Os Burgraves*, senhor, e permita-me apertar a sua mão."[40]

Drumont terminava sua obra convocando a França a encontrar, por fim, um "líder justiceiro" capaz de aniquilar os "judeus costurados com ouro": "Terei eu preparado nosso renascimento? Não sei. Cumpri, em todo

---

[38] Henri Meschonnic e Manako Ôno, *Victor Hugo et la Bible*, Paris, Maisonneuve et Larose, 2001, p.22.

[39] Depois do assassinato do czar Alexandre II, em março de 1881, os judeus russos foram acusados de complô contra o regime e perseguidos.

[40] Victor Hugo, *Œuvres complètes*, publicadas sob a direção de Jean Massin, Paris, Le Club Français du Livre, t.6, 1966, p.1232.

caso, meu dever respondendo com insultos aos incontáveis insultos que a imprensa judaica prodigaliza aos cristãos."[41]

Que Drumont tenha tido necessidade de realizar tal inversão, fazendo do ódio aos judeus um ódio vindo dos judeus, mostra claramente que o discurso antissemita procede, na sua mais profunda estrutura, de uma revisão perversa ou delirante da história que, à força de exorbitâncias, se transforma sempre numa recusa da realidade, depois substituída por uma fábula memorial. Dessa recusa é que nascerá o negacionismo, depois de consumado o genocídio dos judeus.

Mas, em 1886, com 42 anos de idade e no momento em que o antissemitismo se afirmava em toda a Europa como um movimento político, Drumont era realmente o homem da situação.

Miserável, desqualificado, revanchista, rancoroso com os ricos e os eruditos, não descansou enquanto não culpou a sociedade – e, portanto, os judeus – pela loucura maníaco-depressiva de seu pai, internado em Charenton em 1862, e pela insignificância de sua mãe, um tanto retardada e da qual se envergonhava. Criado em meio à imbecilidade e sem afeto, sofria por sua feiúra, sua imundície, sua miopia, seu corpo desgracioso, a ponto de projetar nos judeus todos os vícios dos quais ele mesmo sofria.

E quando o acusavam, ele, o exaltado cristão, de não passar de um lacaio dos jesuítas, invocava então a alma de seu pai republicano, um adepto de Voltaire, um homem por quem, no entanto, sentia apenas desprezo. E, ao ser desafiado para um duelo por Arthur Meyer, um jornalista a quem insultara, extraiu de seu arranhão uma glória suplementar: "O dia mais bonito da minha vida", disse. Reduzido durante anos à decadência, devido à sua preguiça e à sua incapacidade de se elevar pelo espírito, procurou sempre consolo junto às mulheres feias e de condição modesta para poder maltratá-las melhor. Tendo enriquecido em seguida graças a seus escritos, apenas se tornou mais intratável.

Assim era o homem que se quis o redentor da nação francesa, apoiado por uma fatia importante da imprensa e da direita intelectual: por Alphonse Daudet, que o apoiou incansavelmente, seguido por seu filho Léon, o detrator das teorias freudianas, depois por Edmond de Goncourt, e, en-

---

[41] Édouard Drumont, *La France juive*, op.cit., p.913.

fim, pelo bando dos antidreyfusistas: Maurice Barrès, Charles Maurras, Paul Bourget etc.

Georges Bernanos, por sua vez, considerava *La France juive* uma obra-prima literária, um acontecimento na história do povo francês, que se mostrara finalmente capaz de exprimir uma palavra livre do jugo da República: "*La France juive* tocava no ponto, atingia o regime na fonte mesma da vida, na veia." E acrescentava, no mais puro estilo do verbo drumontista: "Clemenceau não se enganava. Do fundo de seu gabinete, em meio a seus ridículos bibelôs chineses, esse homem cruel e mágico, especialista em venenos, devorado pelo desprezo, espreitava com seus olhos de verdugo mongol a angústia dos cúmplices e contemplava tremendo de ódio e de prazer jorrar o jato de sangue dourado."[42]

Em 1939, acusando Louis-Ferdinand Céline de ser pago pela Alemanha para difundir uma "odiosa propaganda antissemita", Bernanos afirmou que os judeus eram, por sua vez, racistas, adotando assim a tese antissemita de que, ao se considerarem o povo eleito, os judeus teriam criado o racismo: "Não devemos nem odiar nem desprezar os judeus. Apesar disso, o racismo judeu é um fato judeu. Os judeus é que são racistas, não nós."[43]

Além do *Eu acuso*, de Zola, que, depois de 1898, encerraria a sua carreira e a dos antidreyfusistas, uma única coisa perturbou de fato Drumont, uma arma na qual ele não tinha pensado: o humor, a genialidade do humor judaico. E foi por meio desse humor que seus adversários conseguiram atingi-lo, espalhando a lenda de que aquele personagem desgracioso, de nariz adunco e crânio braquicéfalo, ninguém mais era do que um... "judeu renegado", um "semita dissimulado", descendente de uma ilustre família de ópticos de Colônia: os Dreimond. A esse boato que o perseguiria até o fim de seus dias, ele responderia com raiva e descomedimento – e sem o menor humor: "Minha obra sou eu, e minha obra é minha raça, minha raça é minha origem."[44]

[42] Georges Bernanos, *La grande peur des bien-pensants* (1930), Paris, Le Livre de Poche, 1998, p.169. Seguido de "À propos de l'antisémitisme de Drumont" (1939), "Encore la question juive" (1944) e de "L'honneur est ce qui nous rassemble..." (1949). A temática do judeu envenenador, de aspecto mongol, é característica do discurso antissemita. Ao redigir essas linhas, Bernanos não ignorava que Clemenceau tinha sido um dos principais atores do dreyfusismo.

[43] Ibid., p.391 e 395.

[44] Citado por Grégoire Kauffmann, *Édouard Drumont*, op.cit., p.17. Bernanos atribuiu esse boato a Abraham Dreyfus, autor dramático citado em *La France juive*, e acusou o comu-

Essa bíblia do ódio continua sendo, até hoje, assim como os *Protocolos* ou *Mein Kampf*, a principal referência, no mundo inteiro, de todos os defensores do antissemitismo constituído, em todas as suas variantes.

Escritor místico, desesperado e profundamente exaltado, Léon Bloy se opôs a Drumont num livro impressionante, *Le salut par les Juifs*.[45] Nele, recusava toda ideia de erradicação ou de perseguição. A seu ver, os judeus, depositários das virtudes atribuídas ao "primeiro pai", tinham se tornado criaturas abastardadas devido à estigmatização que pesava sobre eles: "Perdi algumas horas lendo, assim como tantos outros, as elucubrações antijudaicas do senhor Drumont, e não me lembro de ele ter citado essas palavras simples (*salus ex judaeis est*) e formidáveis de Nosso Senhor Jesus Cristo relatadas por são João no capítulo IV de seu Evangelho."[46]

E para tornar manifesta a miséria moral e física dos judeus e pregar um ideal de conversão ao cristianismo, só ele capaz, a seu ver, de salvar conjuntamente judeus e cristãos, fazendo com que os segundos não fossem órfãos dos primeiros, Bloy se entregava a uma descrição apocalíptica do grande Mercado dos judeus de Hamburgo. Manejando a língua do antissemitismo tanto para adotá-la quanto para recusá-la, contava em especial a história de uma aparição. No meio dos adeleiros, das imundícies e dos trastes, tinha visto surgir três ignóbeis anciãos, uns "urubus", que lhe evocavam, numa espécie de metamorfose do abjeto ao sublime, a tríade bíblica dos Patriarcas sagrados: Abraão, Isaac e Jacó: "Imaginem – mal ouso escrever – esses três personagens muito mais que humanos, de cujas entranhas todo o povo de Deus e o próprio verbo de Deus saíram."

Contra Drumont, Bloy prestava assim uma última homenagem àquele antijudaísmo cristão que estava desaparecendo e do qual ele se considerava o adepto mais desesperado num mundo fadado ao antissemitismo – em outras palavras, a uma cisão criminosa entre os dois primeiros monoteísmos. Pois, aos olhos dele, a abjeção em que se encontrava o ju-

---

nista Paul Lafargue de disseminá-lo, o que também lhe permitiu tomar a defesa (também ele sem qualquer humor) de um Drumont "vítima dos judeus e dos comunistas", antes de acrescentar: "Por volta de 1908, corria nas mesmas salas de redação o rumor de que Maurice Barrès descendia de judeus portugueses." In *La grande peur*..., op.cit., p.39.

[45] Léon Bloy, *Le salut par les Juifs*, Paris, Mercure de France, 1892.

[46] Ibid., p.13-4.

deu – "velho hebreu sórdido e curvado, extraindo ouro das imundícies" – era também o que, no cristianismo, o tornava digno de compaixão. Portanto, àqueles três "incomparáveis crápulas" encontrados em Hamburgo, ele dirigia a salvação do Cristo crucificado, lembrando, no limiar do advento de uma modernidade sem Deus, que a salvação dos cristãos passava pela salvação dos judeus: "Devo-lhes a homenagem de uma lembrança quase afetuosa por terem evocado em meu espírito as imagens mais grandiosas que possam entrar no habitáculo sem magnificência de um espírito mortal."[47]

Após a publicação de seu livro, Bloy recebeu o apoio de Bernard Lazare, escritor e jornalista judeu,[48] que viria a se tornar um dos grandes atores da luta dreyfusista. Entre o visionário das catacumbas, assombrado pela loucura, e o ateu radical, que propunha uma revolução espinosista, instaurou-se um estranho relacionamento. Lazare compartilhava com Bloy de um antidrumontismo visceral.[49] No entanto, durante alguns anos, ele mesmo tinha atacado os judeus estrangeiros para contrapor à sua "perversão bárbara" a figura do judeu civilizado: o israelita. Depois, abandonando o esteticismo da vanguarda literária em prol de um engajamento mais proletário, tinha transformado sua aversão numa devoção aos miseráveis. Assim foi que seu encontro com Bloy o fez passar do ódio de si tão presente em sua *História do antissemitismo*[50] a uma aceitação de sua identidade de judeu que o levaria a inverter suas posições. Hannah Arendt fará dele um retrato vibrante, descrevendo-o como um "pária consciente".[51]

Este foi, em todo caso, o lugar singular que Léon Bloy ocupou na história francesa da questão judaica.

---

[47] Ibid., p.40-1.

[48] Bernard Lazare (1865-1903): socialista e anarquista, antirreligioso radical, foi o primeiro dreyfusista francês. Aproximou-se depois, brevemente, de Theodor Herzl, sem deixar de ser um sionista socialista da diáspora.

[49] Ver o Cahier de l'Herne *Léon Bloy*, Paris, Éd. de L'Herne, 2003, organizado por Christian Jambet, bem como Pierre Glaudes (org.), *Léon Bloy au tournant du siècle*, Toulouse, Presses Universitaires du Mirail, 2003, especialmente o artigo de Rachel Goitein.

[50] Bernard Lazare, *Histoire de l'antisémitisme. Son histoire et ses causes* (1894), seguido de *Contre l'antisémitisme* (1895). As duas obras foram reeditadas em 1982 e 1983, em condições duvidosas, com prefácios do negacionista Pierre Guillaume, pelas Éditions de la Différence.

[51] Hannah Arendt, *La tradition cachée*, Paris, Christian Bourgois, 1987, p.194-9.

Durante o entreguerras, os admiradores drumontistas do nazismo não hesitaram em associar as teses de Hitler às de seu herói, tomando a liberdade de omitir as diferenças entre ambos os discursos. Pouco importava, então, que Drumont fosse um católico militante, alheio à doutrina da "raça dos senhores", da mística nórdica e do anticristianismo visceral que caracterizava o nazismo, o essencial era juntar todas as tendências europeias do antissemitismo. Além disso, os dois homens se assemelhavam por suas origens e por um fracasso convertido em revanche insurrecional: mesma exaltação do populismo, mesmo espírito de destruição, mesma pulsão mortífera em relação ao judeu "bifacial", senhor das finanças, inventor da Revolução, artífice dos complôs, detentor do intelecto e dos segredos do sexo. Com a ressalva de que, em Hitler, a paixão antissemita tinha se transformado, desde o fim da Primeira Guerra Mundial, numa vontade fria e racional de passar ao ato e exterminar legalmente os judeus – e já não apenas projetar sua eliminação num verbo flamejante: "O antissemitismo fundamentado em motivos puramente sentimentais", dizia ele em 1919, "encontrará sua expressão final em pogroms. O antissemitismo da razão, em contrapartida, deve conduzir a uma luta legal e metódica e à eliminação dos privilégios que o judeu detém, à diferença dos outros estrangeiros que vivem entre nós. Mas seu objetivo final e imutável deve ser a eliminação dos judeus em geral."[52]

Em 1967, depois de um longo eclipse, os amigos de Édouard Drumont, reunidos diante de seu túmulo no cemitério Père-Lachaise, vieram celebrar a gloriosa memória daquele "francês de raça, verdadeiro francês da França...". Formaram uma associação em que se reuniram todas as variantes do neofascismo, maurrasianos, fundamentalistas católicos, que tinham em comum a hostilidade a Charles de Gaulle, à Resistência, à descolonização e à independência da Argélia. Foi então que Emmanuel Beau de Loménie, com o apoio do editor Jean-Jacques Pauvert e do filósofo Jean-François Revel, futuro acadêmico e detrator fanático de Marx, Freud, Sartre e do espírito das Luzes, teve a ideia de publicar, acompanhada de uma apresentação indulgente e de tom conspiratório, uma antologia dos textos de Drumont na qual ele era apresentado não como um antissemita,

[52] Adolf Hitler, "Carta de 16 de setembro de 1919", citada por Eberhard Jäkel, "L'élimination des Juifs dans le programme de Hitler", in *L'Allemagne nazie et le génocide des Juifs*, Paris, Gallimard/Seuil, col. Hautes Études, 1985, p.101.

mas como um anticapitalista que foi calado pela "alta autoridade sorbônica" e cuja "reabilitação seria a mais necessária, a mais emocionante, a mais apropriada para esclarecer as gerações ascendentes sobre as causas de nossos fracassos e sobre os meios de nossos possíveis soerguimentos".[53]

Mas o comentário mais incongruente do pós-guerra continua sendo o de Georges Bernanos, eterno defensor de Drumont. Escritor de talento excepcional, mas sempre rebelado contra tudo – o comunismo, a democracia, o liberalismo e o capitalismo, os burgueses, os republicanos e os socialistas –, Bernanos tinha rejeitado Maurras, a Ação Francesa, o franquismo, o espírito de Munique e o nazismo antes de se exilar no Paraguai, em 1938, e apoiar, a partir de junho de 1940, a Resistência gaullista.

No dia seguinte ao extermínio dos judeus,[54] sempre obcecado pelo temor da decadência da Europa e do advento da "bestialidade" americana, estigmatizou o novo regime parlamentar decorrente da Libertação ressaltando que o de Vichy podia ao menos dizer, em sua defesa, que tinha estado a serviço do ocupante. E, a respeito do movimento sionista e do retorno dos judeus à Palestina, reitera as palavras que pronunciara no período do entreguerras, enfatizando-as até a caricatura: "Existe uma questão judaica. Não sou eu quem o digo, os fatos o provam. Acaso o fato de que depois de dois milênios o sentimento racista e nacionalista judeu seja tão evidente para todo mundo que ninguém tenha achado extraordinário que, em 1918, os aliados vitoriosos tivessem cogitado em lhes restituir uma pátria, não demonstra que a tomada de Jerusalém por Tito não resolveu o problema? Aqueles que assim falam são tratados de antissemitas. Essa palavra me causa um horror crescente, Hitler desonrou-a para sempre ... . Não sou antissemita – o que, aliás, não significa nada, pois os árabes também são semitas. Não sou de forma nenhuma antijudeu ... . Não sou antijudeu, mas enrubesceria se escrevesse, contrariando o que penso, que não existe um problema judeu, ou que o problema judeu é apenas um problema religioso. Existe uma raça judaica, o que pode ser detectado por sinais físicos evidentes. Se há uma raça judaica, há uma sensibilidade

---

[53] Emmanuel Beau de Loménie, *Drumont ou l'anticapitalisme national*, Paris, Pauvert, 1968, p.12.

[54] Num texto escrito em 1946-47, Bernanos se contentará em evocar "os inúmeros ossários judeus desta guerra", prestando homenagem a um amigo judeu de seu filho, morto pela França. Ver "L'honneur est ce qui nous rassemble" (1949), republicado in *La grande peur...*, op.cit., p.401.

judaica, um pensamento judaico, um sentido judaico da vida, da morte, da sabedoria e da felicidade ... . Não existe raça francesa. A França é uma nação, ou seja, uma obra humana, uma criação do homem ... . Mas existe uma raça judaica. Um judeu francês incorporado a nosso povo há muitas gerações possivelmente continuará racista, porque toda a sua tradição moral e religiosa está fundamentada no racismo, mas esse racismo foi se humanizando paulatinamente e o judeu francês tornou-se um francês judeu."[55]

A famosa frase foi discutida inúmeras vezes. Com efeito, os admiradores de Bernanos não cessaram, desde 1947, de querer desculpar o escritor de qualquer adesão ao antissemitismo, já que este tinha condenado publicamente a Alemanha hitlerista. Simultaneamente, contudo, esqueceram que, ao afirmar daquele modo o horror que lhe provocava uma palavra considerada "desonrada", Bernanos não condenava Hitler senão para melhor reabilitar Drumont e odiar a Alemanha: *toda* a Alemanha e não só a dos nazistas. Vale dizer que essa declaração em forma de recusa sugeria a existência de um antissemitismo honroso. Qual?

Por meio dessa colocação no mínimo ambígua, em que é expresso o horror do ódio do outro[56] que, no entanto, apenas reflete, sem jamais sublimá-la, a aversão sórdida de si que caracteriza os personagens de seus romances, Bernanos anunciava o nascimento de um novo modo de expressão do discurso antissemita. Tendo se tornado indizível depois de Auschwitz, ele só poderá de fato ser exposto, ao menos nas sociedades ocidentais, de maneira "honrosa", isto é, mascarada, denegadora, inconsciente.

Se foi na França que inventaram o antissemitismo político, aquele que culminou na aventura populista do general Boulanger nos anos 1880 e, depois, ao longo de todo o caso Dreyfus, antes de ressurgir a partir de 1930, foi na

---

[55] Georges Bernanos, "Encore la question juive", in *La grande peur*..., op.cit., p.397-9. Embora se dissesse "incomodado com o antissemitismo de Bernanos", Elie Wiesel declarou em 1988: "Não posso querer mal a Bernanos, que teve a coragem de se opor ao fascismo, de denunciar o antissemitismo e de dizer justamente o que ele disse e escreveu sobre a beleza de ser judeu, sobre a honra de ser judeu e sobre o dever de permanecer judeu", ibid., p.13.

[56] "Em Bernanos", sublinha Bernard Lonjon, "o inimigo é aquele que odeia o próximo, faça ele o que fizer, diga o que disser", "La psychose de l'ennemi chez l'écrivain", *Société*, 80, 2, 2003, p.37.

Alemanha[57] que o antissemitismo biológico ganhou força – um antissemitismo racialista e, portanto, racista –, o qual, 40 anos depois, fomentaria o nazismo. Com ele, o antigo conceito de raça, no sentido genealógico, adquiriu uma significação nova, dita "científica".

No final do século XIX, fascinadas pelo desenvolvimento do darwinismo e assombradas pelo terror que lhes inspirava a eventual decadência das sociedades e dos indivíduos, as mais altas autoridades da ciência médica alemã incentivaram a instauração de uma biocracia. Na tentativa de superar os conflitos políticos, quiseram governar os povos com a ajuda das ciências da vida do mesmo modo como seus mestres historicistas acreditaram poder explicar a origem e a hierarquia das raças pela filologia. Mais igualitaristas e menos apegadas do que eles a mitos genealógicos, viam a si próprias mais como herdeiras do Iluminismo do que como defensoras de um retorno ao passado. E como elas tinham tomado consciência dos danos que a industrialização causava na alma e no físico de um proletariado cada vez mais explorado em fábricas insalubres, quiseram depurar as estruturas culturais alemãs e combater todas as chamadas formas de "degenerescência"[58] ligadas à entrada do homem na modernidade industrial.

Materialistas e hostis ao obscurantismo religioso, criaram uma estranha máscara para a ciência: o homem novo, regenerado pela razão e pela autossuperação. E nisso foram imitadas pelos comunistas[59] e pelos fundadores do sionismo, em particular Max Nordau,[60] que via no retorno à Terra Prometida a única maneira de libertar os judeus europeus do abastardamento em que os tinha mergulhado o antissemitismo.

Favoráveis à emancipação das mulheres e ao controle programado da natalidade, esses cientistas iluministas – médicos, biólogos, sociólogos etc. – puseram em ação um programa estadístico de regeneração das almas e dos corpos, um programa eugenista mediante o qual incitaram a população a se purificar por meio de casamentos medicamente controlados. Inci-

[57] Sobretudo com Houston Stewart Chamberlain (1855-1927), escritor de origem inglesa e de nacionalidade alemã, genro de Richard Wagner, e que teve uma influência muito grande na Áustria. Cf. Carl Schorske, *Vienne fin de siècle*, op.cit.

[58] O termo "degenerescência" foi criado em 1857 pelo alienista francês Bénédict-Augustin Morel (1809-73) para designar um desvio doentio de um tipo primitivo ideal. Será retomado por Max Nordau.

[59] O homem novo comunista é convocado a se regenerar pelo trabalho manual.

[60] Ver Cap.3 no presente volume. Também abordei essa questão em *A parte obscura de nós mesmos*, op.cit.

taram as massas a abandonar os vícios: tabaco, álcool e toda sexualidade desordenada. Foram também os artífices de um grande rastreamento das doenças que corroíam o corpo social: sífilis, tuberculose etc.

Alguns deles, como Magnus Hirschfeld, pioneiro da emancipação dos homossexuais, aderiu a esse programa, convencido de que um homossexual de tipo novo, finalmente livre da herança perversa da raça maldita, podia ser criado pela ciência. Também ele, como os fundadores do sionismo, queria criar um homem novo: "o homossexual novo". Assim sendo, lançou, em 1911, um apelo em favor da proteção das mães, do direito ao aborto e do aperfeiçoamento físico e psíquico da raça humana.[61]

No momento da constituição do movimento da higiene racial, havia dentro dele duas principais correntes que se opunham. A primeira, representada pelo ilustre médico Rudolf Virchow, baseava-se numa medicina orientada para as ciências naturais e destinada a promover um programa progressista de prevenção das doenças e das epidemias. Liberal em matéria de costumes, hostil ao antissemitismo, a Gobineau e ao colonialismo, Virchow fundou em 1869 a Sociedade de Antropologia de Berlim, aproximando assim essa disciplina da biologia. Insistia na necessidade de trabalhar em prol da diversidade das culturas ao mesmo tempo em que desenvolvia a ideia de que as doenças eram evolutivas – assim como as raças.

A segunda corrente, resultante das teses de Ernst Haeckel, propagador do darwinismo no mundo germanófono, baseava-se, ao contrário, nas quimeras gobinianas, que tiveram, assim, um sucesso póstumo. Preocupado em aplicar às sociedades humanas a teoria da seleção das espécies, Haeckel pretendia integrar o conjunto das ciências humanas à zoologia. Ao contrário da escola darwinista anglo-saxã, interessada na competição e baseada numa concepção liberal da seleção natural – embora igualmente racialista[62] –, Haeckel concebeu uma classificação das raças humanas misturando o monogenismo e o poligenismo.[63] Conven-

[61] O apelo será assinado por Sigmund Freud e Havelock Ellis.

[62] Cf. Hannah Arendt, "O imperialismo" (1951), segunda parte de *Origens do totalitarismo*. Ver também André Pichot, *Aux origines des théories raciales. De la Bible à Darwin*, Paris, Flammarion, 2008.

[63] Contra os preceitos bíblicos que defendiam a ideia de uma unidade do gênero humano (monogenismo fixista), alguns filósofos iluministas (Voltaire, especialmente) adotaram uma tese poligenista, segundo a qual a origem do homem estaria fundada na existência de uma

cido de que o mundo humano se assemelhava ao mundo animal, achava que a humanidade, apesar de sua unidade original, estava dividida em várias espécies. Afirmava, portanto, que as diferenças entre os humanos superiores e os humanos inferiores eram maiores que aquelas que distinguiam os humanos inferiores dos animais superiores.[64] E entre os inferiores, incluía os retardados, os loucos, os povos de cor: negros, aborígenes, hotentotes. Além disso, considerava que a humanidade se dividia em 12 espécies humanas e 36 raças, elas mesmas agrupadas em quatro classes: os selvagens, os bárbaros, os civilizados e os cultos. Somente as nações europeias provinham, a seu ver, das classes cultas e, por via de consequência, cabia-lhes exercer uma missão civilizadora sobre o resto do mundo.

Todas essas teses pós-darwinistas impregnarão as diversas variedades europeias do novo imperialismo colonial do fim do século XIX: comercial e diferencialista entre os ingleses, cultural e assimilacionista entre os franceses, exterminador (mas tardio e de curta duração) entre os alemães, que, em seguida, voltarão sua pulsão expansionista contra uma Europa supostamente "judaizada".[65]

A partir de 1920, numa Alemanha alquebrada e empobrecida pela crise econômica, os herdeiros dessa biocracia deram prosseguimento a esse programa acrescentando-lhe a eutanásia e as práticas sistemáticas de esterilização. Passaram, assim, do Iluminismo para o anti-Iluminismo e de um cientificismo biológico para uma ciência criminosa, sem outro objetivo senão colocar em prática uma vontade genocida.[66]

---

pluralidade de raças. Isolando arbitrariamente os povos uns dos outros, segundo o princípio de um perigoso diferencialismo, o poligenismo conduzirá ao racismo, isto é, à noção de desigualdade entre as raças, apesar de Darwin ter defendido a ideia monogenista sem por isso pensá-la de maneira fixista.

[64] Essa tese racista será retomada pelos adeptos da ecologia profunda e, particularmente, por Peter Singer. Eu o critiquei em *A parte obscura de nós mesmos*, op.cit. Haeckel foi também o criador da palavra "ecologia" (1866). Cf. também Elisabeth de Fontenay, "Pourquoi les animaux n'auraient-ils pas droit à un droit des animaux?", *Le Débat*, 109, mar-abr 2000.

[65] Robert Gerwarth e Stephan Malinovski, "L'antichambre de l'Holocauste?", *Vingtième Siècle. Revue d'Histoire*, Paris, Presses de Sciences-Po, 99, jul-set 2008. Os dois autores estabelecem uma ligação entre os massacres cometidos pelos alemães no sudoeste da África, entre 1904 e 1907, e o genocídio dos judeus.

[66] Paul Weindling, *L'hygiène de la race*, t.I, *Hygiène raciale et eugénisme médical en Allemagne, 1870-1933*, Paris, La Découverte, 1998, prefácio de Benoît Massin.

Obcecados pelo terror do declínio de sua "raça", forjaram a noção de "valor de vida negativo", convencidos de que certas vidas não valiam a pena ser vividas: a dos sujeitos acometidos por um mal incurável, uma deformidade, uma deficiência ou uma anomalia, a dos doentes mentais e, finalmente, a das raças consideradas inferiores. A figura do homem novo fabricada pela ciência mais evoluída do mundo europeu transformou-se então numa figura abjeta, a da raça dos senhores vestindo o uniforme da SS. E foi assim que o nazismo, adotando as teorias biológicas anticristãs elaboradas pelos pós-darwinistas e o antissemitismo político francês amputado de seu catolicismo, se atribuiu a tarefa de "despovoar" o mundo de todas as raças que não fossem "arianas" e, entre elas, a pior, a dos judeus, definida como pertencente ao reino de uma subanimalidade: pragas, piolhos, micróbios, vírus etc. O antijudaísmo fundiu-se então ao antissemitismo, sendo que, do ponto de vista nazista, judaísmo e cristianismo não passavam, na verdade, das duas faces de um mesmo semitismo cujo emblema só os judeus deveriam carregar e do qual os cristãos só podiam se libertar convertendo-se à "arianidade".

Nem o antijudaísmo cristão nem o antijudaísmo iluminista sobreviverão ao extermínio dos judeus pelos nazistas. Por conseguinte, depois de 1945, todo antijudaísmo será apenas a expressão de uma perpetuação da paixão antissemita: disfarçada nos Estados de direito, reivindicada no resto do mundo.

Os nazistas deram o nome de "solução final" (*Endlösung*) à execução do genocídio dos judeus e chamaram de "tratamento especial" (*Sonderbehandlung*) o processo de extermínio. Assassinaram a tal ponto a língua alemã que algumas palavras já não são pronunciáveis. E pensaram ter "resolvido" a questão judaica aniquilando os judeus: modo de obedecer à injunção *fin de siècle* segundo a qual o antissemitismo só terminaria com a extinção dos judeus. Em seguida, apagaram os vestígios do ato pelo qual tinham perpetrado esse aniquilamento. No momento de sua derrota, destruíram os instrumentos do crime – as câmaras de gás – e deram sumiço às testemunhas "portadoras de segredos", acreditando poderem criar, assim, as condições de uma futura reconstrução transviada do passado. Obedecendo a Hitler, por sua vez inspirado nos *Protocolos dos sábios de Sião*, realmente achavam que podiam propagar a ideia de que a guerra "fora desejada e provocada unicamente pelos financistas internacionais de origem judaica ou que trabalhavam para interesses judeus".[67]

Contra essas denominações (*Endlösung*, *Sonderbehandlung*), que, com sua banalidade burocrática, visavam toldar o horror da morte administrada, e contra essa destruição dos vestígios da destruição, a história conservará o nome genérico de Auschwitz – igual em todas as línguas – para designar o que os nazistas quiseram travestir. Desde então, os testemunhos dos sobreviventes inverteram sem cessar, contra os negacionistas, o processo de apagamento por eles desejado.

Portanto, para além da sombra dos campos e da fumaça dos fornos, Auschwitz[68] se tornaria, com o passar dos anos, o principal significante do extermínio com que os fundadores do antissemitismo tinham sonhado, sem acreditar que ele pudesse se realizar.

---

[67] Hermann Rauschning, *Hitler m'a dit*, Paris, Les Lettres Latines, 1979, p.306-15. E Norman Cohn, *Histoire d'un mythe. La "conspiration" juive et les Protocoles des sages de Sion*, Paris, Gallimard, 1967, p.189.

[68] O nome genérico Auschwitz simboliza o genocídio dos judeus pelos nazistas, ou seja, no total, 5,5 milhões de judeus exterminados no âmbito da Solução Final. Em cinco anos, 1,3 milhão de homens, mulheres e crianças foram deportados para o campo de Auschwitz e 1,1 milhão exterminados, 90% deles judeus. Sob o comando de Heinrich Himmler, Auschwitz era um complexo industrial composto de três campos: Auschwitz I (o campo central), campo de concentração, aberto em 20 de maio de 1940; Auschwitz II – Birkenau, campo de concentração e de extermínio (câmaras de gás e fornos crematórios), aberto em 8 de outubro de 1941; Auschwitz III – Monowitz, campo de trabalho para as fábricas IG Farben, aberto em 31 de maio de 1942. O dispositivo geral era completado por uns 50 pequenos campos espalhados pela região e submetidos à mesma administração. O nome Auschwitz é também o significante do extermínio pelos nazistas dos judeus, dos ciganos e de todos os representantes das raças consideradas "impuras".

3 Terra Prometida, terra conquistada

O sonho de uma reconquista de Sião[1] é tão antigo quanto a história da dispersão dos judeus, obcecados por um messianismo do retorno e do recolhimento, como mostra a aventura de Sabatai Tzvi. Pode-se até dizer que ele é intrínseco à existência do povo judeu: "povo azarado", povo *schlemihl*[2] submetido desde a noite dos tempos à vontade de um Deus obscuro que não cessa de prometer àqueles que ele elegeu o advento de um mundo melhor: "Não sou benquisto em nenhum lugar", diz o judeu-*Schlemihl*, "sou estrangeiro em todo lugar, gostaria de abraçar tudo, tudo me escapa, sou infeliz."[3] Moses Hess, o amigo de Marx, e Leon Pinsker, autor de uma famosa brochura publicada anonimamente em 1882, também pensaram nisso.[4]

No entanto, o sionismo, enquanto movimento laico de emancipação dos judeus da diáspora, não nasceu do judaísmo, nem de uma escatologia qualquer, mas sim de uma desjudaização progressiva dos judeus europeus, que, aliás, foi consequência de uma secularização desse mesmo mundo.[5]

Inspirados no Iluminismo e almejando libertar-se da religião, os judeus emancipados do século XIX achavam que podiam se integrar à sociedade burguesa de várias maneiras, como cidadãos com plenos direitos na França, como indivíduos pertencentes a uma comunidade na Inglaterra e depois nos Estados Unidos, como súditos judeu-alemães no mundo germânico, como minorias nos impérios centrais ou no mundo mediterrâneo e árabe-islâmico. Vários deles alteraram seus nomes de acordo com as diver-

---

[1] O monte Sião é a colina sobre a qual Jerusalém foi construída.

[2] Termo em iídiche que designa aquele que tem má sorte.

[3] Adalbert von Chamisso, *La véritable histoire de Peter Schlemihl* (1814), Paris, Aubier-Montaigne, 1966, p.84 [ed. bras.: *A história maravilhosa de Peter Schlemihl*, São Paulo, Estação Liberdade, 2003].

[4] Leon Pinsker (1821-91): Judeu russo-polonês ligado à *Haskalá*. Abalado pelos pogroms russos de 1881, publicará em Berlim uma obra intitulada *Autoemancipação*, que fará dele o guia intelectual do grupo dos Amantes de Sião.

[5] Cf. Georges Bensoussan, *Uma histoire intellectuelle et politique du sionisme, 1860-1940*, Paris, Fayard, 2002.

sas migrações: germanização ou galicização dos nomes poloneses, russos, romenos etc. Enfim, muitos renunciaram à circuncisão ou se converteram sem serem obrigados a isso.

Mas, à medida que o nacionalismo vinha substituir os antigos ideais da "primavera dos povos", eles passaram a ser rejeitados, não mais por sua religião, mas por sua raça e, portanto, por esse pertencimento identitário invisível que resistia às diversas conversões e que, ao mesmo tempo, obrigava-os a também se definirem como provenientes de uma nação. Se, durante séculos, as nações europeias só tiveram de lidar com judeus, ou seja, com um povo de párias[6] consciente da rejeição que suscitava e que pensava sua unidade ou sua universalidade sem referência a fronteiras, elas logo iriam ter de se confrontar com um povo que agora pretendia se pensar como nação: a nação judaica. Mas o que é uma nação sem fronteiras? O que é um povo sem território? O que são uma nação e um povo compostos de sujeitos ou de indivíduos que não são cidadãos de lugar nenhum por terem de ser cidadãos de diferentes nações?

Após ter sido o maior vetor de uma iniciativa de extermínio do homem pelo homem, o antissemitismo perdurou após 1945 sob novas formas, ao passo que o sionismo deu origem, na Palestina, a um Estado exposto a uma guerra perpétua, uma vez que é visto pelo mundo árabe como sendo de essência colonial, e pelos judeus sionistas como a realização de um processo de legitimação incondicional.[7] Quanto ao antissionismo – enquanto movimento de oposição política e ideológica ao sionismo –, ele foi originalmente obra de vários judeus europeus que se opunham à conquista de uma nova terra. Entre eles contavam-se personalidades tão diversas quanto Lord Edwin Montagu, Charles Netter e Sigmund Freud, mas também marxistas e socialistas, herdeiros da *Haskalá*, agrupados no Bund, movimento fundado em Vilna em 1897, e empenhados numa luta ferrenha contra todas as formas de antissemitismo.

Assim como o antissemitismo fora a matriz do racismo, este também serviu de teoria biológica para a conquista colonial. O colonialismo contribuiu, assim, para a globalização do antissemitismo, como lembra magis-

---

[6] Segundo o termo utilizado por Hannah Arendt, in *La tradition cachée*, op.cit.

[7] O melhor estudo sobre essa questão é o de Henry Laurens, *La question de Palestine*, t.1, 1799-1922: *L'invention de la terre sainte*, Paris, Fayard, 2003; t.2, 1922-47: *Une mission sacrée de la civilisation*, Paris, Fayard, 2003; t.3, 1947-67: *L'accomplissement des prophéties*, Paris, Fayard, 2007.

tralmente Hannah Arendt.[8] Como os judeus eram responsabilizados por todo tipo de complôs, eles foram acusados de ser os agentes de uma determinada potência contra outra. Bastava, por exemplo, a Inglaterra retomar o Egito dos franceses para que eles fossem considerados responsáveis por isso. Assim nascerá a tese de um conspiracionismo internacional atribuído ao "imperialismo dos Rothschild".

Durante a segunda metade do século XX, ao mesmo tempo que o sionismo será cada vez mais assimilado a uma nova forma de colonização, o colonialismo irá declinando à medida que os povos que dele eram vítimas conseguiam voltar contra seus opressores europeus, e muitas vezes com o apoio deles, as armas de um ideal de liberdade que haviam permitido subjugá-los.

Com relação a isso, cumpre notar que não foi nenhuma das três potências coloniais europeias mais antigas – Inglaterra, Espanha e Portugal – que forjou a palavra "colonialismo" para designar a ideologia imperialista que repousa numa teoria racial resultante de uma mistura de gobinismo e de darwinismo social. Na verdade, o termo foi inventado[9] na França, em 1902, para justificar *a posteriori* um fenômeno de expansão que tinha começado em meados do século e que consistia em subjugar os povos não europeus – negros, árabes, asiáticos – considerados inferiores: expedições a Tonquim, Madagascar, Congo, Marrocos, Tunísia, departamentalização dos territórios conquistados na Argélia. O movimento tinha se expandido no momento da escalada do antissemitismo drumontista, para finalmente se espalhar ao modo de uma conquista laica e republicana no começo do século XX, depois de o antissemitismo político ter sofrido sua mais amarga derrota com o reconhecimento da inocência do capitão Dreyfus. Reconstituído em seu esplendor, o exército francês poderá então brandir com renovado vigor, e isso até 1914, as armas de uma temática racial.[10]

Os republicanos denominaram de "missão civilizadora" esse vasto empreendimento de conquista territorial, visando, diziam eles, estender os direitos do homem e do cidadão a "indígenas", ou seja, a homens que

---

[8] Hannah Arendt, *Sur l'antisémitisme*, op.cit., p. 253.

[9] Por Charles Péguy, ao que tudo indica.

[10] Entre 1870 e 1913, o império colonial francês passará de um milhão de quilômetros quadrados para 13 milhões, e os povos colonizados de sete para 48 milhões de indivíduos. Cf. Olivier Lecour-Grandmaison, *La République impériale. Politique et racisme d'État*, Paris, Fayard, 2009, p.15.

eles não consideravam nem como iguais, nem como cidadãos com plenos direitos.

Foi Ernest Renan o inventor da dupla infernal dos semitas e arianos, e que depois aderiu à República, que deu, em 1870, a melhor definição do que essa doutrina se tornaria: "A conquista de um país de raça inferior por uma raça superior não tem nada de chocante .... Assim como as conquistas entre raças iguais devem ser condenadas, a regenerescência das raças inferiores ou abastardadas por parte das raças superiores faz parte da ordem providencial da humanidade."[11] Essa tese será retomada mais tarde por Jules Ferry, grande organizador da epopeia colonial: "As raças superiores", dirá ele em 1885, "têm um direito em relação às raças inferiores .... Têm o direito de civilizar as raças inferiores."[12]

O raciocínio de Ferry repousava na ideia de que o universalismo republicano é superior a toda forma de diversidade regional, linguística, racial, familiar ou cultural. E foi em nome da luta contra essa diversidade que ele defendeu, em 1881, o princípio da escola gratuita e obrigatória para todas as crianças francesas. Favorável ao colonialismo, ele transformou no seu oposto o ideal republicano oriundo da Revolução de 1789 e adotou, contra a obsessão de uma divisão política entre as duas Franças – jacobinos contra monarquistas –, as teses anti-igualitárias dos detratores do Iluminismo.

Foram várias as tendências que vieram à luz sob a III República. Para uns, preocupados em reunir provas contra o Iluminismo substituindo o universalismo dos direitos por leis sobre a "hereditariedade", o colonialismo deveria se limitar a uma simples empresa de exploração das riquezas e de dominação dos povos, necessária à sobrevivência da Europa. Aos olhos dos outros, ao contrário, o Iluminismo deveria continuar sendo o vetor de um projeto igualitário que permitiria libertar os povos conquistados dos antigos despotismos: "A França, essa nação generosa, cuja opinião rege a Europa civilizada e cujas ideias conquistaram o mundo", já escrevia Francis Garnier em 1864, "recebeu da providência uma missão mais elevada, a da emancipação, do chamamento às Luzes e à liberdade das raças e dos povos ainda escravos da ignorância e do despotismo."[13]

[11] Ibid., p.7.
[12] Ibid. Discurso na Câmara dos Deputados, 28 jul 1885.
[13] Francis Garnier, *La Cochinchine française en 1864*, Paris, Dentu, 1864, p.44-5.

Uma terceira tendência, minoritária, mostrou-se hostil a toda forma de colonização e de colonialismo. Foi o caso, especialmente, de Georges Clemenceau, que será dreyfusista e editará o *Eu acuso* de Zola: "A conquista", dizia ele em 1885, "é o abuso puro e simples da força sobre as civilizações rudimentares proporcionada pela civilização científica, para se apropriar do homem, torturá-lo, extrair dele toda a sua força ... em prol do suposto civilizador. Isso não é o direito, é a sua negação."[14]

Vencida pela Alemanha em 1870 e tendo perdido a Alsácia e a Lorena,[15] a França engajou-se, então, numa vigorosa política colonial. Vitoriosa na mesma data, também a Alemanha se tornou imperialista, o que não impedirá, como na França, que ali se manifeste uma oposição a essa política, a de Virchow em particular, mas também a do geógrafo Friedrich Ratzel: "Tornou-se uma regra deplorável", apontava ele em 1891, "povos atrasados morrerem ao contato com povos altamente cultos. Isso se aplica à vasta maioria dos australianos; polinésios, asiáticos do norte, americanos do norte e vários povos da África do Sul e da América do Sul ... . Os nativos são mortos, caçados, proletarizados e sua organização social é destruída ... . Brancos sedentos de terras se amontoam entre povoamentos nativos frágeis e parcialmente desintegrados."[16]

Vencida em 1918, a Alemanha será obrigada a devolver à França a Alsácia e a Lorena, mas também a renunciar às suas possessões africanas. A partir de então, num contexto de crise generalizada dos Estados-nações, o antissemitismo explodirá de novo em toda a Europa: um antissemitismo político e biológico, como vimos, decorrente da aliança entre a tradição drumontista francesa e a biocracia alemã.

Embora o antissemitismo constituído e o colonialismo tenham em comum, no final do século XIX, uma teoria anti-igualitára da raça, as duas

[14] Georges Clemenceau, discurso de 30 de julho de 1885 na Câmara dos Deputados, citado por Olivier Lecour-Grandmaison, op.cit., p.7.

[15] A Alsácia e a Lorena tornam-se *Elsass-Lothringen* pelo tratado de Frankfurt, assinado entre a França e a Alemanha, em 10 de maio de 1871.

[16] Citado por Sven Lindqvist, *Exterminez toutes ces brutes. L'odyssée d'un homme au cœur de la nuit et les origines du genocide européen*, Paris, Le Serpent à Plumes, 1999, p.189-90. Friedrich Ratzel (1844-1904): zoólogo e geógrafo alemão, autor de uma *Anthropogéographie* (1891) que visava restabelecer o elemento humano na ciência geográfica: "A humanidade é um pedaço do globo terrestre." Ele se opunha ao imperialismo do *Grossdeutschland* em prol da criação de uma *Mittelafrika*. A obra será comentada em 1899 por Émile Durkheim.

doutrinas divergem nos seus objetivos. A primeira é intrinsecamente exterminadora e visa, de início, à aniquilação da "raça ruim" – e ela conduzirá a Auschwitz quando as circunstâncias a isso se prestarem –, ao passo que a segunda é portadora de um projeto de subjugação, de exploração, de discriminação ou de "regeneração", em nome do qual, aliás, o Estado conquistador não hesitará em cometer massacres ou até em pregar a extinção das raças ditas "inferiores".

Consequentemente, seria equivocado assimilar a ideologia colonialista a uma antecipação do nazismo e de Auschwitz. Contudo, depois de 1945, o questionamento simultâneo do colonialismo e do extermínio dos judeus levará os povos colonizados e os historiadores da colonização a estabelecer vínculos entre as políticas de destruição dos povos autóctones, perpetradas tanto pelos escravagistas quanto por seus sucessores, e a barbarização progressiva dos Estados europeus.

Da invenção da palavra genocídio por Raphaël Lemkin em 1944 a sua adoção pela Organização das Nações Unidas (ONU) em 1948, no âmbito de uma reformulação universal da Declaração dos Direitos do Homem, abriu-se um vasto debate que desembocará numa nova apreensão do fenômeno colonial e de todas as formas anteriores de destruição de massa dos homens e das culturas.[17]

E a crítica dos chamados valores "ocidentais" não fará senão acentuar-se no começo do século XX. Por isso é que no seio da ONU acabará se estabelecendo progressivamente uma nova partilha do mundo em consequência do processo de descolonização. A queda do comunismo em 1989 e depois a destruição do World Trade Center, em 11 de setembro de 2001, seguidos, por fim, do crescimento da potência do continente asiático irão tão somente revelar esse movimento de fundo.[18]

Se o sionismo e o antissemitismo perduraram como resposta à questão judaica, outros engajamentos marcaram outros destinos, encarnando,

[17] Sven Lindqvist, *Exterminez toutes ces brutes...*, op.cit. Rosa Amelia Plumelle-Uribe, *La férocité blanche. Des non-Blancs aux non-Aryens. Génocides occultés de 1492 à nos jours*, Paris, Albin Michel, 2001. Sobre a questão da definição do genocídio, cf. Cap.4 do presente volume.

[18] Essa evolução se manifestou na primeira conferência sobre o racismo, sediada em Durban de 1º a 7 de setembro de 2001, logo antes da destruição do World Trade Center. Ela se confirmou na segunda conferência, chamada Durban II, e sediada em Genebra de 20 a 25 de abril de 2009. Cf. a esse respeito Jean Ziegler, *La haine de l'Occident*, Paris, Albin Michel, 2008.

contra um patriotismo da nação, um patriotismo do exílio: o comunismo, o intelectualismo crítico e estético, o feminismo, o socialismo, o retorno redentor ao judaísmo ou à sua história memorial[19] e, por fim, a psicanálise, que tem em comum com o sionismo ter sido criada, entre 1896 e 1904, por judeus vienenses confrontados, no coração da *Mitteleuropa*, com uma situação histórica muito particular – a da agonia do Império Austro-Húngaro –, extremamente bem descrita por Robert Musil ou Stefan Zweig.

Fora de Viena, jamais houvera, naquela época, naquele ponto de passagem entre o Oriente e o Ocidente, tamanha paixão pelas metamorfoses possíveis da identidade humana: pesquisas sobre as relações entre sexualidade e pulsão de morte, fascinação pela decadência das sociedades e a degenerescência do homem condenado ao egoísmo, pavor da feminização dos homens e da virilização das mulheres, culto dos mitos fundadores, sonho de terras prometidas e de terras conquistadas... "O sionismo realmente nasceu em Viena, na Áustria", dirá Joseph Roth. "Seu criador foi um jornalista vienense. Ninguém mais poderia tê-lo feito."[20]

Nascido em 1860 no Império Austro-Húngaro, Theodor Herzl, fundador do sionismo, apelidado de novo Moisés do povo judeu, era um misto de Savonarola e Sabatai Tzvi. Fora criado numa família liberal e assimilada que não respeitava as prescrições alimentares e para a qual o judaísmo era uma lembrança devota que autorizava meramente respeitar o ritual das festas.[21] Depois de se ver arruinado pela crise financeira de 1873, o pai abandonou Budapeste e foi se estabelecer em Viena, onde o filho prosseguiu seus estudos de direito sonhando tornar-se um dramaturgo reconhecido, embora não tivesse nenhum talento, exceto o de saber transformar magistralmente sua vida numa permanente representação teatral. Herzl era, de fato, um prodigioso ator capaz de fascinar tanto as multidões quanto seus interlocutores do momento.

Apegado de maneira infantil à mãe e sofrendo de crises de exaltação e de melancolia, tinha pela sexualidade uma espécie de repulsa que se traduzia pela aversão a seu pênis circuncidado e pela vergonha de sua ju-

---

[19] Cf. Franz Rosenzweig, *L'étoile de la rédemption*, Paris, Seuil, 1982.
[20] Joseph Roth, *Juifs en errance*, Paris, Seuil, 1986, p.19.
[21] Cf. Ernst Pawel, *Theodor Herzl ou le labyrinthe de l'éxil*, Paris, Seuil, 1992.

deidade. Ao longo de todos os seus estudos, confrontado com o antissemitismo, não parou de se sentir humilhado, apesar de adotar os argumentos de seus inimigos: admirava o ideal wagneriano e o pangermanismo "ariano", procurando assim, como dirá Stefan Zweig, escapar "pela fuga para o espiritual" daquilo a que "o judaísmo se reduzira: a fria vontade de ganhar dinheiro".[22]

Entretanto, ao que tudo indica, foi desde cedo habitado pelo ódio de si judaico (o *Selbsthass*), paixão suicida e tão atormentada e ambivalente quanto aquela que sentia por sua mulher, Julie, instável, colérica, louca e que ameaçava periodicamente cortar os pulsos, tomar veneno ou se atirar pela janela. Desse tumultuado casamento nasceram três crianças: Pauline, a filha mais velha, morreu desorientada depois de ter sido várias vezes internada. Hans, o filho, se converteu várias vezes – batista, quacre, unitarista –, antes de voltar à sinagoga e depois se suicidar com uma bala de revólver após o anúncio da morte da irmã. Trude, a caçula, maníaco-depressiva, será assassinada pelos nazistas em Theresienstadt em 1942, enquanto seu filho, neto e único descendente de Theodor, se suicidaria por afogamento em Washington depois de ter se recusado a se estabelecer na Palestina.

Radicado em Paris em outubro de 1891 como correspondente do grande jornal vienense *Neue Freie Press*, Theodor Herzl assistiu à crise do boulangismo, à ascensão do movimento anarquista – e sobretudo à grande explosão do antissemitismo drumontista. Conviveu com Drumont no salão de Alphonse Daudet, e sentiu por ele empatia, admirando *La France juive* como o ensaio mais brilhante da época sobre a "questão", depois do de Eugen Dühring. É evidente que ele tinha internalizado o ódio que sentia dos judeus e de si mesmo, a ponto de dar razão aos antissemitas quando estes procuravam se livrar daqueles intrusos: "Devo boa parte de minha liberdade conceitual a Drumont, pois ele é um artista." E mais: "Entendo a natureza do antissemitismo. Nós, judeus, embora não seja culpa nossa, continuamos sendo um corpo estranho nas diversas nações em que vivemos. No gueto, adotamos certa gama de comportamentos antissociais. A per-

[22] Stefan Zweig, *Le monde d'hier. Souvenirs d'un Européen*, Paris, Belfond, 1993, p.29 [ed. bras.: *O mundo que eu vi*, Rio de Janeiro, Record, 1999]. Herzl teve uma vida breve: morreu em 1904, aos 44 anos, e sua mulher, três anos depois, aos 39 anos. Cf. Viviane Forrester, *Le crime occidental*, Paris, Fayard, 2004 [ed. bras.: *O crime ocidental*, São Paulo, Unesp, 2006].

seguição corrompeu nosso caráter, e será preciso uma contraperseguição para retificá-lo. De fato, o antissemitismo é a consequência da emancipação dos judeus. Foi um erro dos libertários doutrinários acreditar na possibilidade de tornar as pessoas iguais por um decreto no Diário Oficial. ... Quando os judeus deixam de se preocupar com dinheiro e exercem profissões até então proibidas para eles, apropriam-se de grande parte do ganha-pão da classe média. No entanto, o antissemitismo, força poderosa e inconsciente entre as massas, não fará mal aos judeus. Creio que ajudará a forjar o caráter judaico..."[23]

Essas palavras, extraídas de uma carta redigida em maio de 1895, um mês depois de Alfred Dreyfus ter sido deportado para a ilha do Diabo, já indicava o horror que provocara em Herzl o que, no entanto, tinha sido o grande acontecimento libertador na longa história da perseguição dos judeus. Detestando a democracia, desprezando a Declaração dos Direitos do Homem e do Cidadão e mais ainda o ato fundador de 1791, por meio do qual os judeus tinham finalmente conquistado na França e, pela primeira vez no mundo, direitos que faziam deles cidadãos com plenos direitos, ele rejeitava os ideais iluministas como um todo tal como antes odiara sua própria judeidade.

Mobilizava assim as forças obscuras da paixão antissemita para aceitar sua injunção e invertê-la em orgulho de ser judeu seu ódio de si judaico. E como os antidreyfusistas tinham conseguido a condenação do judeu francês mais assimilado e mais representativo das grandes virtudes da integração republicana, essa era, a seu ver, uma prova definitiva de que a emancipação, sob todas as suas formas, era a pior das soluções para a questão judaica. Pouco lhe importava, nessas condições, a batalha dos dreyfusistas a favor da verdade. Pouco lhe importava o combate de um Bernard Lazare, por exemplo. Para ele só contavam as palavras pronunciadas pelo capitão no momento de sua detenção: "Sou perseguido porque sou judeu."

Portanto, totalmente dedicado a seu projeto de transformar o antissemitismo numa força motora, Herzl, embora não tenha se envolvido com o caso Dreyfus, decidiu, em 1895, depois de uma "iluminação",[24] pôr em an-

---

[23] Citado por Ernst Pawel, op.cit., p.182-3.

[24] Ela, de fato, existiu, ao contrário do que afirma Claude Klein em seu comentário do livro de Herzl, *L'État des Juifs* (1896). Ver adiante.

damento um vasto programa de evacuação dos judeus europeus para um outro território: a Argentina, Uganda e depois a Palestina. O mais inaudito nessa história é que ele conseguiu convencer as potências coloniais primeiro – Império Otomano, Estados europeus –, e depois milhares de judeus da diáspora, de que seu projeto era exequível.

Cumpre dizer que naquela época o turbilhão migratório dos judeus estava no seu apogeu. Fugindo dos pogroms dos anos 1880, os judeus do Leste (*Ostjuden*), vindos do Império Russo e presos aos seus ritos, se refugiavam em Viena, Berlim ou Paris. Rejeitados tanto pelos judeus ocidentais assimilados e desjudaizados quanto pelos antissemitas organizados em partidos políticos, eles não tinham muito outra escolha senão sonhar com a Terra Prometida – a terra bíblica. E quando, depois do choque do caso Dreyfus, os judeus assimilados também começaram a pensar num novo exílio fora da Europa, parecia ter chegado o momento de tornar possível o que até então era uma utopia. E, nessas condições, não espanta que os primeiros a emigrar tenham sido os religiosos do Leste em busca de uma terra santa, e que estes não tardassem a entrar em conflito com os outros imigrantes, leigos conservadores ou socialistas, que aspiravam a construir um Estado-nação. Assim foi que, entre 1882 e 1940, ocorreram as cinco grandes *aliás*[25] pré-estatais que deram origem à criação do Estado de Israel, um Estado ao mesmo tempo laico, religioso e democrático.

Herzl era, evidentemente, o homem da situação. Vienense estranho, meio louco, tornou realidade o que tinha sido apenas um sonho, da mesma maneira que Freud, na virada do século XX, transformou o mundo do sonho num espaço de desejo, a fim de dessacralizar o universo obscuro das predestinações e dos oráculos.

Talvez por não ter nenhum conhecimento sério nem do judaísmo, nem da geografia, nem da diferença entre os judeus do Leste, que ele acusava de favorecerem o antissemitismo, e dos do Ocidente, que ele detestava, é que Herzl pôde ser o precursor de um projeto desses. A Terra Prometida com que ele sonhava – isto é, *Eretz Israel* – só existia na tradição bíblica, e sobretudo na Mishná. Ora, Herzl mal conhecia a Bíblia

[25] *Aliá*: imigração. A palavra significa “subida” e remete à subida para a leitura da Torá diante dos fiéis. Datas e quantidades de imigrantes: 1) 1882-1900: 25 mil. 2) 1905: 40 mil. 3) 1919-23: 35 mil. 4) 1924-26: 60 mil. 5) 1933-40: 200 mil. Entre 1940 e 1948 houve uma sexta *aliá*, clandestina, ou *aliá beth*.

e muito pouco o Talmude. Falava alemão, húngaro, inglês e francês, mas praticamente não falava iídiche – e menos ainda hebraico. E não sabia nada sobre os judeus mediterrâneos, os sefardim falantes de árabe, já radicados na Palestina.

Mas ele desejava aquela terra, como o lugar de uma possível regeneração dos judeus e dele mesmo: não uma terra sagrada herdada em linha direta da lenda dos antigos hebreus, mas uma terra conquistada da qual pretendia fazer um Estado-nação com base no modelo dos da Europa da qual queria fugir. O fato de ela estar povoada por seus "verdadeiros" habitantes, os árabes da Palestina, não era um problema para ele. Com efeito, Herzl sonhava com uma terra mítica, cuja lembrança fora transmitida no mundo judeu, de geração em geração, desde que os romanos haviam tentado erradicar o judaísmo da Judeia, dando a esta o nome de *Syria Palestina*.

Sua obsessão acabou prevalecendo sobre a realidade e sua recusa da realidade foi mais inflexível que qualquer forma de racionalidade. Em poucos anos (entre 1896 e 1904), conseguiu, movido pela veemência de seu imaginário e pela tenacidade de seu desejo, transformar um mito em realidade, uma terra sonhada em um *Ishuv* (comunidade de colonos),[26] e tornar crível para o presente e para o futuro a criação de um "Estado para os judeus" – ou Estado *dos* judeus (*Judenstaat*) – sem sequer ter tido de inventar a palavra sionismo[27]: "Esse simples desejo de agir", escreve Hannah Arendt, "era um elemento de um ineditismo tão surpreendente, um elemento tão totalmente revolucionário na vida judaica que se espalhou com a velocidade de um rastilho de pólvora. A grandeza duradoura de Herzl consiste justamente no seu desejo de fazer alguma coisa a respeito da questão judaica, no seu desejo de agir e resolver o problema em termos políticos."[28]

E quando, depois de ter fundado na Basileia, em 1897, a Organização Sionista Mundial, ele enfrentou uma encarniçada oposição por parte da elite judaica das cidades europeias, dos bancos e de todos aqueles que pre-

[26] O termo significa, literalmente, "instalação".

[27] Theodor Herzl, *L'État des Juifs. Contribution à une solution moderne de la question juive* (1896), reeditado com o título *L'État des Juifs*, op.cit. A palavra "sionismo" foi criada por volta de 1890, para substituir "palestinofilia", por outro judeu vienense, Nathan Birnbaum (1864-1937), que se opunha fortemente às teses de Herzl e que se tornaria antissionista. Segundo Walter Laqueur, a invenção da palavra se deu na noite de 23 de janeiro de 1892. Cf. *Histoire du sionisme*, Paris, Calmann-Lévy, 1973.

[28] Hannah Arendt, *Penser l'événement*, Paris, Belin, 1989, p.124.

feriam a diáspora ao caminho do exílio, não hesitou em mobilizar contra eles a linguagem do antissemitismo mais vil tratando-os de "youpins"[29]: "O *youpin* (*Mauschel*[30]) é antissionista. Já o conhecemos há tempos e só de olhar para ele, sem nos aproximarmos, e menos ainda, Deus nos perdoe, encostar nele, já ficamos doentes ... . Mas, na verdade, quem é o *youpin*? Um indivíduo, meus caros amigos, um personagem que surge regularmente, o lamentável companheiro do judeu, do qual é tão inseparável que sempre tomaram um pelo outro ... . O *youpin* é uma desfiguração ignóbil da natureza humana, algo de inqualificável, baixo e repugnante ... . O *youpin* é a maldição dos judeus. Nos dias atuais, não basta se afastar da religião para se livrar do *youpin*. A raça é que está em questão."[31]

A grande jogada desse homem, que gostava tanto dos antissemitas, foi se inspirar em Moses Hess e em Pinsker para depurar de certo modo a ideia bíblica da unidade do povo judeu e impô-la por meio da conhecida fórmula *O Estado judeu*: "Somos um povo, um povo-Uno (*Ein Volk*)."

Com palavras que iriam fazer fortuna, Herzl convocava, portanto, os judeus espalhados pelo mundo a entrar na História, a sair de seu imobilismo, de seu repisamento da memória judaica e do ódio de si; porque os via como um povo, como *seu* povo, ele os convidava a se autoemanciparem e a se pensarem como fazendo parte de uma nação e de um Estado, da mesma forma como os outros povos: "O que é o sionismo e o que quero fazer?", ele dirá em 1899, "é dar aos judeus de todas as nações um canto do mundo onde eles possam viver em paz e não mais caçados, odiados e desprezados ... . Quero livrá-los, enfim, da crosta de sujeira moral; conseguir pôr em funcionamento seus dons intelectuais e morais muito reais, e que meu povo deixe finalmente de ser o 'judeu sujo' para ser o povo iluminado que pode ser."[32]

Fundador do sionismo político, foi apenas uma vez à Palestina, em 1898, mas, na Europa, onde não cessava de mobilizar partidários, fez da questão judaica uma questão nacional, inventando uma nova pátria, já definindo, antes mesmo de qualquer processo de emigração organizada, como deveria ser o estabelecimento dos judeus em seu novo território. No

---

[29] Termo injurioso com que os judeus são tratados pelos antissemitas de língua francesa. (N.T.)

[30] O equivalente injurioso em alemão. (N.T.)

[31] Citado por Ernst Pawel, op.cit., p.325.

[32] Citado por Claude Klein, in *L'État des Juifs*, op.cit., p.131.

seu livro explicava como seriam concebidos, através da Jewish Company, o transporte das populações, as construções imobiliárias, as modalidades do habitat, a aquisição das terras e, enfim, os novos modos de viver necessários à fabricação de um judeu depurado, soberbo e magnífico, capaz de se libertar de todas as humilhações que seus ancestrais tinham sofrido desde a noite dos tempos.

Herzl também estava disposto a ajudar as potências imperiais em seu vasto empreendimento de colonização e a fazer do novo lar instalado no coração do mundo árabe o aliado de uma perpetuação da dominação do Ocidente sobre o Oriente: "Um pedaço de muralha contra a Ásia ... a sentinela invertida da civilização contra a barbárie."[33]

Em 1902, ousou até publicar um relato[34] no qual imaginava a Palestina futura como um modelo de sociedade fundada na cooperação, sem exército nem prisão. Descrevia o entendimento perfeito entre os judeus e os autóctones, explicando o quanto estes estavam felizes por se integrarem a uma sociedade majoritariamente judaica, pois ela lhes permitia conservar seus costumes e sua religião. Por causa desse texto, foi atacado por Ahad Haam,[35] partidário de um sionismo espiritual e, portanto, da preservação de um judaísmo não diaspórico em terra santa em vez da criação de um Estado eurocentrado para os judeus. Embora Herzl se deixasse levar por um idílio que faria seus detratores dizerem que ele "não sabia que havia árabes na Palestina", estes, embora bem mais realistas, tampouco abordavam a questão crucial em termos do futuro, ou seja, a presença árabe na Palestina. E quando Max Nordau, defendendo Herzl, os acusará de se comportarem com os árabes como antissemitas ou adeptos da Inquisição, ele mesmo tampouco dará nenhuma solução para o problema.[36] Tanto mais que, em comparação com Ahad Haam, ele mesmo era partidário da

---

33 In ibid., p.47.

34 Theodor Herzl, *Altneuland*: *Pays ancien, pays nouveau* (1902), Paris, Stock-Plus, 1980. O título exato em alemão, que poderíamos traduzir por: "País novo antigo (Terra Prometida/terra conquistada/terra colonizada)" condensava, assim como *Judenstaat*, todas as ambiguidades do sionismo: país dos judeus ou dos hebreus? Estado judeu ou Estado dos judeus, ou para os judeus? Voltarei a isso no Cap.5.

35 Ahad Haam, nascido Asher Guinzburg (1856-1927): judeu ucraniano, teórico do sionismo espiritual, contrário a Theodor Herzl, hostil ao Iluminismo e à assimilação, instalou-se na Palestina em 1922, era favorável à adoção do hebraico como língua nacional e foi fundador de uma irmandade secreta: os Filhos de Moisés. Cf. Henry Laurens, *La question de Palestine*, t.1, op.cit., p.115-7.

36 Cf. Ernst Pawel, op.cit., p.245-6.

criação na Palestina de um Estado de tipo europeu e não de um lar retraído num particularismo hebraico.

Todas essas polêmicas mostram, de fato, que o sionismo teve sua parcela de participação na conquista colonial e que foi assim que os árabes receberam o projeto. No entanto, é difícil afirmar que o sionismo, como tal e em seus diversos componentes (cultural, religioso, político, espiritual), seria puro álibi do colonialismo. Nascido de uma resposta a uma situação vivida como intolerável, o sionismo, na verdade, não procurou nem subjugar povos nativos julgados inferiores, nem lhes impor uma cultura ou uma civilização. Acontece que seu objetivo era instalar um "povo sem terra numa terra sem povo".[37] E o que quer que possam ter dito seus diferentes representantes – uns favoráveis à coabitação, outros à exclusão –, o projeto estava prenhe de sua própria negação. Ao realizarem o projeto sionista, os judeus, povo sem terra, se instalavam numa terra ocupada por outro povo. Prolongamento da tragédia: uma tragédia judaica.

Revolução identitária intrínseca à história da consciência judaica, revolta contra a memória judaica feita de "lamentações", o sionismo foi ao mesmo tempo um fenômeno colonial, pois visava a se apossar de um território contra a vontade de seus habitantes, e um processo de descolonização de si, pois sua meta foi fazer os judeus terem acesso a uma nova forma de emancipação. Assim sendo, inscrevia-se, como destaca Alain Dieckhoff, "na longa linhagem dos movimentos de defesa contra as perseguições religiosas que motivaram os puritanos na América do Norte ou os calvinistas holandeses na África do Sul".[38]

Ainda assim, essa experiência é única no mundo. Pois, ao se pensarem como nação, e aceitando depois a criação, em 1917, de um Lar Nacional, prelúdio da fundação de um Estado em 1948, os judeus europeus engajados no sionismo, numa mescla de todas as tendências, na verdade obedeceram à injunção dos antissemitas que, desde o final do século XIX, não tinham cessado de expulsá-los de todos os países da Europa. E, ao mesmo tempo, ao passarem da condição de párias à de conquistadores, não puderam evitar tornar-se, para os povos expulsos de suas terras, perseguidores

[37] Essa frase foi popularizada em 1901 por Israel Zangwill (1864-1926), escritor e jornalista inglês, feminista e sionista, proveniente de uma família de imigrantes judeus originários do império russo.

[38] Alain Dieckhoff, "Max Nordau, l'Occident et la question arabe", in *Max Nordau*, Delphine Bechtel, Dominique Bourel e Jacques Le Rider (orgs.), Paris, Cerf, 1996, p.289.

e, portanto, colonialistas. E, depois de mais da metade deles ter sido dizimada pelos nazistas, vítimas de um pavoroso genocídio, serão ainda mais odiados pelo mundo árabe-islâmico que, depois de 1948, irá considerá-los responsáveis pela destruição do povo palestino.

Assim como o antissemitismo deu origem a uma revolução identitária da consciência judaica e a um afastamento do ideal iluminista europeu, também o sionismo teve como consequência um despertar do nacionalismo árabe, assumido primeiro pelos cristãos orientais, depois, no período do entreguerras, pelos muçulmanos e, enfim, décadas mais tarde, pelos islamitas. Vale dizer que o sionismo introduziu no Oriente não a paz sonhada por Herzl, mas uma guerra perpétua cada vez mais mortífera e com temíveis consequências para o mundo todo.

Em 1898, Rachid Ridâ[39] interpretava a utopia herzliana como uma vontade de unir crentes entre si com fins políticos. E como ele mesmo era partidário de um califado[40] árabe, ou seja, de um projeto de união mundial dos muçulmanos destinado a devolver ao islamismo seu poder espiritual e político, ele pretendeu se inspirar no sionismo para apurar sua visão moderna de um nacionalismo árabe.[41]

Contudo, a primeira grande análise do sionismo vinda do mundo árabe foi redigida em 1905 por um cristão maronita, admirador de Barrès e anunciador do "perigo judeu mundial". Originário de Jaffa, educado na França, funcionário do *sanjak*[42] de Jerusalém e fundador, junto com Eugène Jung, por sua vez antigo administrador francês em Tonquim, da Liga da Pátria Árabe, Nagib Azoury ficou conhecido por ter escrito algumas linhas premonitórias e de uma tonalidade soberbamente hegeliana no preâmbulo de uma obra que quase não foi lida na época: *Réveil de la nation arabe dans l'Asie turque* [Despertar da nação árabe na Ásia turca]: "Dois fenômenos importantes de igual natureza e contudo opostos, que ainda não chamaram a atenção de ninguém, manifestam-se nesse momento na Turquia asiática: são eles o despertar da nação árabe e o esforço latente

---

[39] Rachid Ridâ (1878-1924): intelectual sírio oriundo da tradição islâmica reformista.

[40] Califado: território submetido à autoridade de um califa, descendente de Maomé. Vários califados se sucederam entre 632 e 1924.

[41] Cf. Jean-François Legrain (org.), *À propos du "Traité sur le califat" de Rachid Ridâ*, Lyon, CNRS-Maison d'Orient et de Méditerranée, 2006.

[42] *Sanjak*: termo turco que designa uma divisão administrativa do império otomano.

dos judeus para reconstituir em escala bem grande o antigo reino de Israel. Esses dois movimentos estão fadados a se combater perpetuamente, até que um deles prevaleça sobre o outro. Do resultado final dessa luta entre dois povos que representam dois princípios contrários dependerá o destino do mundo inteiro."[43]

Dois princípios contrários fadados a se oporem indefinidamente até a morte: uma verdadeira tragédia, que, aliás, dará origem a um conflito sem fim em que os dois partidos opostos – palestinos e israelenses – terão cada qual suas razões próprias, ambas igualmente legítimas, como os gregos e os troianos na epopeia de Homero. Impossível escolher um lado contra o outro, porque os dois lados não têm outra escolha senão viver juntos; ou morrer juntos.

Simultaneamente a esse combate perpétuo, outra luta se desenrola, aparentemente mais salvadora, mas também mais obscura: a luta interna do povo judeu. Suas premissas estão numa passagem do *Gênese* que relata o combate noturno entre Jacó e o Anjo. Sozinho na noite, o filho de Isaac, neto de Abraão, luta até o despontar da aurora com um misterioso adversário cujo sexo ele ignora e que ele não sabe ser a um só tempo Deus e o enviado de Deus (Elohim e o Anjo). Vendo que não conseguirá vencer o homem, o Anjo toca-o na articulação da coxa para deixá-lo manco. Ao raiar do dia, ao tentar escapar, Jacó lhe pede para abençoá-lo e aceita lhe revelar seu nome. E então o Anjo lhe diz: "Doravante já não te chamarás Jacó mas Israel, pois lutaste com Deus e com homens e venceste."[44]

Vencedor do adversário, mas ferido para o resto da vida, o terceiro patriarca encarna a ideia de que a maior vitória do homem é aquela que ele realiza sobre si mesmo, sobre sua arrogância, sobre sua vontade de poder, temática retomada por Freud. E será o nome daquele homem – Jacó vencido e vencedor – que em 1948 será dado ao Estado dos judeus sonhado por Herzl: Israel. Um Estado condenado ao combate perpétuo contra os homens e à luta infindável contra si mesmo.

---

[43] Esse preâmbulo foi comentado diversamente conforme os autores. Cf. Georges Bensoussan, *Une histoire*..., op.cit., p.201. Henry Laurens, *La question de Palestine*, t.1, op.cit., p.205-6.

[44] Gênese, 32.28. Em hebraico, o nome Israel está vinculado ao verbo "combater" e seu significado é: "Deus combaterá."

Se uma trama secreta une o Estado *dos* judeus à luta entre o Anjo e Jacó, uma outra trama, igualmente obscura, liga, no final do século XIX, os destinos de Joris-Karl Huysmans, Marcel Proust e Oscar Wilde. Marcados pelo decadentismo, esses três escritores têm em comum, com efeito, o fato de terem inventado três personagens que, cada qual à sua maneira, pertencem à longa história do povo dos perversos, em que se encontram misturadas as figurações cruzadas do abjeto e do sublime: os judeus, os sodomitas, os criminosos sexuais, os anormais, os marginais, os místicos, os loucos e os criadores rebeldes.

Identificado com seu retrato de esplendorosa beleza, Dorian Gray se entrega secretamente ao vício e ao crime levando ao mesmo tempo uma vida faustosa e conservando os traços de sua eterna juventude. Descamba para a abjeção depois de ler *Às avessas*, cujo herói, Jean Des Esseintes, se retirou do mundo após uma existência dissipada. Cercado de objetos preciosos e de flores raras, ele se metamorfoseou num perseguido voluntário totalmente dedicado a uma beatitude diabólica que o levou ao autoaniquilamento. Robert de Montesquiou, célebre dândi parisiense de que Des Esseintes era o duplo literário, servirá em seguida de modelo a Palamède de Guermantes, barão de Charlus, personagem-chave de *Em busca do tempo perdido*, por sua vez herdeiro do Vautrin de Balzac e principal encarnação da "raça maldita" dos sodomitas.[45] Afeminado, empoado, envergonhado de seu vício, Charlus despreza os fracos, tem um prazer maligno em destruir as amizades e deleita-se vingando-se daqueles que não o insultaram. Odeia os judeus, que ele acusa de destruírem a sociedade, o que não o impede de frequentar Charles Swann, ardoroso defensor do capitão Dreyfus, que tem alguns traços de caráter – o masoquismo, em particular – tomados de Herzl.

E, para que se entenda melhor até que ponto os "sodomistas" formam um povo universal capaz de se integrar a todos os outros e ao mesmo tempo se pensar como uma comunidade fundada numa diferença eletiva, ele os compara a outra "raça maldita", a dos judeus, eles mesmos assimilados pelos antissemitas a invertidos.[46] Assim como os judeus, os "sodomis-

---

[45] Joris-Karl Huysmans, *Às avessas* (1884), São Paulo, Companhia das Letras, 1987. Oscar Wilde, *O retrato de Dorian Gray* (1890), Porto Alegre, L&PM, 2001. Marcel Proust, *Sodoma e Gomorra. Em busca do tempo perdido*, vol.4, Rio de Janeiro, Globo, 2008.

[46] A temática do judeu simultaneamente homem e mulher e capaz de todas as inversões sexuais é um dos grandes componentes do discurso antissemita. Está presente em Drumont, em especial no retrato que faz de Marat como "mulher judia". Cf. Elisabeth Roudinesco,

tas" são, segundo Charlus, criaturas dúbias, vítimas de um eterno combate contra si mesmos. E assim como os sionistas, sonham em rebatizar sua cidade natal: Sodoma. Mas, assim que chegassem, profetiza Charlus pensando nos judeus, eles abandonariam a cidade para não parecer que a ela pertenciam, arrumariam mulher e manteriam amantes. Só iriam a Sodoma nos dias de suprema necessidade. Portanto, na Terra Prometida, tudo transcorreria como em Londres, Roma, Petrogrado ou Paris.

Desse decadentismo que o fascinava, porque parecia conter os estigmas de um ódio de si ontológico, Max Nordau, médico e jornalista vienense que se fixou em Paris em 1880 e foi correspondente, como Herzl, da *Neue Freie Press*, fornecerá uma visão infame e grotesca ao publicar uma obra efetivamente perversa, *Dégénérescence*,[47] que, assim como *La France juive*, será um dos maiores best-sellers dos anos 1890.

Aluno de Jean Martin Charcot, sob cuja orientação defendeu sua tese de medicina sobre a castração feminina, Nordau tinha uma extrema admiração não só pelo alienista Benedict-Augustin Morel, inventor do termo, mas também, e sobretudo, por Cesare Lombroso, grande mestre italiano da criminologia, socialista e judeu, que tinha se inspirado no darwinismo para construir sua concepção do "criminoso nato". Segundo ele, o crime era produto de uma disposição instintiva própria de certos sujeitos que, em vez de evoluir normalmente, regrediam para o estado animal. A partir dessa "constatação" sem fundamento científico, Lombroso estendera sua tese a todos os fenômenos humanos e sociais, convencido de que o "gênio criador" tinha a mesma natureza que o "gênio criminoso".

De fato, a chamada doutrina da hereditariedade-degenerescência tinha invadido todos os campos do saber naquela época. Pretendia submeter a análise dos fenômenos patológicos – loucura, crime, neurose, neurastenia – à observação de "estigmas" reveladores de "taras" sociais ou individuais cuja consequência era fazer a humanidade mergulhar na decrepitude, e a nação, na decadência. A partir desse eixo, desenhavam-se dois caminhos antagônicos: um desembocava no genocídio e na eugenia,[48] o outro, no hi-

"Anti-sémitisme et contre-révolution (1886-1944)", em colaboração com Henry Rousso, *L'Infini*, 27, 1989.

[47] Max Nordau, *Dégénérescence* (1892-93), Paris, Max Milo, 2006 (edição resumida). Nascido Simon Maximilien Südfeld, Nordau era de origem húngara, como Herzl.

[48] Foi nessa época que se desenvolveu na Alemanha a corrente favorável à higiene racial, que abordei no Cap.2.

gienismo e na reparação. De um lado, a seleção e a erradicação destinadas a preservar a "boa raça", de outro, a redenção baseada na regeneração das almas e dos corpos.

A tese da degenerescência impregnou tão fortemente os judeus europeus que eles já não se contentavam em mudar de nome para escapar de sua origem. Convencidos de que carregavam os estigmas de sua "raça", os mais assimilados começaram a recorrer à cirurgia plástica, em plena expansão depois da Primeira Guerra Mundial, para modificar certos traços de seu rosto: nariz e orelhas, sobretudo.

Adepto dessa doutrina, Nordau fustigava ao longo de toda a sua obra os dois flagelos *fin de siècle* tidos como responsáveis, segundo ele, pela degradação da cultura europeia: o egoísmo e a idiotia. E atacava todos os escritores de seu tempo – Zola, Ibsen, Huysmans, Wilde, Nietzsche e Mallarmé –, acusados de produzirem obras doentias, de corromper o espírito dos leitores e os arrastar para a ladeira funesta de um crepúsculo dos povos. Chegava até a estigmatizar seus traços físicos, considerados repugnantes nos mesmos termos do discurso antissemita. Enfim, fustigava os homossexuais imaginando as catástrofes vindouras no caso de, um dia, eles obterem o direito ao casamento legal.[49] Suas posições lhe valeram uma crítica cortês, mas firme de Lombroso, que declarou não ter de forma alguma procurado desqualificar as obras dos gênios literários modernos. Muito pelo contrário, lembrou, tinha feito o elogio deles...

Quando encontrou Herzl em 1896, Nordau se engajou com fervor no sionismo político. Passando da condenação da degenerescência ao culto da regeneração, convenceu-se de que o antissemitismo era uma bênção para os judeus europeus, esquecendo que tinha afirmado que as pequenas nações jamais poderiam sobreviver ante a concorrência das grandes, organizadas em impérios.

Graças a Drumont, tornava-se possível, segundo Nordau, fabricar um judeu novo, livre dos ouropéis de uma judeidade de diáspora, um judeu "masculino" e já não "afeminado", um judeu dotado das qualidades do ariano, capaz de cultivar os campos, viver ao ar livre e praticar esportes: "Sem Drumont", declarou à *La Libre Parole*, em 1897, "eu jamais teria

[49] Nordau foi, sem dúvida, o primeiro a imaginar essa mudança, que os mais progressistas sequer cogitavam.

me sentido judeu. Não frequento a Bolsa e, desde meus 14 anos, não ponho os pés numa sinagoga … . Mas os livros de Drumont operaram em mim por sugestão. Graças a ele, eu me reencontrei … . O que há … no fundo das doutrinas de Drumont? Uma ideia nacionalista. O antissemitismo francês gostaria de renacionalizar a França, o sionismo gostaria de renacionalizar Israel. Cada qual em sua esfera, perseguimos o mesmo fim. Devemos nos dar as mãos."[50]

Apesar do sucesso, o livro de Nordau não tardou a cair no esquecimento, embora tivesse sido muito bem-acolhido por Charles Maurras: "O senhor disse as palavras exatas sobre a situação atual de nossa Europa. Não há outra, é *Degenerescência*. Ela se aplica mais ou menos a tudo … . Sim, todos degenerados: os parnasianos e os simbolistas, os decadentes e os egoístas, os místicos pré-rafaelistas e os místicos tolstoianos, os ibsenistas, os wagnermaníacos … . Toda essa alta-roda é, na verdade, uma roda de verbalistas e de degenerados. Estão destinados a perecer e já estão mortos."[51]

No entanto, seria errôneo ver na prosa de Nordau a prefiguração da noção de "arte degenerada" desenvolvida pelos nazistas em 1937. Próximo das teses hereditaristas da psicopatologia do fim do século XIX, Nordau pregava a regeneração e não a erradicação. Nesse sentido, reatava com o espírito iluminista que tanto rejeitara. Acontece que essa prosa se tornou realmente ilegível e devemos a Freud ter reduzido a pó a doutrina da degenerescência, que, no entanto, era compartilhada por todos os psicólogos de sua época.

Aliado e amigo de Herzl, Nordau desempenhou papel central na construção do ideal sionista do novo judeu. E embora tivesse se oposto aos defensores de um sionismo mais global, foi dele a ideia de que o povo judeu devia sua "imortalidade" à perenidade de um "segredo" transmitido de geração em geração: o orgulho judeu. Sua visão organicista da evolução das sociedades não o impediu, portanto, de aderir ao imaginário próprio ao sionismo, segundo o qual a história mítica derivada da alta autoridade bíblica deveria ser posta a serviço de uma política nacionalista. Com a ela-

[50] Relatado por Gaston Méry, "Au jour le jour. Chez le docteur Max Nordau", *La Libre Parole*, 17 set 1997, citado por Ernst Pawel, *Herzl*, op.cit., p.319.
[51] Citado por Victor Nguyen, *Aux origines de l'Action française. Intelligence et politique à l'aube du XXe siècle*, Paris, Fayard, 1991, p.570.

boração de uma nova noção de povo judeu, tratava-se, tanto para Herzl como para Nordau, de historicizar o que não era senão uma grande fantasia das origens para, assim, fazer os judeus entrarem na política.

Então, uma vez localizada sua terra, só faltava ao povo-Uno unir-se mais uma vez impondo aos "judeus novos" uma nova língua. Isso foi obra de Eliezer Ben Yehuda, judeu lituano (nascido Perlman) que transformou o hebraico, língua morta da Torá, numa *língua franca*, o hebraico falado, adotado em 1907 como língua oficial do movimento sionista. Junto com o árabe e o inglês, ele se tornaria, sob o mandato britânico, uma das três línguas oficiais do país.

Assim, a cada *aliá*, os imigrantes se habituaram a modificar seus patronímicos. A hebraização dos nomes tornou-se para eles um modo de romper com sua judeidade de origem, fonte de humilhação, e de finalmente sentirem orgulho de ser judeus, física e intelectualmente. Assim se instaurou uma cisão entre duas modalidades de ser judeu: os sionistas de um lado, em rebelião contra a "alma diaspórica", os judeus da diáspora, de outro, hostis ao nacionalismo, uns e outros também sonhando, conforme a época, passar de um estado para o outro.

Os herdeiros dos dois pais fundadores não cessaram de se atacar mutuamente, mas a ideia de regeneração tinha conquistado seu espaço e o sionismo criado por Herzl e Nordau desenvolveu-se, então, em múltiplas correntes opostas que demonstravam tanto sua vivacidade quanto suas contradições: liberais, marxistas, espiritualistas, social-democratas, religiosas, revisionistas (ultradireita) e até não sionistas ou antissionistas.

Cidadão do Império Austro-Húngaro residente em Paris, Nordau se tornou, em 1914, membro de um país inimigo. Por isso, foi obrigado a abandonar a França refugiando-se primeiro na Espanha e depois na Grã-Bretanha. Assistiu, assim como Zweig e Freud, ao desmantelamento dos Impérios centrais e ao fim daquele mundo europeu com cujo término tinha sonhado tão apaixonadamente sem nem sequer se dar conta de que ele mesmo já tinha se afastado dele. Não entendeu a evolução política da nova geração de militantes para os quais o sionismo se tornava igualmente um assunto intelectual, cultural e espiritual.

Antes do final da Primeira Guerra Mundial, o mundo árabe, exaltado pelos ímpetos guerreiros do inesquecível Thomas Edward Lawrence,[52] utopista europeu alistado como coronel no exército inglês, esperava que as potências vitoriosas incentivassem o desenvolvimento de um nacionalismo que poderia tê-los conduzido à independência. Mas, em virtude dos acordos secretos assinados em maio de 1916 por Mark Sykes e François Georges-Picot, a França e a Grã-Bretanha deram início, com a participação da Rússia, a uma política de desmanche colonial do império otomano, denunciada pelo novo poder bolchevique no dia que se seguiu à Revolução de Outubro.

Os britânicos almejavam a Palestina, o mar Vermelho e o golfo Pérsico, e os franceses, o Líbano e a Síria. Desejoso de perenizar o monopólio britânico na região, Lloyd George adotou a tese, cara ao presidente Wilson, do direito dos povos à autodeterminação, esperando dessa forma apressar a entrada na guerra dos Estados Unidos. Por isso apoiou o nacionalismo árabe sem deixar de privilegiar a expansão do sionismo. Já a França, apegada à salvaguarda dos lugares santos e à proteção dos cristãos do Oriente, foi obrigada a se submeter à hegemonia inglesa ao mesmo tempo em que apoiava mais os nacionalistas árabes que lhe eram hostis do que os sionistas.

Foi nesse contexto que, em 2 de novembro de 1917, Sir Arthur Balfour, ministro britânico dos Assuntos Estrangeiros, escreveu uma carta ao barão de Rothschild com a concordância de Haim Weizmann,[53] na qual anunciava a criação de um Lar Nacional judeu na Palestina, prelúdio à instauração futura de um Estado. Assim, o povo inglês dava a um povo sem terra a terra de um terceiro, naquela época povoada de camponeses árabes explorados por funcionários turcos.[54]

O mandato britânico foi oficializado pela Sociedade das Nações (SDN) em abril de 1922. Nem os árabes nem os colonos judeus da Palestina ficaram satisfeitos com esse novo recorte territorial que, na verdade, os dividia. Apesar dos encontros entre Faisal, Lawrence e Weizmann, que visavam unir sionismo e "arabidade" e encontrar uma solução para o esta-

---

[52] "O senhor, evidentemente, está a par das diferenças fundamentais entre os judeus da Palestina e os colonos judeus: para Faisal, o que conta é que os primeiros falam árabe e os últimos, iídiche." Carta de T.E. Lawrence a Mark Sykes, 7 set 1917. Citado por Henry Laurens, *La question...*, op.cit, p.369.

[53] Haim Weizmann (1874-1952): judeu russo-polonês, químico renomado, presidente da Organização Sionista até 1846 e principal artífice da aliança do sionismo com a política britânica.

[54] Segundo a formulação de Arthur Koestler: "E eis que uma nação promete a outra a terra de uma terceira nação", citado por Georges Bensoussan, *Histoire intellectuelle...*, op.cit., p.940.

tuto dos lugares santos,[55] e a despeito do apelo pungente à unidade lançado por Elie Eberlin, discípulo de Bernard Lazare, os dois povos viram-se face a face, sob a férula das potências europeias: só lhes restava aprenderem a conviver ou destruírem-se mutuamente, de dentro ou de fora.

Gershom Scholem[56] julgou severamente a aceitação desse estado de fato pelo sionismo: "O sionismo determinou sua posição, livremente ou obrigado. Na verdade, livremente, alinhando-se do lado das potências em declínio e não do lado das forças em ascensão ... . Será que um movimento de renascimento nacional pode se contentar em se abrigar assim à sombra dos vencedores da guerra? ... Ou o sionismo será varrido pelo imperialismo ou será consumido pela chama dessa revolução vinda do Oriente." Também foi essa a posição de Martin Buber e de Hannah Arendt.[57]

Enquanto durou o mandato dos britânicos, eles não pararam de orientar sua política em favor do nacionalismo árabe, ao passo que, em sucessivas ondas de imigração, os judeus, vítimas do antissemitismo europeu, encontravam refúgio na nova pátria inventada por Herzl.[58] A partir de 1927, a tradução árabe dos *Protocolos dos sábios de Sião* causou estragos entre as fileiras dos antissionistas do Oriente Médio, que foram progressivamente adotando as teses provenientes do antissemitismo europeu, tanto mais que os próprios sionistas nunca tinham deixado de desacreditar os judeus da diáspora, tratando-os de vis "cosmopolitas" apegados ao "poder do dinheiro".

Em 1939, a imigração judaica na Palestina foi oficialmente suspensa.[59] Nem por isso deixou de continuar, de forma clandestina, durante a Se-

[55] O relato detalhado pode ser encontrado em Henry Laurens, *La question de Palestine*, t.I, op.cit., p.473-7.

[56] (Gerhard) Gershom Scholem (1897-1982): nascido em Berlim, se estabeleceu na Palestina em 1923, como professor da Universidade Hebraica de Jerusalém, membro do Berit Shalom (1925), associação pela paz e pelo desenvolvimento das relações entre judeus e árabes. Foi sempre favorável à criação de um Estado único binacional.

[57] Gérard Bensoussan, *Une histoire...*, op.cit., p.511.

[58] A população judaica passou de 83 mil, no fim de 1918, a 164 mil, em 1930, depois para 463 mil em 1940 e, finalmente, para 650 mil após a votação pela criação do Estado de Israel. Durante esse período, a população árabe dobrou de tamanho, passando de 660 mil para 1 milhão e 200 mil. Para o relato desses fatos, cf. Henry Laurens, *La question de Palestine*, op.cit. E Gérard Bensoussan, *Une histoire...*, op.cit.

[59] Começa então, a partir de 1940, a *aliá beth* (ou imigração clandestina), organizada por David Ben Gurion (1886-1973): radicado na Palestina em 1906, fundador do Partido Trabalhista e primeiro primeiro-ministro de Israel entre 1948 e 1953, e depois entre 1955 e 1963, Ben Gurion é, sem dúvida nenhuma, o maior estadista da história de Israel. Cf. a esse respeito Alain Dieckhoff (org.), *L'État d'Israël*, Paris, Fayard, 2008.

gunda Guerra Mundial. Foi nessa época que os sionistas começaram a tomar o nazismo como significante de referência, não só para se oporem uns aos outros, como também para estigmatizar o inimigo árabe, mobilizando assim o antissemitismo como mola propulsora de seus conflitos internos e externos, tal como Nordau e Herzl tinham se apoiado em Drumont para reivindicar seu orgulho judeu.

Foi então que ocorreu na Europa a "catástrofe", a grande passagem assassina ao ato, descrita pela primeira vez no calor da hora, em 19 de janeiro de 1942, pelo rabino de Grabow: "Os judeus são mortos de duas maneiras, fuzilados e pelo gás. De uns dias para cá estão levando milhares de judeus de Lodz e fazendo o mesmo com eles. Não pensem que tudo isto está sendo escrito por um homem que enlouqueceu. Infelizmente não! É a trágica, a horrível verdade. 'Horror, horror, homem, despe-te, cobre a cabeça com cinzas, corre pelas ruas e dança'."[60]

[60] Georges Bensoussan, *Genocide pour mémoire*, Paris, Éditions du Félin 1989, p.13. Foi em 7 de dezembro de 1941 que 900 judeus da cidade de Kolo, na Polônia, tiveram "o privilégio de serem os primeiros mortos por gás da Solução Final". Claude Lanzmann, "Notes ante et anti-éliminationnistes", *Les Temps Modernes*, 592, fev-mar 1997, p.14.

4 Judeu universal, judeu de território

Em agosto de 1929, ocorreram tumultos em Hebron durante os quais árabes massacraram uma das mais antigas comunidades judaicas do Ishuv. Diante das reivindicações nacionalistas daquele povo desapossado de sua terra, os dirigentes dos movimentos sionistas se dividiram quanto à conduta a adotar. Uns, como Vladimir Zeev Jabotinsky[1] – apelidado de "Vladimir Hitler" por Ben Gurion –, consideravam que os árabes estavam marcados por um determinismo biológico que sempre os impediria de aceitar a presença dos judeus e que, portanto, era preciso construir um "muro de aço" militar entre as duas comunidades, ao passo que outros – militantes da esquerda socialista – preconizavam, ao contrário, criar um Conselho Legislativo palestino composto, paritariamente, por judeus e árabes. Isso significava "reconhecer que os árabes tinham um direito igual sobre a Palestina", escreve Georges Bensoussan, "enorme concessão aos olhos dos dirigentes judeus unanimemente convencidos de que o direito histórico dos judeus não era comparável ao direito de residência dos árabes".[2]

Nem as insurreições, nem as matanças, nem as violências que não paravam de se intensificar permitiam resolver, em particular, o terrível problema do acesso aos lugares santos, sempre proibidos aos imigrantes. E, embora a imprensa hebraica atacasse duramente os judeus ortodoxos de Hebron, a quem acusava de terem se deixado trucidar sem resistir, alguns sionistas de direita, sobretudo o célebre Abraão Schwadron, arquivista e colecionador de autógrafos, pedia o respeito às vítimas sem, no entanto, propor qualquer solução para a tragédia palestina: "Os santos de Hebron", escreveu, "que não tentaram se defender e não procuraram matar um só de seus atacantes, morreram de uma morte absolutamente imoral."[3]

[1] Zeev Jabotinsky (1880-1940): nascido em Odessa, fundador em 1923 do movimento sionista revisionista, situado à direita e hostil aos socialistas. Contra o poder árabe, ele preconizava a criação de uma "muralha de aço", ou seja, uma força militar de tipo fascista.
[2] Georges Bensoussan, *Une histoire...*, op.cit., p.627-9.
[3] Citado in ibid., p.715.

Foi nesse contexto que Chaim Koffler, membro vienense do Keren Hayesod,[4] dirigiu-se a Freud para lhe pedir, assim como a outros intelectuais da diáspora, uma declaração de apoio à causa sionista na Palestina e ao princípio do acesso dos judeus ao Muro das Lamentações. Desde 1925, graças à intervenção de Haim Weizmann, que desejava implantar o ensino oficial da psicanálise em Israel, Freud tinha se tornado membro do conselho administrativo da Universidade de Jerusalém, assim como, aliás, seu discípulo inglês David Eder.[5] Isso não o impediu de declinar da proposta de Koffler: "Não posso fazer o que o senhor deseja. Minha reticência em interessar o público por minha personalidade é insuperável e as circunstâncias críticas atuais não me parecem de forma alguma incitar a isso. Quem quiser influenciar o maior número deve ter alguma coisa de retumbante e entusiasta a lhe dizer, e isto, minha opinião reservada sobre o sionismo não permite. Tenho seguramente os melhores sentimentos de simpatia por esforços livremente consentidos, estou orgulhoso de nossa universidade em Jerusalém e me regozijo com a prosperidade dos estabelecimentos de nossos colonos. Porém, por outro lado, não creio que a Palestina venha um dia se tornar um Estado judeu nem que o mundo cristão, assim como o mundo islâmico, possa um dia estar disposto a confiar seus lugares sagrados à guarda dos judeus. Parece-me que teria sido mais ponderado fundar uma pátria judaica sobre um solo historicamente não carregado; naturalmente, sei que, por um desígnio tão racional, nunca seria possível suscitar a exaltação das massas nem a partilha dos riscos. Aceito igualmente com lástima que o fanatismo pouco realista de nossos compatriotas tenha sua parcela de responsabilidade no despertar da desconfiança dos árabes. Não consigo sentir a menor simpatia por uma devoção mal-interpretada, que faz de um pedaço do muro de Herodes uma relíquia nacional e, em nome dela, desafia os sentimentos dos habitantes da região. Julgue por si mesmo se, com ponto de vista tão crítico, sou a pessoa ade-

---

[4] Keren Hayesod: organismo fundado em 1920 para promover o estabelecimento dos imigrantes na Palestina.

[5] A esse respeito, ver Guido Ariel Liebermann, *Histoire de la psychanalyse en Palestine et en Israël*, tese de doutorado orientada por Elisabeth Roudinesco, UFR-GHSS, Universidade de Paris-VII Denis-Diderot, 2006. David Montague Eder (1866-1936): psiquiatra e psicanalista, fundador, junto com Ernest Jones, do movimento psicanalítico inglês, primo de Israel Zangwill, militante sionista e socialista.

quada para desempenhar o papel de consolador de um povo abalado por uma esperança injustificada."[6]

Evidentemente, a missiva do fundador da psicanálise desagradou aos membros do Keren Hayesod, já que, numa outra carta endereçada a Abraão Schwadron, Koffler tinha ressaltado: "A carta de Freud, apesar de sua autenticidade e de seu tom caloroso, não nos é favorável. E como aqui na Palestina não existem segredos, é provável que ela saia da coleção de autógrafos da Biblioteca da Universidade e venha a público. Se não posso ser útil ao Keren Hayesod, gostaria pelo menos de não prejudicar sua causa. Se desejar ler esse manuscrito a título pessoal, para o devolver em seguida, posso mandá-lo pelo doutor Manka Spiegel, que deve fazer uma viagem de turismo à Palestina."

Schwadron respondeu a Koffler em hebraico, na forma de um *post-scriptum* à carta dele: "É verdade que na Palestina não existem segredos, mas como não sou naturalizado, minha coleção não recebe subsídios e não é consultada pelo público ... . Nem mostrada nem entregue a qualquer um, ou seja, para ser mais preciso, a um não sionista, isso é responsabilidade minha: eu lhe 'ordeno, como os mensageiros celestes (Daniel, 2/14), que se apresse'. Eu lhe prometo, em nome da Biblioteca, que 'nenhum olho humano a verá (Jó, 7/8)'."[7]

A promessa de que nenhum olho humano veria aquela missiva, considerada desfavorável à causa sionista, foi respeitada por cerca de 60 anos. Mas, como a melhor maneira de esconder um arquivo ainda é destruí-lo, a carta, até pelo mistério que pairava sobre sua localização e sua existência, suscitou múltiplos rumores. Aliás, ela nada mais continha senão um segredo de polichinelo, porque Freud teve várias oportunidades para se manifestar sobre esse assunto. Assim sendo, naquele mesmo dia (26 de fevereiro de 1930), ele escreveu a Albert Einstein outra carta, que retomava ponto por ponto a mesma argumentação: aversão à religião, ceticismo em relação à criação de um Estado judeu na Palestina, solidariedade para com

[6] O manuscrito original da carta de Freud, datada de 26 de fevereiro de 1930, e a cópia datilografada por um desconhecido encontram-se na Universidade Hebraica de Jerusalém, na coleção Abraão Schwadron. Agradeço a Guido Liebermann, que me transmitiu o arquivo, assim como a Michael Molnar, do Freud Museum de Londres, a Patrick Mahony e a Henri Rey-Flaud por seus conselhos sensatos. Na sua tradução, Jacques Le Rider escolheu "mal-interpretada", mas também se poderia dizer "desvirtuada".

[7] Essa carta de 2 de abril de 1930 faz parte da coleção Schwadron.

seus "irmãos" sionistas – que ele às vezes chamava de "irmãos de raça" – e, finalmente, empatia pelo sionismo, cujo ideal, contudo, ele jamais compartilharia devido às suas "extravagâncias sagradas": "Quem quer influenciar uma multidão deve ter algo estrondoso, entusiástico a dizer, e meu juízo ponderado e matizado sobre o sionismo não vai nesse sentido."

Freud se declarava orgulhoso de "nossa" universidade e de "nossos" kibutzim, mas não acreditava na criação de um Estado judeu porque, reiterava, muçulmanos e cristãos nunca aceitariam confiar seus santuários a judeus. Deplorava também o "fanatismo irrealista de seus irmãos judeus", que contribuía para "despertar a desconfiança dos árabes".[8]

Por outro lado, para deixar bem claro que continuava solidário dos empreendimentos sionistas – e mais ainda depois da tomada do poder pelos nazistas –, Freud não hesitou, por ocasião do décimo quinto aniversário da criação do Keren Hayesod, em enviar a Leib Jaffé uma missiva elogiosa: "Quero lhe garantir que sei perfeitamente bem até que ponto sua fundação é um instrumento eficaz, poderoso e benéfico para o estabelecimento de nosso povo na terra de seus antepassados … . Vejo nisso um sinal de nossa invencível vontade de viver, que até hoje enfrentou dois mil anos de opressão sufocante."[9] Em 1934, ficara contente que o sionismo não servisse para ressuscitar a antiga religião e manifestara certo entusiasmo pela criação de um Estado laico.

Em suma, Freud preferia sua posição de judeu de diáspora, universalista e ateu, à de guia espiritual ligado a uma nova terra prometida: "Agradeço sua acolhida na Inglaterra, mas gostaria de lhe pedir para não me tratar 'de guia de Israel'. Gostaria de ser considerado somente um modesto homem de ciência e de nenhuma outra maneira. Embora eu seja um bom judeu que nunca renegou o judaísmo, não posso, contudo, esquecer minha atitude totalmente negativa em relação a todas as religiões, incluindo o judaísmo, o que me diferencia de meus colegas judeus e me torna inapto para o papel que gostariam de me atribuir."[10]

---

[8] Carta de Sigmund Freud a Albert Einstein de 26 de fevereiro de 1930, citada por Peter Gay, *Freud. Une vie*, Paris, Hachette, 1991, p.688 [ed. bras.: *Freud, uma vida*, São Paulo, Companhia das Letras, 1989].

[9] Carta de Sigmund Freud a Leib Jaffé, de 20 de junho de 1935, citada por Peter Gay, *Freud, un Juif sans dieu*, Paris, PUF, 1989, p.118-9 [ed. bras.: *Um judeu sem deus*, Rio de Janeiro, Imago, 1992].

[10] Citada por Jacquy Chemouny, *Freud et le sionisme*, Paris, Solin, 1988, p.127 e 266. Sobre a judeidade de Freud, é vasta a literatura. Cf., sobretudo, David Bakkan, *Freud et la tradi-*

Freud não ignorava o grande movimento de regeneração dos judeus inaugurado pelos pais fundadores. Conhecia os homens e as ideias ligados àquele movimento. Mas, embora jamais tivesse renegado sua judeidade, não achava que o retorno à terra dos antepassados pudesse trazer alguma solução para a questão do antissemitismo europeu. Quanto a isso, teve a intuição magistral de que a questão da soberania sobre os lugares santos estaria um dia no centro de uma querela quase insolúvel, não só entre os três monoteísmos, mas entre os dois povos irmãos que residiam na Palestina.[11] Temia, com razão, que uma colonização abusiva acabasse opondo, em torno de um pedaço de muro idolatrado, árabes antissemitas a judeus racistas.

Não encontramos em Freud nenhum traço das grandes imprecações que pontuam os discursos de Nordau sobre o futuro do "novo judeu". Freud não via os judeus europeus como seres patológicos, abastardados por séculos de opressão. Como nunca aderiu nem à teoria da degenerescência, nem à psicologia dos povos, não julgava que a simples ancoragem a uma terra fosse capaz de dotar os judeus de um corpo biológico renovado ou de um psiquismo depurado de todas as supostas "taras" resultantes de sua degradação.

Em 1909, quando o infeliz Hans Herzl o visitou para lhe pedir conselhos sobre seu futuro, ele o estimulou a se emancipar do modelo paterno: "Seu pai é um desses homens que transformam os sonhos em realidade", disse-lhe ele. "Pessoas desse tipo são raras e perigosas. Diria, simplesmente, que elas fazem o oposto do que faço na minha obra científica, que consiste em livrar os sonhos de seu mistério, em torná-los claros e banais. Eles, ao contrário, fazem o inverso, comandam o mundo enquanto ficam do outro lado do espelho psíquico."[12]

Considerando o sionismo uma perigosa utopia, mas também uma patologia, ou seja, uma modalidade de compensação dos sentimentos nacionais frustrados pelo antissemitismo, Freud também tinha horror, o que é lógico, a todas as formas de ódio de si judaico, chegando a considerar a obra de Theodor Lessing uma abjeção. Sabia, no entanto, que o fenômeno

---

tion mystique juive (1958), Paris, Payot, 1977. Marthe Robert, *D'Œdipe à Moïse*, Paris, Calmann-Lévy, 1974. Peter Gay, *Un Juif sans dieu*, op.cit.

[11] Sobre a impossível resolução da questão dos lugares santos, cf. Charles Enderlin, *Le rêve brisé*, Paris, Fayard, 2003.

[12] Anedota relatada por Jacob Weinshal, *Hans Herlz*, Tel-Aviv, 1945. Citada por Jacques Le Rider, *Modernité viennoise*, op.cit., p.309.

existia e considerava-o uma doença tipicamente judaica, sobretudo entre os vienenses. Via, ademais, no complexo de castração a raiz inconsciente não só do antissemitismo, como do ódio de si judaico e do ódio das mulheres: "Pois desde o quarto de criança, o menino ouve dizer que cortam uma coisinha do pênis do judeu – um pedaço de pênis, pensa ele –, e isso lhe dá o direito de desprezar o judeu. Também a arrogância em relação à mulher não tem outra raiz inconsciente mais forte."[13]

Por isso, à vontade na sua identidade e não se sentindo humilhado como seu pai se sentira, e tendo prometido a si mesmo, na infância, vingá-lo identificando-se com Aníbal, o semita, Freud recomendava a todos os seus conhecidos não se converterem jamais e aceitarem ser, ao mesmo tempo, judeus e outra coisa. Pois, a seu ver, tanto a recusa quanto a crença numa possível metamorfose identitária eram a pior das soluções para a questão judaica, a qual, aliás, não precisava de "solução" nenhuma. Em suma, longe de ir buscar no antissemitismo a energia necessária para aceitar seu veredicto e renunciar à emancipação inerente à diáspora, em nome de um "orgulho judaico" – como faziam Herzl e Nordau inspirando-se em Drumont –, Freud não reivindicava sua identidade judaica senão quando tinha de enfrentar o preconceito antissemita e nunca para fugir para uma terra ancestral: "Minha língua é o alemão", dizia em 1926. "Minha cultura, meus vínculos são alemães. Considerei-me intelectualmente um alemão antes de notar o aumento dos preconceitos antissemitas na Alemanha e na Áustria alemã. Desde então, já não me considero um alemão. Prefiro me dizer judeu."[14]

E, ao mesmo tempo, considerando a judeidade um estado trans-histórico – uma espécie de "próprio do judeu" –, via nela uma fonte de resistência a todos os fenômenos de massificação: "Era somente à minha natureza de judeu que eu devia as duas qualidades que se haviam tornado indispensáveis para mim na minha difícil existência. Porque era judeu, me vi livre de muitos preconceitos que limitam nos outros o uso de sua inteligência.

[13] Sigmund Freud, "Analyse de la phobie d'un garçon de cinq ans" (1909), *OCF*, vol.X, Paris, PUF, 1998, p.31["Análise de uma fobia em um menino de cinco anos", *ESB*, vol.X, Rio de Janeiro, Imago]. E Jacques Le Rider, *Le cas Otto Weininger. Racines de l'antiféminisme et de l'antisémitisme*, Paris, PUF, 1982.

[14] Sigmund Freud, entrevista com Georges Sylvester Viereck, *Glimpses of the Great*, Londres, 1930. Citado por Ernest Jones, *A vida e a obra de Sigmund Freud*, vol.III, Rio de Janeiro, Imago, 1989.

Como judeu, estava disposto a passar para a oposição e a renunciar a me entender com a maioria compacta."[15]

Assim, Freud compartilhava com Hannah Arendt a ideia de que os judeus tinham a capacidade de transformar sua situação de perseguidos numa posição de "párias conscientes", que lhes permitia não se submeter na adversidade – e, portanto, beneficiar toda a humanidade com a força de caráter de uma singularidade rebelde. Ele reiterou essa afirmação em 1930 no prefácio à edição hebraica de *Totem e tabu*: "Nenhum dos leitores deste livro pode se colocar facilmente no lugar do autor e sentir o que ele sente, ele que não entende a língua sagrada, que está totalmente desvinculado da religião de seus pais – assim como de qualquer outra religião –, que não pode compartilhar dos ideais nacionalistas e que, no entanto, nunca renegou o pertencimento a seu povo – e que não gostaria de mudar."[16] E acrescentou estar convencido de que esse livro sobre a origem das religiões seria acolhido favoravelmente num país que tinha sabido estimular o espírito do judaísmo moderno e tornar viva a língua sagrada.

Estava enganado. Apesar do apoio de Weizmann, foi-lhe impossível criar um ensino de psicanálise na Universidade de Jerusalém com a eleição de Moche Wulf,[17] que tinha fixado residência na Palestina na mesma época que Max Eitingon. Pior ainda, por iniciativa de Judah Magnes,[18] inimigo ferrenho da doutrina freudiana e partidário da psicologia experimental herdada do modelo americano, ela não obteve nenhum reconhecimento oficial na mesma época em que os psicanalistas judeus da Europa eram perseguidos pelos nazistas e obrigados a imigrar. Em seguida, os melhores pensadores daquele país – Gershom Scholem e Martin Buber sobretudo – negligenciaram a obra freudiana e foi preciso esperar o ano de 1977 para que, por iniciativa de Anna Freud, fosse criada uma

---

[15] Sigmund Freud, "Carta de 6 de maio de 1926", *Correspondence 1873-1939*, Paris, Gallimard, 1967. E *Moisés e o monoteísmo*.

[16] Sigmund Freud, *Totem et tabou* (1912-13), Paris, Gallimard, 1993, p.67 [ed. bras.: *Totem e tabu*, *ESB*, vol.XIII, Rio de Janeiro, Imago].

[17] Moshe Wulf (1878-1971): psiquiatra e psicanalista judeu nascido em Odessa, fundador com Max Eitingon (1881-1943) da primeira sociedade psicanalítica do futuro Estado de Israel. Depois da morte de Eitingon, ele formou a primeira geração de psicanalistas israelenses, que, em seguida, o afastou da sociedade por ele criada.

[18] Judah Leib Magnes (1877-1948): rabino reformista oriundo da comunidade judaica de São Francisco, radicado na Palestina em 1922; presidente da Universidade Hebraica de Jerusalém durante 24 anos. Cf. Guido Liebermann, op.cit.

cátedra de psicanálise que iria incentivar essencialmente os trabalhos clínicos de inspiração anglófona em detrimento de pesquisas eruditas sobre o corpus freudiano.[19]

A terra prometida em que Freud aposta não conhece nem fronteira, nem pátria. Não está rodeada por nenhum muro e não precisa de nenhuma cerca de arame farpado para afirmar sua soberania. Inerente ao próprio homem, inerente à sua consciência, é feita de palavras, fantasias e cenas trágicas: Édipo em Tebas, Hamlet diante das muralhas de Elsinor.

Herdeiro de um romantismo que se tornou científico, Freud tomava seus conceitos emprestados da civilização greco-latina e da *Kultur* alemã. Quanto ao território que ele pretendia explorar, situava-o num alhures impossível de delimitar: o de um sujeito despojado de seu domínio do universo, desligado de suas origens divinas, imerso no mal-estar de seu ego.

Entende-se, então, por que durante a vida toda Freud cuidou para que a psicanálise não fosse assimilada a uma "ciência judaica", ou seja, nas palavras dele, a uma categoria pertencente ao âmbito da psicologia dos particularismos. Definia-a como uma teoria científica e universal do inconsciente e do desejo. Freud não queria que sua doutrina ficasse encerrada num gueto, ainda que regenerado, prometido pelo sionismo. Ele, o judeu infiel, queria unir num mesmo povo, dentro da psicanálise, os judeus e os não judeus, "o óleo e a água". E para demonstrar que ela não tinha nada a ver com um *genius loci*, estava disposto a tudo, especialmente a entregar a Carl Gustav Jung, ou seja, a um não judeu que ele sabia ser antissemita, a direção da International Psychoanalytical Association (IPA), que ele fundara em 1910: "Sua adesão é de grande valor. Poderia quase dizer que foi a sua entrada em cena que livrou a psicanálise do perigo de se tornar um assunto nacional judaico."[20] E ainda, em dezembro de 1908: "Nossos camaradas arianos são indispensáveis para nós, sem eles a psicanálise seria vítima do antissemitismo."[21]

O mais espantoso, contudo, foi que em 1913, quando Jung saiu do movimento para criar a sua própria corrente, Freud, furioso e magoado,

---

[19] É ao filósofo Yirmiyahu Yovel que devemos uma das raras contribuições israelenses sobre a questão do Iluminismo sombrio em Freud. Cf. *Spinoza et autres hérétiques*, Paris, Seuil, col. Libre Examen, 1991.

[20] Sigmund Freud e Karl Abraham, *Correspondence complète, 1907-1925*, Paris, Gallimard, 2006, p.71.

[21] Ibid., p.110.

mudou completamente de direção sem nem sequer se dar conta de sua renegação. Com efeito, durante algum tempo, tomado por uma espécie de crise de rejudaização imaginária de sua doutrina, declarou que somente bons judeus, isto é, os discípulos do primeiro círculo vindos da Mitteleuropa, seriam capazes de, no futuro, levar a bom termo a política de seu movimento. Finalmente, porém, foi a Ernest Jones, único não judeu do Comitê secreto, que confiou a pesada tarefa de dirigir a IPA.

Em 1917, já furiosamente anglófilo e não menos furiosamente antijunguiano, declarou-se favorável à criação, sob mandato britânico, de um Lar Nacional na Palestina: "Para dizer a verdade, minha única alegria nesse momento é a tomada de Jerusalém e a experiência que os ingleses estão tentando fazer com o povo eleito."[22] Deve-se dizer que Lord Balfour via Freud como um dos maiores pensadores dos tempos modernos.

Enfim, numa carta de fevereiro de 1926, afirmou a Enrico Morselli que não ficaria envergonhado se vissem na psicanálise um "produto direto" de um "espírito judeu": "Não sei se o senhor tem razão quando vê na psicanálise um produto direto do espírito judeu, mas, se for esse o caso, isso não me causaria nenhuma vergonha. Embora eu seja há muito tempo alheio à religião de meus antepassados, nunca perdi o sentimento de pertencimento e de solidariedade com meu povo e é com satisfação que vejo que o senhor se define como aluno de um de meus companheiros de raça, o grande Lombroso."[23]

Como todos os seus contemporâneos, era comum Freud falar de "raça judaica", de "semitismo", de "pertencimento racial" ou então de "diferenças" entre os judeus e os "arianos", designando com frequência os não judeus como "arianos", o que, diga-se de passagem, mostra até que ponto os delírios filológicos do século XIX tinham sido levados a sério. E quando estava exasperado com seus primeiros discípulos da Wiener Psychoanalytische Vereinung (WPV), tratava-os de "judeus" incapazes de conseguir amigos para a nova doutrina.[24]

Contudo, o recurso a essas expressões nunca o levou a promover uma psicologia da diferença. Numa carta a Sándor Ferenczi de 8 de junho de

[22] Ibid., p.453.
[23] Sigmund Freud, *Correspondence, 1873-1939*, op.cit., p.396.
[24] Cf. Peter Gay, *Freud. Une vie*, op.cit., p.252.

1913, tomou posição sobre essa questão nestes termos: "Quanto ao semitismo, existem por certo grandes diferenças com o espírito ariano, o que vemos confirmado todos os dias. Disso certamente resultam, aqui e acolá, concepções de mundo diferentes e uma arte diferente. No entanto, não deveria haver uma ciência ariana ou judaica particular. Os resultados deveriam ser idênticos, somente a apresentação poderia variar .... Se essas diferenças entrassem na concepção científica das relações objetivas, então algo não estaria funcionando bem."[25]

O relacionamento que Freud manteve com Max Eitingon mostra a situação em que ele se viu, em 1933, quando a psicanálise foi tachada de ciência judaica, ou seja, três anos depois de ele ter julgado o sionismo uma perigosa utopia. É verdade que ele tivera motivos para prever um destino complicado para o futuro Estado judeu. Mas, em se tratando da Europa, e sobretudo da Alemanha, não foi lúcido da sua parte optar pela política de Jones em detrimento da outra, bem mais clarividente, de seu discípulo sionista e socialista.

Nascido em 1881, em Mohilev, na Bielorússia, Max Eitingon era filho de um rico negociante de peles. Em fevereiro de 1921, com o desaparecimento dos Impérios centrais, ele realizou, em Berlim, por amor a Freud e à psicanálise, a maior obra de sua vida: o Berliner Psychoanalytisches Institut (BPI), primeiro instituto de formação, que iria servir de modelo para todos os que seriam fundados mais tarde no mundo inteiro e integrados à IPA. Em agradecimento, Freud lhe ofereceu o anel de ouro reservado para os iniciados.

Por anos a fio, Eitingon pôs sua fortuna a serviço de seu Instituto, desenvolvendo também, no âmbito de uma policlínica, tratamentos gratuitos para os pobres (e pagos para os outros pacientes). Em 1930, tornara-se, nas palavras de Ernest Jones, "o coração de todo o movimento psicanalítico internacional".

Contudo, depois de janeiro de 1933, isolado no seio do BPI, foi pressionado a se demitir pelos poucos psicanalistas não judeus – Felix Boehm e Carl Müller-Braunschweig em particular –, que se aproveitaram da situação para aderir ao nazismo e tomar o lugar de seus colegas expurgados pelas chamadas leis de arianização da medicina e da psicoterapia.

[25] Sigmund Freud, Sándor Ferenczi, *Correspondence*, t.I, *1908-1914*, Paris, Calmann-Lévy, 1992, p.519-20.

Conservador, hostil à esquerda freudiana alemã – Otto Fenichel, Ernst Simmel etc. –, e preocupado em reforçar o poder anglo-americano, Jones se apoiou em Boehm para estimular uma política de colaboração com o novo regime. Ela consistiu em manter, sob o nazismo, uma prática dita neutra da psicanálise, a fim de preservá-la de qualquer contaminação com as outras escolas de psicoterapia, introduzidas, por sua vez, no novo BPI "arianizado".

Em 1935, em nome dessa chamada tese do "salvamento da psicanálise", Jones aceitou presidir em Berlim a sessão da Deutsche Psychoanalytische Gesellschaft (DPG), durante a qual os judeus foram obrigados a pedir demissão. Um único não judeu recusou essa infâmia: ele se chamava Bernhard Kamm e abandonou a DPG em solidariedade aos excluídos. Tomou imediatamente o caminho do exílio e se radicou em Topeka, no Kansas, na famosa clínica de Karl Menninger, verdadeiro ponto de encontro de todos os psicoterapeutas exilados da Europa.

Em seguida, a psicanálise foi decretada "ciência judaica". Os nazistas então implantaram, sob a supervisão de Matthias Heinrich Göring, primo do marechal, um autêntico programa de destruição não só de seus praticantes não exilados, como de seu vocabulário, palavras e conceitos. O qualificativo tão temido por Freud foi aplicado apenas à sua doutrina e nunca às outras escolas de psiquiatria dinâmica fundadas por judeus. E foi, sem dúvida, por ser a única de todas as doutrinas da psique que reivindicava o legado de uma judeidade sem deus, desligada de suas raízes – e, portanto, patrimônio de um humanismo universalista –, que a psicanálise viu-se, *como tal*, condenada à erradicação.

Foi como se, ao procurar exterminar a língua e o vocabulário da psicanálise – e não só seus representantes judeus –, os nazistas tivessem visado ao que havia de universal nela. Da mesma forma que, exterminando o judeu porque era judeu, eles exterminavam o próprio homem, ao erradicar a língua da psicanálise eles visavam suprimir por meio de um assassinato o que, nessa doutrina, dizia respeito à universalidade do homem. Na raiz de toda manifestação de ódio radical, absoluto e passional à psicanálise, descobre-se sempre o sintoma de um antissemitismo recalcado ou inconsciente.

Hostil a essa linha, Eitingon exigiu, antes de tomar uma decisão, que Freud lhe expusesse por escrito suas próprias orientações, o que ele fez numa carta datada de 21 de março de 1933, em que afirmava que seu discípulo podia escolher entre três soluções: 1) interromper as atividades do BPI; 2) colaborar com sua manutenção sob o comando de Boehm, "para sobreviver a tempos desfavoráveis"; 3) abandonar o navio sob o risco de deixar os junguianos e os adlerianos se apossarem da joia, o que obrigaria a IPA a desqualificá-lo.[26]

Na ocasião, Freud optou pela segunda solução. Em 17 de abril, expressou satisfação por Boehm tê-lo livrado do psicanalista Wilhelm Reich, dissidente e marxista, que ele odiava, e que em seguida seria excluído da IPA antes de emigrar para a Noruega e depois cruzar o Atlântico, e de Harald Schultz-Hencke, adleriano nazista, que não tardaria em ser reintegrado ao BPI.

Diante de tamanha cegueira, que consistia em crer que a psicanálise poderia sobreviver sob o nazismo, Eitingon decidiu permanecer tão fiel ao freudismo quanto ao sionismo. Sem dirigir qualquer censura a Freud, saiu da Alemanha e foi se estabelecer em Jerusalém em abril de 1934. Ali encontrou o escritor Arnold Zweig e fundou uma sociedade psicanalítica e um Instituto nos moldes do de Berlim, lançando assim as bases de um futuro movimento psicanalítico israelense. Apesar dos esforços de Freud, não obteve nenhum apoio da Universidade Hebraica de Jerusalém.

Em poucos anos, a velha Europa viu-se esvaziada da totalidade dos pioneiros germanófonos da psicanálise. Tendo se tornado anglófonos e pragmáticos, eles foram obrigados a emigrar para os Estados Unidos e, para grande furor de Freud, transformar uma doutrina centrada na exploração do inconsciente, da subjetividade e da pulsão de morte, numa ferramenta terapêutica a serviço de um higienismo da felicidade: o contrário do que fora a revolução do senso íntimo inventada em Viena, no começo do século XX, por judeus da *Haskalá*, agrupados em torno do fundador, o qual, depois do Anschluss,[27] será obrigado a se refugiar em Londres com toda a família.

No momento de se separar de seus discípulos vienenses que recusavam a política de Jones, Freud pronunciou as seguintes palavras: "Depois da destruição por Tito do primeiro templo de Jerusalém, o rabino Iohanan ben Zakkai pediu autorização para abrir em Jâmnia[28] uma es-

[26] Sigmund Freud, Max Eitingon, *Correspondence 1906-1939*, Paris, Hachette-Littératures, 2009, p.785.
[27] Anexação. (N.T.)
[28] Yavne, em hebraico. (N.T.)

cola dedicada ao estudo da Torá. Faremos a mesma coisa. Afinal, estamos acostumados a ser perseguidos por nossa história, nossas tradições, e alguns de nós por experiência, com uma única exceção." E Freud apontou então para Richard Sterba, único não judeu do círculo que, como Kamm, dissera não a Jones.[29]

Portanto, Freud, que recusara a denominação de ciência judaica para qualificar sua doutrina e que acabara avalizando na Alemanha a política de Jones contra a de Eitingon, reivindicava, em Viena, local de nascimento do sionismo e da teoria do inconsciente, a tradição do judaísmo, ele que, antes, tinha se declarado o pior inimigo da religião e, em seguida, se mostrado cético quanto à ideia de criar um Estado judeu na Palestina. O que tinha salvado o judaísmo, dizia ele em síntese em 1938, também salvará a psicanálise. Transmissão de um legado, estudo dos textos, aceitação do exílio e da dispersão: tal era, portanto, o destino judeu do universalismo freudiano, uma judeidade sem território ancorada no saber.

Como não pensar aqui na perturbadora cena contada por Elie Wiesel em *A noite*? Um dia, em Auschwitz, os SS enforcaram uma criança – o pequeno *Pipel* com rosto de anjo – pelo simples prazer do ato, e obrigaram os prisioneiros a assistir ao espetáculo: "Onde está Deus?", perguntou um homem. E o jovem deportado[30] que tinha perdido a fé pensou consigo mesmo: "Ei-lo aqui – está pendurado nessa forca."[31] Desse episódio e de seu confronto com a pulsão de morte que o tinha levado a nem sequer querer socorrer seu pai já agonizante e depois a olhar para si mesmo como um cadáver em estado de sobrevivência, Wiesel substituiu a perda de Deus pela necessidade do testemunho: rezar é crer em Deus, escrever é acreditar no homem. Em Auschwitz, como se sabe, alguns judeus decidiram processar Deus por ter permitido tal coisa e o condenaram à morte. Depois de pronunciar a sentença, o rabino conclamou os presentes a lerem a Torá.

---

[29] Richard Sterba, *Réminiscences d'un psychanalyste viennois*, Toulouse, Privat, 1986, p.145-6.

[30] Com a idade de 16 anos, em 1944, Elie Wiesel foi deportado para Auschwitz-Birkenau com o pai, a mãe e a irmã. Só ele sobreviveu. Foi libertado de Buchenwald pelo exército americano.

[31] Elie Wiesel, *La nuit* (1958), Paris, Minuit, 2006, p.124-5 [ed. bras.: *A noite*, Rio de Janeiro, Ediouro, 2006], e Betty Bernardo Fuks, "Judéité, errance et nomadisme: sur le devenir juif de Freud", *Essaim*, 9, 2002, p.15-25.

Assim, mesmo quando Deus está morto, mesmo quando o templo está destruído, mesmo quando Viena, berço da psicanálise, está riscada do mapa, permanece a transmissão – e, portanto, a esperança: o testemunho, a leitura do texto sagrado, a conservação da memória. Pois, o que é eterno entre os judeus não é Deus, mas o homem de memória, isto é, o judeu de saber, capaz de perpetuar a aliança pela palavra e pela escrita.

Ao chegar a Londres, em 1938, quando o representante inglês do Keren Hayesod pediu a Freud uma nova carta de apoio, este respondeu mais uma vez pela negativa. As perseguições antissemitas em nada tinham modificado sua opinião. Ainda se sentia solidário com seu povo, mas ainda detestava na mesma medida a religião, inclusive o judaísmo, que, no entanto, reivindicara no momento de pôr fim à grande aventura vienense. E continuava recusando a ideia de que um Estado judeu – ou para os judeus – pudesse ser viável, precisamente porque, a seu ver, esse Estado, ao se referir a um "ser judeu", não poderia de forma alguma se tornar realmente laico.

A Eitingon, ele escreveu: "Já não entendo este mundo. Você leu que, na Alemanha, estão propondo proibir os judeus de dar a seus filhos nomes alemães? A única resposta que eles podem dar é exigir que os nazistas renunciem a nomes tão apreciados como Johann, Josef e Maria."[32]

Se a posição de Freud fora no mínimo ambígua a respeito da política de Jones, a de sua filha Anna seria ainda mais. No congresso da IPA realizado em Paris em julho de 1938,[33] ela repetiu as palavras pronunciadas pelo pai sobre Ben Zakkai perante todos os psicanalistas europeus – cujo destino estava selado. Depois, em seu discurso de encerramento, Jones anunciou o triunfo da política do suposto "salvamento" da psicanálise na Alemanha e se felicitou pela "autonomia" da nova DPG. A partir daquele dia, e apesar do genocídio, os diferentes presidentes da IPA jamais aceitaram reconhecer que aquela política foi desastrosa e sempre a apresentaram, ao contrário, sob o aspecto mais positivo. Seria preciso esperar 1985 para que fosse organizada oficialmente na Alemanha uma exposição sobre esse passado, com a condição, contudo, de que o nome de Jones não fosse questionado...[34] Essa nova censura teria repercussões consideráveis.

[32] Sigmund Freud, Max Eitingon, *Correspondence*, op.cit., p.842.
[33] Sobre esse fato, cf. Elisabeth Roudinesco, *Jacques Lacan, esboço de uma vida, história de um sistema de pensamento*, São Paulo, Companhia das Letras, 1994.
[34] Ibid.

Em janeiro de 1940, quando Anna Freud pediu que Eitingon reunisse as cartas de seu pai, Arnold Zweig fez chegar até seu amigo aquelas que ele tinha recebido de Freud. Delicadamente, chamou sua atenção para uma missiva datada de 10 de fevereiro de 1937, na qual o mestre exprimia um juízo cruel sobre Mirra, mulher de Eitingon. Tocado no ponto mais doloroso, Eitingon, o mais lúcido de dois homens sobre o nazismo e sobre a necessidade de a psicanálise se recusar a colaborar com o pior – fossem as formas que fossem –, só quis conservar de Freud a lembrança do ente querido.

Morreu três anos depois, quando o mundo berlinense a que ele tanto havia servido já não era mais que noite e bruma.

Após 1933, enquanto criticava o sionismo, sem deixar de se regozijar com seus sucessos, e se enganava em relação ao nazismo, Freud, no entanto, foi buscar, num retorno laico à história judaica, o fermento de uma ética racional capaz de responder ao desaparecimento da antiga Europa iluminista. Durante esse período, com efeito, ele se dedicou à redação de sua última obra: *Moisés e o monoteísmo*,[35] publicada no ano de sua morte, em Londres e em Amsterdã.

De certos pontos de vista, Freud respondia com esse texto a Herzl. Este havia se identificado com o profeta sempre obrigado a combater o bezerro de ouro para fazer seu povo sair da escravidão e comparado sua história com a tragédia de um líder (*Führer*) que se recusava a se comportar como sedutor (*Verführer*).

Em 1922, o historiador berlinense Ernst Sellin expôs a ideia de que Moisés teria sido vítima de um assassinato coletivo cometido por seu povo, que preferia o culto dos ídolos. Tendo se tornado uma tradição esotérica, a doutrina mosaica teria em seguida sido transmitida por um círculo de iniciados, e este teria sido o terreno fértil no qual teria nascido a fé em Jesus, profeta também assassinado e fundador do cristianismo.

Não era preciso tanto para seduzir Freud, que adorava todas essas histórias de assassinato do pai. A isso, ele acrescentou a tese da origem egípcia de Moisés, defendida por historiadores do *Aufklärung* desejosos de dar uma interpretação racional (e já não religiosa) da história do profeta.

---

[35] Sigmund Freud, *Moisés e o monoteísmo: três ensaios*, *ESB*, vol.XXIII, Rio de Janeiro, Imago.

Na perspectiva adotada por Freud, o texto bíblico apenas teria deslocado a origem do monoteísmo para um tempo mítico, atribuindo sua fundação a Abraão e a seus descendentes. Alto dignitário egípcio e defensor do monoteísmo, Moisés teria tomado a frente de uma tribo semita dando assim ao monoteísmo uma forma espiritualizada. E, para distingui-la das outras, teria introduzido o rito egípcio da circuncisão, querendo mostrar com isso que, por meio dessa aliança, Deus elegera o povo escolhido por Moisés. Mas o povo, não suportando a nova religião, teria matado o homem que se pretendia profeta e depois recalcado a lembrança do assassinato, que teria retornado com o cristianismo.

Freud retomava assim o fio da tese do antigo antijudaísmo cristão para interpretá-la na contracorrente de sua abordagem clássica, a do povo deicida. Fazia do judaísmo a religião do pai; do cristianismo, a religião do filho; e dos cristãos, os herdeiros de um assassinato recalcado pelos judeus: "O antigo Deus, o Deus-pai", afirmava ele, "passou para segundo plano. Cristo, seu filho, tomou seu lugar como gostaria de ter feito numa época remota cada um dos filhos revoltados."[36]

Ainda segundo Freud, Paulo de Tarso, seguidor do judaísmo, também foi seu destruidor: com a introdução da ideia de redenção, conseguiu conjurar o fantasma da culpa humana contradizendo ao mesmo tempo a ideia de que o povo judeu era o povo eleito. Por fim, renunciou ao sinal manifesto dessa eleição: a circuncisão. Assim, a nova religião conseguiu se tornar universal e se dirigir a todos os homens.

Mas Freud foi ainda mais longe. Afirmou, com efeito, que o ódio contra os judeus era alimentado pela crença deles na superioridade do povo eleito e pela angústia de castração que a circuncisão, enquanto sinal de eleição, provocava. Segundo ele, esse rito visava enobrecer os judeus e fazê-los desprezar os outros, os não circuncisos.

Na mesma perspectiva, tomava ao pé da letra, deslocando seu significado, a principal recriminação do antijudaísmo, qual seja, a recusa dos judeus a admitir o assassinato de Deus. O povo judeu, dizia ele, obstina-se em negar o assassinato do pai e os cristãos não param de acusar os judeus de serem deicidas, porque se libertaram do pecado original depois que Cristo, substituto de Moisés, sacrificou a vida para redimi-los. Em outras palavras,

[36] Ibid., p.180.

se o cristianismo é uma religião do filho que confessa o assassinato e o redime, o judaísmo continua sendo uma religião do pai que recusa reconhecer o assassinato de Deus. E os judeus nem por isso são menos perseguidos pelo assassinato do filho, de que são inocentes. Freud concluía que essa recusa expunha os judeus ao ressentimento dos outros povos.[37]

Depois de ter concordado que a história dos judeus não podia ser dissociada da história do antijudaísmo dos cristãos, Freud explicava que o antissemitismo das nações modernas era um deslocamento sobre os judeus de um ódio contra o cristianismo: "Os povos que hoje se entregam ao antissemitismo só se tornaram cristãos tardiamente e muitas vezes foram obrigados a isso por uma sangrenta coerção. Poderíamos dizer que são todos 'malbatizados'; sob fino verniz de cristianismo continuaram sendo o que eram seus ancestrais, que rendiam tributo a um politeísmo bárbaro. Ainda não superaram sua aversão à nova religião, mas a deslocaram para a fonte a partir da qual o cristianismo chegou até eles ... . O antissemitismo deles é, no fundo, um anticristianismo, e não surpreende que, na revolução nacional-socialista alemã, essa relação íntima entre as duas religiões monoteístas encontre expressão tão clara no tratamento hostil dispensado a ambas."[38] Em outras palavras, se o judaísmo, religião "fóssil", era superior ao cristianismo por sua força intelectual, mas inapto à universalidade, era preciso pensá-los juntos para se tornar herdeiro de uma cultura judaico-cristã capaz de se opor ao antissemitismo moderno.

A novidade da metodologia freudiana consistiu, de fato, em revelar as raízes inconscientes do antissemitismo a partir do próprio judaísmo e já não apenas como um fenômeno exterior a ele. Era um modo de retomar a problemática de *Totem e tabu*, de que *Moisés* era a continuação.

Se a sociedade tinha de fato sido gerada por um crime cometido contra o pai, que pôs fim ao reino despótico da horda selvagem, e depois pela instauração de uma lei em que a figura simbólica do pai era revalorizada, isso significava que o judaísmo obedecia ao mesmo roteiro. Depois do assassinato de Moisés, ele tinha gerado o cristianismo, baseado no re-

---

[37] Jean-François Lyotard propõe uma interpretação segundo a qual Freud teria feito do judaísmo uma "figura foracluída", uma religião fundada numa rejeição da realidade, e do cristianismo, uma retomada do totemismo e do paganismo. Jean-François Lyotard, "Figure forclose", *L'Écrit du Temps*, 5, 1984, p.65-105. Cf. Élisabeth de Fontenay, *Une tout autre histoire. Questions à Jean-François Lyotard*, Paris, Fayard, col. Histoire de la Pensée, 2006.

[38] Sigmund Freud, *Moisés e o monoteísmo*, op.cit.

conhecimento da culpa: portanto, o monoteísmo não era senão a história interminável da instauração dessa lei do pai sobre a qual Freud construíra toda a sua doutrina.

Ele obedecia, assim, à injunção de retornar à alta autoridade da Bíblia e à religião de seus pais. Mas, longe de adotar a solução da conversão como resposta ao antissemitismo, ou a do sionismo, ele se redefinia como um judeu sem deus – judeu de reflexão e de saber – recusando, ao mesmo tempo, o ódio de si judaico. Separava também o judaísmo do sentimento de judeidade próprio dos judeus incréus, esquivando-se tanto da aliança quanto da eleição.

Mas, no momento mesmo em que desjudaizava Moisés, fazendo dele um egípcio, Freud atribuía à judeidade, compreendida a um só tempo como essência e como pertencimento, uma posição eterna. Esse sentimento de que um judeu continua judeu em sua subjetividade, mesmo se mantendo afastado do judaísmo, o próprio Freud o experimentava e não hesitava em assimilá-lo a uma herança filogenética.

Classificado sob a égide da especulação e do estudo crítico dos mitos, esse testamento freudiano em forma de romance das origens deu lugar a múltiplas interpretações contraditórias.

Em 1991, o historiador americano Yosef Hayim Yerushalmi pôs-se à "escuta de Freud" para publicar o comentário mais erudito e completo já escrito sobre essa obra. Ao mesmo tempo em que rejudaizava a abordagem freudiana da judeidade, assinalava que Freud tinha feito da psicanálise o prolongamento de um judaísmo sem deus: uma judeidade interminável.[39] E acusava a IPA de nunca ter dito nada sobre o genocídio dos judeus, nem sobre a destruição da psicanálise na Alemanha: "Até onde sei, entre 1939, data na qual já não havia mais nada a perder, e o fim da Segunda Guerra Mundial, nenhuma instância oficial de nenhuma organização psicanalítica ergueu a voz para denunciar a destruição dos judeus ou mesmo a da psicanálise, uma implicando a outra, na Alemanha nazista e nos países sob sua

---

[39] Cf. Yosef Hayim Yerushalmi, *Moisés de Freud. Judaísmo terminável e interminável*, Rio de Janeiro, Imago, 1992. Resposta de Jacques Derrida: *Mal de arquivo*, Rio de Janeiro, Relume-Dumará, 2001. Promovi o encontro entre Yerushalmi e Derrida depois de um colóquio organizado no Freud Museum de Londres pela Sociedade Internacional de História da Psiquiatria e da Psicanálise (SIHPP), em 1994, sobre o tema *Memória de arquivos*. Entre as melhores interpretações de *Moisés*, destacamos a de Jacques Le Rider, *Freud, de l'Acropole au Sinaï: le retour à l'antique des Modernes viennois*, Paris, PUF, 2002. E, num registro bem diferente, a de Henri Rey-Flaud, "*Et Moïse créa les Juifs...*". *Le testament de Freud*, Paris, Aubier, 2006.

dominação. Tudo se passou como se fosse tabu estabelecer uma relação direta entre os judeus e a psicanálise."[40]

Do lado dos estudiosos israelenses especializados em história judaica, a obra freudiana não era apreciada. Martin Buber acusou Freud de falta de seriedade científica,[41] e Gershom Scholem preferia Carl Gustav Jung – pelo menos durante certo tempo –, que se tornou um fervoroso sionista à medida que crescia seu antissemitismo e seu apoio à Alemanha nazista. Ele também desejava expurgar os judeus da Europa, e a ponto de ficar cego para o que se anunciava.

Enquanto os freudianos colaboracionistas estavam preocupados com a suposta pureza da psicanálise, os discípulos alemães de Carl Gustav Jung adotaram posições divergentes. Com efeito, Gerhard Adler, James Kirsch e Max Zeller se opuseram ao novo regime e logo tomaram o caminho de um exílio londrino ou californiano. Outros, ao contrário, tornaram-se militantes da nova psicoterapia hitlerista. Entre eles, Gustav Richard Heyer e Walter Cimbal.

Racista e antissemita, Heyer havia fundado um grupo junguiano em Munique em 1928 e foi com entusiasmo que saudou o advento do nazismo antes de se tornar membro do partido, em 1937. No Instituto Göring, usava o uniforme e proclamava o culto ao "sangue e à terra", opondo o caráter saudável e criativo da psicoterapia alemã à psicanálise "judaica", grosseiramente materialista. Quanto a Walter Cimbal, era, tal como Achelis ou Haeberlin, um puro representante do espírito *völkisch*. A seu ver, a individualidade só podia se realizar por meio de um grande retorno à raiz primordial de um inconsciente profundo, "único capaz de garantir a unidade dos membros de uma mesma comunidade."[42]

O caso de Jung é bem mais complexo.

Em 1933, Ernst Kretschmer, psiquiatra alemão hostil ao regime, demitiu-se da direção da Allegemeine Ärtzliche Gesellschaft für Psychotherapie (AÄGP). Fundada em 1926, essa associação tinha como finalidade

---

[40] Yosef Hayim Yerushalmi, *Le Moïse de Freud*, op.cit., p.184.
[41] Martin Buber, *Moïse*, Paris, PUF, 1986.
[42] Cf. Geoffrey Cocks, *La psychothérapie sous le IIIe Reich*, Paris, Les Belles Lettres, 1987, p.125.

unificar as várias escolas de psicoterapia europeias sob a égide do saber médico. Uma revista, o *Zentralblatt für Psychotherapie*, criada em 1930, servia de órgão de difusão para a AÄGP. Com a chegada de Hitler ao poder, a vertente alemã da sociedade e o *Zentralblatt*, editado em Leipzig, foram obrigados a se nazificar, sob a batuta de Göring. Foi quando os psicoterapeutas alemães, preocupados tanto em agradar ao regime quanto em prosseguir com suas atividades nacionais e europeias, pediram a Jung para assumir a direção da AÄGP, da qual era, aliás, vice-presidente. Preocupado em garantir a dominação da psicologia analítica sobre o conjunto das escolas de psicoterapia, Jung aceitou a presidência. Pretendia conseguir, a partir de Zurique, proteger tanto os terapeutas não médicos, outrora marginalizados por Kretschmer, quanto os colegas judeus que já não tinham direito de exercer a profissão na Alemanha. Na verdade, ele fora escolhido pelos clínicos alemães devido à confiança que inspirava nos promotores da psicoterapia ariana, que se opunham ferozmente ao pensamento freudiano.

Incentivado por Cimbal e Heyer, Jung meteu-se assim numa aventura à qual poderia facilmente ter se furtado. Como mostra uma carta de 23 de novembro de 1933, dirigida a seu discípulo Rudolf Allers, que iria, por sua vez, emigrar para os Estados Unidos, ele aceitou todas as condições impostas por Göring para a administração do *Zentralblatt*: "É imperativo que haja um redator-chefe 'normalizado', capaz de farejar melhor que qualquer outro e sem risco de errar o que pode e o que não pode ser dito, bem melhor que eu. Em todo caso, será preciso pisar em ovos ... . A psicoterapia deve procurar manter-se, de preferência, no interior do Reich alemão, ao invés de se instalar fora do Reich, sejam quais forem as dificuldades de existência que ela encontrar." E Jung acrescentava: "Göring é um homem muito amável e sensato, o que coloca a nossa colaboração sob os melhores auspícios."[43]

Jung então começou a publicar textos favoráveis à Alemanha nazista no *Zentralblatt* "arianizado" do qual se tornara editor, com Cimbal como secretário-geral. O primeiro foi publicado em 1933. Com o título "Geleitwort" ("Editorial"), pregava uma abordagem "clássica" da diferença entre as raças e as mentalidades, cada uma das quais estaria dotada, di-

---

[43] C.G. Jung, *Correspondence*, t.I, *1906-1940* (Olten, 1972), Paris, Albin Michel, 1992, p.181-2.

zia ele, de uma psicologia específica: "A tarefa mais nobre do *Zentralblatt* será, portanto, constituir, respeitando de modo imparcial todas as contribuições que se apresentarem, uma concepção global que faça mais justiça aos fatos fundamentais da alma humana do que o que foi feito até agora. As diferenças que de fato existem entre a psicologia germânica e a psicologia judaica, reconhecidas, aliás, já faz tempo por pessoas com ideias claras, não devem mais ser abolidas, com o que a ciência só tem a ganhar. Em psicologia, mais que em qualquer outra ciência, há uma 'equação pessoal', e desconhecê-la falseia os resultados da prática e da teoria. Não se trata, é claro, e gostaria que isso ficasse formalmente bem entendido, de uma depreciação qualquer da psicologia semita, da mesma forma como não se deprecia a psicologia chinesa quando se fala da psicologia característica dos habitantes do Extremo Oriente."[44]

Consciente da delicadeza de sua posição, Jung procurava, de fato, provar que o diferencialismo que ele defendia não tinha nenhuma relação com o racismo diferencial do nacional-socialismo. Mas era perda de tempo. No mesmo número do *Zentralblatt*, Göring pronunciava um vibrante elogio de *Mein Kampf*, enquanto Walter Cimbal propunha, em nome das teses junguianas, promover na Alemanha um verdadeiro programa antissemita de nazificação da psicologia e da psicoterapia.

Longe de pedir demissão depois dessa primeira afronta, Jung seguiu na mesma via. Numa carta a Cimbal, de 2 de março de 1934, acusou Göring de ter cometido um "grave erro tático ao colocar assim, debaixo do nariz dos assinantes estrangeiros, um manifesto relativo à política interna alemã".[45] Não contestava o conteúdo do manifesto, apenas a "falta" cometida.

Em 26 de junho de 1933, de passagem por Berlim para um seminário, concedeu uma entrevista radiofônica a seu discípulo Adolf von Weizsäcker, neurologista e psiquiatra, que tinha aderido ao nazismo. Este apresentou o mestre de Zurique como um eminente protestante da Basileia e como o "maior pesquisador da psicologia moderna". Habilmente, declarou que sua teoria do psiquismo era mais criativa e mais próxima do

[44] C.G. Jung, "Geleitwort", in *Zentralblatt für Psychotherapie*, 6, 1, 1933, p.10-11. Retomado in C.G. Jung, *Gesammelte Werke*, Olten e Fribourg-en-Brisgau, Walter Verlag, 1974, vol.10, p.581-3. Traduzido sob o título "Éditorial", in *Cahiers Jungiens de Psychanalyse*, 82, primavera de 1995, p.9-10.

[45] C.G. Jung, *Correspondence*, op.cit., p.196-7.

"espírito alemão" do que as de Freud e de Adler. Depois levou Jung a fazer um retrato apologético de Hitler e da bela juventude alemã e a condenar as democracias europeias "arraigadas no parlamentarismo". Jung terminou a entrevista sugerindo às nações que enriquecessem executando um programa de renovação da alma baseado no culto do líder: "Como Hitler disse recentemente", declarou, "o líder tem de ser capaz de ficar só e deve ter a coragem de seguir seu próprio caminho ... . O líder é o porta-voz e a encarnação da alma nacional. É a ponta de lança da falange de todo o povo em marcha. A necessidade da massa supõe sempre um líder, seja qual for a forma do Estado."[46]

Adepto de uma teoria da diferença das raças, Jung via o psiquismo individual como reflexo da alma coletiva dos povos. Em outras palavras, longe de ser um ideólogo da desigualdade nos moldes de um Vacher de Lapouge ou de um Gobineau, ele se apresentava como um teósofo em busca de uma ontologia diferencial da psique. Queria também elaborar uma "psicologia das nações" capaz de explicar tanto o destino do indivíduo quanto de sua alma coletiva. Ele dividiu o arquétipo em três instâncias: o *animus* (imagem do masculino), a *anima* (imagem do feminino) e o *Selbst* (o *self*), verdadeiro centro da personalidade. Segundo ele, os arquétipos formavam a base da psique, uma espécie de patrimônio mítico próprio de uma humanidade organizada em torno do paradigma da diferença.

Com essa noção de arquétipo, Jung evidentemente se afastava do universalismo freudiano, embora pretendesse captar o universal nas grandes mitologias humanas e no simbolismo alquímico ou esotérico. E o arquétipo em questão, sem dúvida, tinha mais a ver com o *pattern* dos culturalistas americanos do que com o diferencialismo racial do nacional-socialismo. Mas, no contexto histórico do advento do nazismo na Alemanha, uma tese fazia eco à outra.

Armado de sua psicologia arquetípica, Jung classificava os judeus na categoria dos povos desenraizados, condenados à errância e muito perigo-

[46] C.G. Jung, "Une interview à Radio-Berlin", 26 jun 1933, in *C.G. parle. Rencontres et interviews*, Paris, Buchet/Chastel, 1985, tradução francesa correta de Marie-Martine Louzier-Sahler e Benjamin Sahler, p.55-61. A versão alemã desse texto foi conhecida em 1987 e analisada por M. von der Tann, in "A jungian perspective on the Berlin Institute for psychotherapy: a basis for mourning", in *San Francisco Jung Institute Library Journal*, 8, 4, 1989. Ver Andrew Samuels, "Psychologie national, national-socialisme et psychologie analytique: réflexions sur Jung et l'antisémitisme" (1989), in *Revue International d'Histoire de la Psychanalyse*, 5, Paris, 1992, p.183-221.

sos porque, para escapar de sua desnacionalização psicológica, não hesitavam em invadir o universo mental, social e cultural dos não judeus.

A publicação do primeiro artigo de Jung no *Zentralblatt* provocou um escândalo entre seus colegas suíços. Em fevereiro de 1934, Gustav Bally, psiquiatra e psicanalista, amigo de Ludwig Binswanger e que tinha sido analisado por Hanns Sachs no BPI, publicou na *Neue Zürcher Zeitung* um rotundo ataque contra ele. Acusava fundamentalmente Jung de pôr sua concepção do psiquismo a serviço do nazismo: "E como é que ele pretende distinguir a psicologia germânica da psicologia judaica? Que valor pode ter para a pesquisa em ciências humanas o fato de considerar 'de outra maneira' as obras do judeu Husserl ..., de aplicar um critério racial aos trabalhos de psicólogos da Gestalt?"[47] Bally terminava seu artigo com as seguintes palavras: "Jung evoca o destino que o colocou nesse posto. Foi exatamente esse destino que quis que, graças à sua popularidade, a política nacional-socialista em matéria de ciência pudesse ter sucesso."

Dessa vez a mensagem era clara. Jung poderia, naquele momento, ter tomado consciência da engrenagem em que estava enroscado e pedir demissão. Em vez disso, respondeu a Bally com dois artigos publicados no mesmo jornal, em março de 1934: "Zeitgenössisches" (A propósito de nosso tempo), "Nachtrag" (Post-scriptum). Neles se comparava a Galileu e a Einstein, "mártires" da ciência, condenando de passagem, não o conteúdo dos artigos de Cimbal e de Göring, mas sua estratégia editorial. O mais importante é que reafirmava sua adesão plena e irrestrita às teses da psicologia das nações, rejeitando ao mesmo tempo a psicologia "uniformizante" de Freud e de Adler: "A universalidade gera o ódio e a amargura dos oprimidos e dos incompreendidos ... . De onde vem essa suscetibilidade ridícula quando alguém ousa falar da diferença psicológica entre judeus e cristãos?"[48]

Depois da polêmica desencadeada por Bally, Jung começou a se sentir perseguido. Pôs-se então a acusar os judeus de serem responsáveis pelo antissemitismo que se abatia sobre eles.

---

[47] G. Bally, "Deutschestämmige Therapie" (Psicoterapia de origem alemã), *Neue Zürcher Zeitung*, 343, 27 fev 1934, traduzido (corretamente) com um título ruim: "Psychothérapie de souche allemande", in *Cahiers Jungiens de Psychanalyse*, 82, op.cit., p.10-2.

[48] Os dois textos estão traduzidos nos *Cahiers Jungiens de Psychanalyse*, op.cit., p.12-20. Jung retoma a mesma tese em várias cartas de sua *Correspondência* do ano 1934, op.cit.

Foi nesse contexto que ele evoluiu para uma concepção desigualitarista do psiquismo arquetípico. Até então, com efeito, tinha se contentado com um simples diferencialismo. Em abril de 1934, porém, publicou no *Zentralblatt* um longo artigo intitulado "Zur gegenwärtigen Lage der Psychotherapie"[49] (Sobre a situação atual da psicoterapia) no qual fazia a apologia do nacional-socialismo afirmando ao mesmo tempo a superioridade do inconsciente ariano sobre o inconsciente judeu. Esse texto, pró-nazista, antifreudiano e antissemita, ganhará triste fama e pesará enormemente sobre o destino ulterior de Jung e do movimento junguiano. Todos os ingredientes estavam reunidos para transformar a teoria freudiana num pansexualismo obsceno, ligado à "mentalidade" judaica. Assim fazendo, Jung parecia esquecer que, um quarto de século antes, ele tinha defendido a psicanálise contra esses mesmos argumentos que a reduziam a uma "epidemia" decorrente da "decadência" da Viena imperial. Eis a passagem central desse texto:

"Os judeus têm em comum com as mulheres a seguinte particularidade: por serem fisicamente mais fracos, têm de procurar os defeitos da armadura de seus adversários e, graças a essa técnica que lhes foi imposta ao longo dos séculos, ficam bem mais protegidos ali onde os outros são mais vulneráveis ... . O judeu que, como o chinês letrado, pertence a uma raça e a uma cultura três vezes milenar, é psicologicamente mais consciente de si próprio do que nós. Por isso é que ele geralmente não teme depreciar seu inconsciente. Em contrapartida, o inconsciente ariano está carregado de forças explosivas e da semente de um futuro ainda por nascer. Portanto, ele não pode desvalorizá-lo ou tachá-lo de romantismo infantil sob pena de pôr sua alma em perigo. Ainda jovens, os povos germânicos podem produzir novas formas de cultura, e esse futuro ainda dorme no inconsciente obscuro de cada ser, em que repousam os germes saturados de energia e prestes a se inflamar. O judeu, que tem algo de nômade, nunca produziu e, sem dúvida, nunca produzirá cultura original, pois seus instintos e seus dons exigem, para se desenvolver, um povo mais ou menos civilizado que o acolha.

[49] C.G. Jung, "Zur gegenwärtigen Lage der Psychotherapie", *Zentralblatt für Psychotherapie*, 7, 1934, 1-16. Retomado sem modificações in C.G.J., *Gesammelte Werke*, vol.10, op.cit., p.181-201. Traduzido para o inglês in C.G.J., *Collected Works*, Princeton, Princeton UP, 1970, vol.10, com o título "Psychotherapy Today".

Eis por que, de acordo com minha experiência, a raça judaica possui um inconsciente que só pode ser comparado ao inconsciente ariano sob certas condições. Com exceção de alguns indivíduos criativos, o judeu médio já é consciente demais e diferenciado demais para carregar dentro de si as tensões de um futuro por vir. O inconsciente ariano tem um potencial superior ao inconsciente judeu: é essa a vantagem e o inconveniente de uma juventude ainda próxima da barbárie. O grande erro da psicologia médica foi aplicar sem discernimento categorias judaicas – que nem mesmo são válidas para todos os judeus – a eslavos e a alemães cristãos. Consequentemente, viu nos tesouros mais íntimos dos povos germânicos – sua alma criativa e intuitiva – apenas lodaçais infantis e banais, ao passo que a suspeita de antissetimismo recaía sobre minhas advertências. Essa suspeita emanava de Freud, que entendia a psique germânica tão pouco quanto, aliás, seus discípulos alemães. O fenômeno grandioso do nacional-socialismo, que o mundo inteiro contempla com espanto, acaso ele o esclareceu?"[50]

No mesmo ano, lembrando-se de sua viagem à África oriental dez anos antes, deu uma conferência sobre a questão dos "povos primitivos" incapazes de pensar por conta própria de modo racional. E afirmou então, sempre em virtude de sua teoria da diferença arquetípica, que os indígenas adoravam ser chicoteados: "No início, ficava espantado com a brutalidade com que eles eram tratados, o chicote era moeda corrente; a princípio, aquilo me pareceu supérfluo, mas tive de me convencer de que era necessário; dali em diante, andei sempre com meu chicote de pele de rinoceronte. Aprendi a simular afetos que não sentia, gritar até me esgoelar e bater os pés de raiva. É preciso fazer isso para compensar a vontade deficiente dos indígenas."[51]

Encontrávamos assim em Jung o vínculo genealógico que une racismo e antissemitismo. Se os judeus "nômades" têm um inconsciente inferior ao dos "arianos", dizia Jung em síntese, então os negros, bem mais simpáticos *a priori* por serem "primitivos", não se parecem de forma nenhuma com brancos civilizados e menos ainda com judeus desjudaizados. Con-

---

[50] Uma tradução correta de certos trechos dessa passagem pode ser encontrada sob a pena de Jacqueline Carnaud, no livro de Yosef Hayim Yerushalmi, *Le Moïse de Freud*, op.cit., p.103-4. Eu mesma traduzi esse texto do alemão com a ajuda de Jacques Le Rider.

[51] C.G. Jung, *L'homme à la découverte de son âme*, Paris, Albin Michel, 1987, p.111.

sequentemente, devem ser mantidos no único estado que convém a seu "arquétipo": o de colonizados que desejam o chicote.

Na sua correspondência de 1934, Jung declarou em várias oportunidades que, doravante, seria impossível falar dos judeus sem ser tachado de antissemitismo. Quando os ataques aumentaram, ele os atribuiu a uma polêmica anticristã: "O mero fato de eu falar de diferença entre psicologia judaica e psicologia cristã", escreveu a James Kirsch, "basta para que todos exprimam a ideia preconcebida de que eu seria antissemita... . Trata-se simplesmente de uma suscetibilidade doentia que torna qualquer discussão quase impossível. Como você sabe, Freud já me acusou de antissemitismo porque eu me sentia incapaz de aprovar seu materialismo sem alma. Com essa propensão a farejar antissemitismo em todo lugar, os judeus acabam suscitando realmente o antissemitismo."[52]

Sem deixar de acusar os judeus de criarem as condições de sua perseguição, Jung quis ajudá-los a se tornarem melhores judeus. Numa carta dirigida a seu aluno Gerhard Adler, datada de 9 de junho de 1934, aprovou a ideia deste de que Freud era, em certa medida, culpado por ter se afastado de seu arquétipo judeu, de suas "raízes" judias. Em outras palavras, de acordo com sua teoria, Jung recusava o modelo freudiano do judeu universal, do judeu sem religião, do judeu iluminista. Condenava a figura moderna do judeu desjudaizado, culpado, segundo ele, de ter renegado sua "natureza" judaica.

"Quando critico o aspecto judeu de Freud, não critico os judeus, mas essa condenável capacidade dos judeus de renegarem sua própria natureza que se manifesta em Freud."[53]

Desejoso de trazer os judeus para o terreno de uma psicologia da diferença, Jung, ao contrário de Freud, tornou-se um fervoroso sionista, seguindo com atenção crescente a evolução de seus discípulos judeus exilados na Palestina. Graças à nova Terra Prometida, pensava, eles poderiam finalmente se tornar junguianos.

A Erich Neumann, radicado em Tel Aviv, logo escreveu uma carta, datada de 22 de dezembro de 1935, na qual fustigava os intelectuais judeus europeus, "sempre em busca do não judeu". Em contraposição, valorizava

---

[52] Carta de 26 de maio de 1934, *Correspondence*, op.cit., p.216.

[53] Ibid., p.219.

os judeus palestinos que tinham, por fim, encontrado seu "solo arquetípico": "Sua convicção muito positiva", escrevia, "de que a terra palestina é indispensável para a individuação judaica me é preciosa. Como conciliar isso com o fato de que os judeus em geral viveram muito mais tempo em outros países do que na Palestina...? Será que os judeus estão tão acostumados a serem não judeus que precisam concretamente do solo palestino para devolvê-los à sua judeidade?"[54]

A partir de 1936, Jung pensou em pedir demissão da direção da AÄGP e do *Zentralblatt*. Fez isso em 1940, quando a sociedade foi posta, enquanto a guerra durou, sob o controle da Alemanha nazista. Sua sede foi transferida de Zurique para Berlim, ao passo que o *Zentralblatt* passava para o domínio exclusivo de Göring.

Depois de ter publicado esse artigo, Jung mudou de opinião a respeito da psique alemã. Sob sua pena, a Alemanha tornou-se então a Alemanha má, o foco de todos os malefícios que devastavam a Europa. Quanto a Hitler, idealizado em 1933 sob os traços de um magnífico despertador da alma germânica, agora era comparado a um sinistro charlatão, "fantoche de madeira" ou "autômato", verdadeiro arquétipo da arianidade alemã. Segundo Jung, Hitler não tinha uma "psicologia pessoal", e como só mantinha com as mulheres relações doentias, estava literalmente possuído por uma *anima* maléfica, de essência germânica. Era exatamente esse o significado de seu estudo de 1936 dedicado ao Wotan e da longa entrevista dada em 1938 ao famoso jornalista americano Henry Knickerbocker.[55]

Jung voltou-se contra a Alemanha e contra seu *Führer* utilizando os mesmos argumentos empregados para glorificá-los dois anos antes. Verdadeira serpente do mar, imersa no turbilhão do arquétipo, a psicologia de Jung desembocava, portanto, no impasse típico de todas as formas de pensamento diferencialista. Projetava na figura do *outro* os termos de uma negatividade que oscilava entre a inclusão simbiótica e a exclusão radical. Nenhuma forma de alteridade real podia emergir desse círculo infernal.

Convencido, a partir de 1940, de que Hitler era "o arquétipo da psicologia alemã", Jung multiplicou as declarações germanofóbicas fazendo

---

[54] C.G. Jung, *Correspondence*, op.cit., p.219, 268-9.

[55] C.G. Jung, "Wotan", in *Gesammelte Werke*, vol.10, op.cit., p.203-19. Entrevista com H.R. Knickerbocker, sob o título "Diagnostic des dictateurs", in *C.G. Jung parle*, op.cit., p.96-115.

do *Führer* um monstro fogoso, parecido com um Wotan ressuscitado, culpado sobretudo de ter assassinado a Europa e perseguido os judeus. A Alemanha má fantasiada por Jung devia, portanto, reparação aos não alemães – e sobretudo ao próprio Jung.[56]

Logo depois da vitória dos aliados, Jung não conseguia entender os ataques que choviam sobre ele. Como é que ele poderia ser culpado, ele que tanto condenara a Alemanha má? Para responder a seus detratores, publicou em 1946 um curto ensaio em língua inglesa, *Essays on Contemporary Events*,[57] no qual retomava alguns de seus textos anteriores à guerra, acompanhados de uma introdução e de um epílogo.

E se Jung não se sentia responsável por seus atos, é porque tinha excluído de seu sistema tudo que estivesse relacionado com a concepção dita "ocidental" da consciência. Um episódio, entretanto, mostra que ele quis se redimir de seu passado. Por ocasião das conferências organizadas em Zurique em 1946 por Hermann von Keyserling, por sua vez teórico de uma caracterologia das nações, encontrou o rabino Leo Baeck, que escapara do extermínio depois de ter acompanhado sua comunidade religiosa a Therensienstadt. Conhecendo o passado do psicólogo, recusou-se a ir até sua casa em Küsnacht. Mas Jung foi vê-lo no seu hotel, e depois de uma viva discussão, pronunciou estas palavras: "É verdade, eu dei uma escorregada." Baeck relatou a conversa a Gershom Scholem, que então aceitou o convite de Jung para participar dos encontros Eranos em Ascona.[58]

Assim sendo, Jung foi redimido pelo perdão que lhe foi dado pelo maior historiador da mística judaica, igualmente hostil a Freud. Convencido de que a psicanálise e o marxismo tinham contribuído para a dessacralização do mundo nociva ao judaísmo e, portanto, ao sionismo, Scholem ainda preferia a religiosidade junguiana ao materialismo freudiano, ainda que tivesse incluído Freud, de maneira positiva, na categoria dos "filhos do povo judeu".[59]

---

[56] As obras de Jung foram então incluídas na famosa lista Otto.

[57] C.G. Jung, *Essays on Contemporary Events: Reflexion on Nazi Germany* (1949), Londres, Routledge, 1989. Apresentação de Andrew Samuels.

[58] Ver, a esse respeito, Gerhard Wehr, *Carl Gustav Jung. Sa vie, son oeuvre, son rayonnement*, Paris, Librairie de Médicis, 1993, p.320-1, e Aniela Jaffé, *Ans Leben and Werkstatt von CG. Jung. Parapsychologie, Alchemie, Nationalsozialismus – Erinnerungen ans den letzen Jahren*, Zurique, Rascher, 1968. Em seguida, Scholem se afastou de Jung.

[59] Gershom Scholem, *Fidélité et utopie*, Paris, Calmann-Lévy, 1978, p.47-50.

Durante vários anos, Jung pôde continuar reunindo à sua volta, por ocasião dos encontros Eranos,[60] cientistas, psicólogos e historiadores das religiões, entre os quais Henry Corbin, Mircea Eliade[61] e Lancelot White. Seu envolvimento numa vasta reflexão sobre as possíveis trocas entre as filosofias orientais e ocidentais permitiu-lhe esquecer o passado. Nunca pareceu ter entendido qual foi sua participação real no nazismo, nunca renunciou à sua psicologia arquetípica, nunca teceu o menor comentário sobre o genocídio dos judeus e nunca quis reconhecer que havia proferido ideias antissemitas. A título de arrependimento, contentou-se em admitir uma "escorregada".[62]

Por motivos opostos aos que tinham levado Freud a criticar o sionismo, Jung só abraçou sua causa porque odiava os judeus da diáspora – considerados nômades e abastardados – e porque, para "salvá-los" de sua judeidade, queria ancorá-los num território e numa raça. Portanto, o "sionismo" de Jung nada mais foi que a perpetuação mascarada de um antissemitismo cuja existência ele nunca quis reconhecer, nem em seus escritos nem em sua colaboração com o nazismo.

Como já destaquei, os dirigentes da IPA, por sua vez, recusaram-se a analisar e criticar a política de Jones. Consequentemente, não produziram nenhuma análise séria da questão judaica.[63] Yosef Yerushalmi, que foi o único

---

[60] Eranos designa, em grego, um banquete improvisado. Criados em 1933 por Olga Fröbe Kapteyn, os encontros em questão ocorriam às margens do lago Maior, numa *villa* situada perto de Ascona. O objetivo de tais encontros era garantir uma mediação entre o Oriente e o Ocidente para promover a compreensão entre duas tradições da espiritualidade.

[61] Mircea Eliade (1907-86): historiador romeno das religiões, conhecido por seu apoio ao fascismo romeno durante a Segunda Guerra Mundial e sua hostilidade ao Iluminismo, aos judeus, aos franco-maçons e aos comunistas.

[62] Nas suas lembranças autobiográficas, reunidas por Aniela Jaffé, ele silenciou sobre esse período de sua história. C.G. Jung, *Memórias, sonhos e reflexões*, Rio de Janeiro, Nova Fronteira, 2000. Quanto à imponente biografia de Deirdre Bair, *Jung, uma biografia*, Rio de Janeiro, Globo, 2006, não joga nenhuma luz sobre esse assunto. O autor prefere fazer Jung passar por um ingênuo que teria se deixado lograr pelos nazistas a aceitar uma verdade já reconhecida por todos os historiadores. Cf. Elisabeth Roudinesco, "Jung: do arquétipo ao nazismo", in *Em defesa da psicanálise*, Rio de Janeiro, Jorge Zahar, 2009.

[63] O livro de Rudolf Loewenstein, *Psychanalyse de l'antisémitisme*, publicado em 1952, Paris, PUF, 2001, prefácio de Nicolas Weill, não trata dessa questão. Isso terá repercussões na França, como veremos nos próximos capítulos. Filósofa e psicanalista formada na França, filha de deportada, em seguida radicada em Israel e militante em prol de uma cultura ecumênica (cristianismo, judaísmo, islamismo), Éliane Amado-Lévy Valensi (1919-2006)

pensador da história judaica a levar o *Moisés* de Freud a sério, chegou a afirmar que os psicanalistas judeus que emigraram para os Estados Unidos não foram capazes de levar em conta em seus tratamentos a questão fundamental do antissemitismo inconsciente: "Quantos homens e mulheres ainda se deitam no divã perguntando-se se seu analista, cujo nome não revela as origens, é ou não é judeu, mas jamais ousarão lhe fazer abertamente essa pergunta, porque esse tema lhes parece ainda mais embaraçoso e diabólico do que o que se refere à sexualidade? Quantos sentimentos antissemitas são não só recalcados, mas conscientemente calados na transferência com um psicanalista judeu, e quantas outras coisas permanecem, por isso, no não dito?"[64]

Mas houve coisas ainda mais trágicas. Em julho de 1977, quando a IPA realizou pela primeira vez seu congresso em Jerusalém, sob uma presidência francesa,[65] e quando finalmente foi criada a tão aguardada cátedra Sigmund Freud na Universidade Hebraica, Anna Freud redigiu um discurso que foi lido na sessão de encerramento e cujo conteúdo deixou consternada boa parte do auditório. De fato, ela não prestou homenagem nem a Eitingon nem a Wulf, os dois fundadores vindos da velha Europa. Falou apenas de técnica do tratamento, de perversões, de estados limites, de valores terapêuticos da clínica, de eficácia, fisiologia, psicologia, metodologia, tratamento das crianças etc., esquecendo completamente de citar os trabalhos de seu pai dedicados à questão judaica. Nem uma palavra sobre *Moisés* ou *Totem e tabu*, nem uma palavra sobre Viena ou Berlim, nem tampouco sobre a história conjunta do sionismo e da psicanálise e, é claro, nada sobre Auschwitz nem sobre a transformação da IPA depois desse fato.

E, então, de repente, no final do discurso, lembrando que a psicanálise fora muitas vezes atacada, ela reivindicou a categoria de "ciência judaica": "Acusaram a psicanálise de ter métodos imprecisos, de chegar a conclusões que não se prestam a verificações experimentais, de não ser científica e até de ser uma 'ciência judaica'. Seja qual for o valor que se atribua a

---

dedicou um livro ao *Moisés* de Freud que trata da identificação deste ao profeta: *Le Moïse de Freud ou la référence occultée*, Mônaco, Éd. du Rocher, 1984.

[64] Yosef Hayim Yerushalmi, *Le Moïse de Freud*, op.cit., p.185.

[65] De Serge Lebovici. Sobre seu papel em relação à ditadura brasileira, cf. *História da psicanálise na França*, op.cit.

esses desabonos, creio ser este último qualificativo aquele que, na presente circunstância, pode servir de título de honra."[66]

Assim, pois, a própria filha de Freud adotava, pretendendo positivá-la, a expressão abjeta utilizada pelos nazistas para destruir a língua e a doutrina psicanalíticas. De tanto censurarem, esquecerem e recalcarem os anos negros, os mestres da IPA – e Anna Freud em primeiro lugar – fizeram da psicanálise uma "ciência judaica" sem sequer entenderem o alcance simbólico que tal qualificação podia ter naquele lugar: em Jerusalém mesmo, lá onde os filhos de Herzl e os filhos de Freud teriam podido, fosse apenas por um instante, se lembrar de seus dois antepassados vienenses. Não foi o que aconteceu: já fazia tempo que Israel tinha recalcado o nome de Freud e a Internacional freudiana acabava de ridicularizar sua doutrina.

Um grande intelectual de nacionalidade americana, Edward Said, nascido em Jerusalém numa família cristã da Palestina, professor de literatura comparada na mesma universidade que Yerushalmi e membro do Conselho Nacional da Palestina entre 1977 e 1991, evocou esse recalcamento quando pronunciou no Freud Museum de Londres, em dezembro de 2001, uma magnífica conferência sobre *Moisés*: "Freud et le monde extra-européen".[67] Leitor assíduo da obra freudiana, Said propunha uma interpretação de *Moisés* que ia no mesmo sentido de sua desconstrução da concepção ocidental do orientalismo.

Com efeito, é sabido que em seu principal livro, *O orientalismo*, publicado em 1978 e que deu origem a estudos anglo-americanos sobre o pós-colonialismo, ele tentou mostrar que os trabalhos eruditos dos orientalistas europeus estavam contaminados pelos temores e pelos sentimentos de superioridade do Ocidente colonial diante de um Oriente mais ima-

---

[66] Documento original datilografado e intitulado "Inaugural Lecture", comunicado por Guido Liebermann. Cf. Paul Schwaber, "Title of Honor: The Psychoanalytic Congress in Jerusalem", *Midstream*, 24, 1978. Citado também por Yosef Hayim Yerushalmi, *Le Moïse de Freud*, op.cit., p.187. Sabe-se que as quatro irmãs de Freud foram exterminadas pelos nazistas.

[67] Edward Said, *Freud et le monde extra-européen*, Paris, Le Serpent à Plumes, 2004. Acompanhado de uma apresentação do psicanalista Christopher Bollas e de um comentário de Jacqueline Rose, professora de literatura em Londres, tradutora e introdutora da obra de Lacan no mundo anglófono e autora de um excelente livro: *The Question of Zion*, Nova Jersey, Princeton e Oxford UP, 2005.

ginário que real: tese muito interessante que, aliás, ia ao encontro da de Frantz Fanon sobre a fenomenologia do colonizado.[68]

De todo modo, no comentário que fez no Freud Museum, Said sublinhou que a concepção freudiana da origem egípcia de Moisés se distanciava tanto do velho orientalismo quanto da loucura do semitismo de Renan e de Gobineau, abrindo caminho para uma exploração crítica do mundo extraeuropeu. Em outras palavras, uma vez que o Estado de Israel tinha recalcado Freud, recalcando, ao mesmo tempo, sua concepção de uma judeidade proveniente de uma genealogia não judaica (a origem egípcia), passava a ser possível para os não judeus de Israel e da Palestina, excluídos de sua identidade pelo Estado judeu – uns como cidadãos israelenses sem nacionalidade, outros como despossuídos de seu território e de qualquer Estado –, pensarem-se como sendo freudianos, ou seja, herdeiros da longa tradição dos judeus de dissidência, dos judeus não judeus, profetas e rebeldes sempre excomungados: Espinosa, Marx, Heine.

Dizer melhor, impossível. E é por isso que Edward Said, apesar de reconhecer a legalidade do Estado de Israel, foi sempre partidário, em terra palestina, de um Estado binacional que permitisse reunir num só povo os três monoteísmos (judaísmo, cristianismo e islamismo) e os dois inimigos hereditários (judeus e não judeus) para que vivessem juntos.

Até hoje, porém, a lição não foi escutada.

---

[68] Edward Said, *O orientalismo*, São Paulo, Companhia das Letras, 2001. Num posfácio de 2003, Said retificou sua tese.

5 O genocídio entre memória e negação

O extermínio dos judeus foi de tal forma único em toda a história da humanidade que foi preciso inventar uma palavra para designá-lo: genocídio. Quando Raphaël Lemkin, jurista polonês, poliglota e descendente de uma família judaica, utilizou o termo pela primeira vez, em 1944, numa obra intitulada *O poder do Eixo na Europa ocupada*, estava respondendo diretamente a uma preocupação dos aliados, particularmente de Winston Churchill, que tinha qualificado aqueles assassinatos como "crimes sem nome". Tratava-se, com efeito, de nomear finalmente o que se estava descobrindo – um massacre organizado – e que os vencedores dos nazistas preferiram não levar em consideração, apesar de terem sido informados a respeito em janeiro de 1942, data em que os líderes nazistas tinham tomado a decisão, na conferência de Wannsee, de operacionalizar a "solução final". Em junho de 1942, os jornais mais conhecidos da imprensa americana começaram a difundir a notícia e, em agosto, os líderes das potências aliadas tiveram a confirmação de extermínios em massa do povo judeu na Polônia ocupada. Em dezembro, vários relatórios já haviam mencionado o uso de novas técnicas de assassinato por gás.[1]

Contudo, preocupados em vencer a guerra o mais rápido possível, e já pensando numa nova partilha do mundo, os aliados preferiram não agir diretamente contra os comboios, bombardeando, por exemplo, as vias férreas. E depois, a organização científica e técnica de um assassinato administrado era tão impensável naquela época que, para se convencer, eles aguardaram até dispor de "provas materiais". No entanto, quanto mais esperavam, mais o processo de extermínio se ampliava, na medida em que os líderes nazistas, conscientes de que corriam o risco de perder a guerra no terreno militar, dedicavam-se com afinco a não perder a *outra guerra*: a da destruição dos judeus, mais importante no entender deles do que todas as outras.

[1] Cf. Enzo Traverso, *L'histoire déchirée. Essai sur Auschwitz et les intellectuels*, Paris, Cerf, 1997, p.191-2.

As "provas" só foram obtidas quando os diversos exércitos de libertação penetraram no coração das trevas. A partir de então, o cinematógrafo se tornou uma arma indispensável para o estabelecimento dos fatos, antes mesmo dos primeiros depoimentos escritos ou orais dos próprios nazistas,[2] e depois dos sobreviventes que retornavam, uns dos campos de extermínio, outros dos campos de concentração: Primo Levi, Jean Améry (nascido Hans Mayer), Bruno Bettelheim, Robert Antelme, David Rousset etc. Durante anos, sucederam-se centenas de depoimentos.

No entanto, a palavra genocídio não foi registrada pelo tribunal de Nuremberg, a despeito das pressões exercidas por Lemkin sobre a delegação americana. Reunido a partir de 8 de agosto de 1945, o tribunal registrou três tipos de crimes contra os principais dignitários nazistas: crimes contra a paz, crimes de guerra, crimes contra a humanidade – entre os quais assassinato, extermínio, escravidão, deportação e todos os atos desumanos cometidos contra as populações civis perseguidas devido à sua religião ou raça. É certo que o extermínio dos judeus entrava nessa definição, mas na mesma categoria de todos aqueles que tinham sido perpetrados pelos nazistas.

Foi somente em 9 de dezembro de 1948 que a ONU adotou a Convenção para a Prevenção e Repressão do Crime de Genocídio, definido então como um ato cometido com a intenção de destruir, no todo ou em parte, um grupo nacional, étnico, racial ou religioso, tais como: 1) Assassinato de membros do grupo; 2) Atentado grave à integridade física ou mental de membros do grupo; 3) Submissão deliberada do grupo a condições de existência que acarretarão a sua destruição física, total ou parcial; 4) Medidas destinadas a impedir nascimentos no seio do grupo; 5) Transferência forçada de crianças do grupo para outro grupo.

Como se vê, o termo qualificava um crime maior que o crime contra a humanidade, porque incluía a ideia de que se atentava não só contra civis devido à sua raça ou religião, mas contra um grupo como tal, na sua própria existência. E ficava evidente, então, que somente um Estado poderia ser acusado de crime de genocídio, porque nenhum indivíduo teria condições

[2] Os dois primeiros depoimentos foram o de Rudolf Höss, comandante do campo de Auschwitz, que justificou o extermínio declarando que apenas obedecera ao desejo das vítimas, e o de Kurt Gerstein, que, ao contrário, procurou informar os aliados antes de se suicidar em 1945, e que foi reabilitado por Saul Friedländer. Cf. Elisabeth Roudinesco, *A parte obscura de nós mesmos*, op.cit., p.156 e cap.6.

de cometer um crime de tamanha amplitude, nem mesmo com a ajuda de cúmplices. A ideia de deliberação estatal estava, portanto, incluída na noção de genocídio. Quanto à Declaração Universal dos Direitos do Homem, proclamada em 10 de dezembro de 1948 pela Assembleia da ONU, levava em consideração tanto as sentenças pronunciadas pelo tribunal de Nuremberg quanto a adoção da noção de genocídio.

Em seu preâmbulo, os homens são definidos como pertencentes a uma "família humana" única e, portanto, a um *genos* (espécie, gênero, nascimento), e o desconhecimento de seus direitos é comparado a um "ato de barbárie" revoltante para a consciência humana, considerada universal.

Embora a invenção da palavra tenha sido útil para qualificar um novo tipo de crime, não serviu para definir a especificidade do genocídio dos judeus cometido pelos nazistas. Aliás, Lemkin nunca teve essa intenção, muito pelo contrário. Preocupado em relacionar o extermínio dos judeus à longa história dos massacres perpetrados por homens contra outros homens, incluía em sua definição não só o genocídio dos armênios pelos turcos – que Hitler via como modelo –, mas também todos os crimes do stalinismo, incluindo a fome organizada na Ucrânia, bem como todas as consequências culturais desses crimes. Pretendia, assim, revisar toda a história da humanidade em função desse novo paradigma e redigir em três volumes uma grande história dos genocídios desde a Antiguidade.

A dificuldade, nesse caso, decorre do fato de que é difícil reescrever a história lançando mão de conceitos que absolutamente não convêm ao que se quer descrever. Se, como vimos, já é arriscado qualificar retrospectivamente de antissemitismo todas as formas antigas de antijudaísmo, é praticamente impossível transformar em genocídio todo massacre perpetrado pelo homem desde a noite dos tempos: independentemente da extensão do massacre, independentemente de sua crueldade. Além do risco de cair no anacronismo, uma proposta desse tipo também acarretaria o risco de, por um lado, judiciarizar a história e fazer com que todos os assassinatos cometidos pelo homem pudessem ser acusados, retrospectivamente, de genocídio e de, por outro, perder de vista que, para que um genocídio real tivesse podido ocorrer – diferentemente de todas as formas de massacres coletivos anteriores –, foi preciso a formação prévia dos Estados-nação, o surgimento do antissemitismo e, depois, do nacionalismo moderno, do colonialismo e do racismo e, por fim, da ciência –

e, portanto, da possibilidade de os Estados perverterem essa mesma ciência para fins de extermínio.

O erro de Lemkin foi subestimar esses dados históricos quando afirmou que o genocídio podia ser incluído na família dos tiranicídios, homicídios ou parricídios, e que a destruição de Cartago, os massacres dos albigenses e dos valdenses ou ainda as cruzadas entravam na categoria jurídica do genocídio.[3] No tocante a isso, aliás, notemos que a ONU mostrou-se mais sensata que o inventor do conceito, ao dar uma definição menos extensa desse novo tipo de crime.

Desde a adoção desse qualificativo, somente quatro genocídios foram reconhecidos pela ONU, dos quais apenas três no plano jurídico: o dos armênios, judeus e ciganos (pelos nazistas), o dos tutsis em Ruanda (pelos hutus) e o dos bósnios (pelos sérvios). Mas, enquanto Estado, a Sérvia não foi apontada culpada de genocídio.

Considerados crimes contra a humanidade, alguns grandes massacres de Estado do século XX não foram classificados pela ONU como genocídios, apesar da expectativa das vítimas e do vigor dos debates que cercaram a decisão. Como se vê, embora tenha sido necessário redefinir a noção de genocídio no correr dos anos – hoje em dia estendida a todo tipo de extermínio planificado –, é difícil incluir nela, sem esvaziá-la de seu conteúdo, por exemplo, os massacres ordenados por Pol Pot, em nome do Kampuchea Democrático, contra seu próprio povo: nesse caso, o que se pretendeu foi destruir o *genos* do povo cambojano ou exterminar o que afirmavam ser uma classe social? Para dar o nome de genocídio a esse massacre, seria preciso equiparar o pertencimento de classe a uma identidade ligada a um *genos* e falar então de autogenocídio, o que não é pertinente. É claro, no entanto, que o horror é o mesmo, a tal ponto que hoje se fala de genocídio para qualificar esses massacres.

Quando se trata da colonização francesa, do massacre dos índios da América ou então da escravidão, é preferível não identificá-los como genocídios, ainda que as vítimas reivindiquem isso. Pois o qualificativo supõe a vontade preestabelecida e executada por um Estado de exterminar um povo porque já não se quer que ele exista – e não apenas subjugá-lo ou persegui-lo. É uma diferença importante.[4]

---

[3] Raphaël Lemkin, *Qu'est-ce qu'un génocide?* Monaco, Éd. du Rocher, 2008, p.242-3.

[4] Tanto é que a noção de crime contra a humanidade foi revista muitas vezes depois de 1945. Ela qualifica 11 tipos de atos cometidos no âmbito de um ataque generalizado e sistemático

Examinando com mais atenção, o termo "genocídio" qualifica precisamente um crime contra a humanidade que visa ao aniquilamento por um Estado de um povo, não simplesmente pelo que ele pensa, mas pelo que ele é, ou seja, por seu *genos*, sua identidade, seu ser, sua história e sua genealogia. Assim considerada, a destruição planificada dos judeus da Europa correspondia perfeitamente a essa definição e não por acaso o termo foi inventado por um judeu polonês que, para conceber sua extensão, foi certamente obrigado a pensar a partir do extermínio de seu próprio povo.

Sabe-se que os nazistas não procuravam apenas destruir os judeus que residiam no interior desta ou daquela fronteira. Queriam eliminar *todos* os judeus, para além de *toda* delimitação geográfica e de *toda* presença real das vítimas. O que a "solução final" almejava era a destruição não só da origem mesma do judeu, circunscrito genealogicamente – ancestrais, avós, pais, filhos, filhos por nascer, judeus já mortos e enterrados[5] –, mas também do judeu genérico, fora de qualquer território, com sua língua, sua cultura, sua religião: extermínio vertical desde o primeiro parente, extermínio horizontal desde a dispersão (diáspora). E no *genos* judeu, que se tornou paradigma de raça ruim, estava incluído tudo o que não fosse *genos* ariano. Desse modo, os nazistas visavam tomar o lugar do povo eleito fabricando, mediante o mito ariano, uma figura pervertida da doutrina da eleição: "O nazismo", escreveu Pierre Vidal-Naquet em 1987, "é uma *perversa imitatio*, uma imitação perversa da *imagem* do povo judeu. Cumpria romper com Abraão e, portanto, também com Jesus, e ir encontrar entre os 'arianos' uma nova linhagem. Intelectualmente falando, o raciocínio da Nova Direita de hoje não difere deste."[6] Quanto à decisão de exterminar os judeus em câmaras de gás, era uma demonstração clara da junção que se operara no nazismo entre uma política antissemita e um programa de eutanásia aplicado a todas as categorias de humanos "não arianos".

---

dirigido contra uma população civil: assassinato, extermínio, escravagismo, deportação, tortura, perseguição organizada de ordem étnica, religiosa, cultural, sexista, prostituição, *apartheid*, bem como todos os crimes ditos "inumanos".

[5] Destruição dos cemitérios, dos monumentos, da arte, da língua, dos livros, dos locais de culto.

[6] Pierre Vidal-Naquet, *Les assassins de la mémoire*, Paris, La Découverte, 1987, p.164. Num belo livro prefaciado por Pierre Vidal-Naquet, o historiador americano Arno Mayer propôs o termo "judeocídio": *La "solution finale" dans l'histoire*, Paris, La Découverte/Poche, 2002.

Nesse aspecto, pode-se afirmar que há, de fato, uma especificidade nessa destruição dos judeus europeus pelos nazistas: foi a única de toda a história da humanidade capaz de corresponder de maneira estrita à noção de genocídio, na medida em que, além dos judeus, o crime de que eles eram vítimas incluía todos os outros. Em Auschwitz, o homem não matou seu semelhante por motivos simplesmente humanos, matou para erradicar o próprio homem e, com ele, o "conceito de humanidade".[7] Portanto, o genocídio dos judeus como tal foi o genocídio do Homem, e é por isso que há um *antes* e um *depois* de Auschwitz. E é por isso que, se Auschwitz *nomeia* a singularidade do crime nazista, é porque esta *nomeia*, ao mesmo tempo, o crime contra a própria humanidade. A câmara de gás foi inventada *para* o judeu, porque através do judeu o nazismo visava aniquilar a humanidade.[8]

Essa cesura, que faz de Auschwitz um acontecimento único, decorre do fato de que o extermínio dos judeus não servia a nenhum outro propósito senão satisfazer um ódio perverso, patológico, paranoico até contra o judeu enquanto ser excluído do mundo humano. Nenhuma outra razão esteve na origem desse projeto: nem a eliminação de um inimigo, nem a conquista de um território, nem a subjugação de um povo, nem mesmo o desejo de saciar um poder ancestral.[9] É muito provável que somente as categorias freudianas permitam pensar tal ato genocida em sua dimensão coletiva e individual.

Logo depois da vitória dos aliados, vários intelectuais, distantes do local do crime, puderam pensar e, sobretudo, pôr em palavras esse acontecimento: Hannah Arendt, Karl Jaspers, Theodor Adorno, Max Horkheimer,

[7] Hannah Arendt e Karl Jaspers, *Correspondence*, Paris, Payot, 1996, p.120.

[8] Nesse ponto, não concordo com a posição de meu amigo Jean-Claude Milner quando ele afirma (com razão) que a câmara de gás foi inventada para o judeu, mas não chega a dizer, me parece, o que, no judeu, era visado. Cf. *Les penchants criminels de l'Europe démocratique*, Paris, Verdier, 2003. Tampouco concordo com a posição de meu amigo Alain Badiou quando defende que, sob a palavra "Auschwitz", uma matilha de retóricos e de propagandistas fez do extermínio dos judeus o "fundo de comércio de sua propaganda 'democrática'". Prefácio a Ivan Segré, *La réaction philosémite*, Paris, Lignes, 2009, p.15.

[9] Com relação a isso, não concordo com as análises de Ivan Segré, que nega essa singularidade, a qual, segundo ele, dependeria de uma concepção dita "judaica" da história da destruição dos judeus. Cf. Ivan Segré, *Qu'appelle-t-on penser Auschwitz?*, Paris, Lignes, 2009.

Jean-Paul Sartre, Günther Anders, Maurice Blanchot, Jacques Lacan, Dwight Macdonald.[10] Freud, como sabemos, morreu antes de ter conseguido, a não ser pela publicação de seu *Moisés*, apreender seu princípio.

Em 1947, Adorno e Horkheimer empreenderam uma longa digressão sobre os limites da razão e os ideais do progresso.[11] Defendiam que a entrada da humanidade na cultura de massas e no planejamento biológico da vida implicava o grande risco de gerar novas formas de totalitarismo se a razão não conseguisse criticar a si própria e superar suas tendências destrutivas: tal fora, aliás, em 1930, a mensagem freudiana.

Anders,[12] por sua vez, comparou Auschwitz e Hiroshima, sublinhando que, em ambos os casos, a ciência mais sofisticada se pôs a serviço de uma destruição completa da humanidade. Mas também mostrou que, naquelas circunstâncias, a utilização do átomo não fez parte de um processo genocida e que, aliás, Claude Eatherly, que pilotou o *Straight Flush* para fazer o reconhecimento dos locais antes do lançamento da bomba, expiou o "erro" dos Estados Unidos ao recusar tornar-se o "herói de Hiroshima". Ele caía periodicamente em estados melancólicos. Nunca algum nazista teve um gesto desses.

Quanto a Sartre, redigiu pela França o primeiro grande livro depois de Auschwitz sobre a questão judaica indagando-se simultaneamente sobre o ser judeu, autêntico e inautêntico, e sobre a paixão antissemita.[13] Nele evocava muito mais o legado drumontista do que o extermínio, na medida em que, como filósofo e não como historiador, considerava que o genocídio não modificava a *natureza* do problema. A seu ver, todo verdadeiro antissemitismo tinha necessariamente de levar à pior das abjeções. Como contradizê-lo? E, no cerne da obra, ele fazia de Louis-Ferdinand Céline o protótipo do perfeito antissemita francês, ele que, como se sabe, tinha sido um dos maiores defensores de *Viagem ao fim da noite*.[14] Céline lhe

[10] Enzo Traverso listou-os muito bem em *L'histoire déchirée*, op.cit.

[11] Max Horkheimer, Theodor W. Adorno, *La dialectique de la raison* (1947), Paris, Gallimard, col. Tel, 1974 [ed. bras: *Dialética do esclarecimento*, Rio de Janeiro, Jorge Zahar, 1985].

[12] Günther Anders, *Avoir détruit Hiroshima. Correspondence avec Claude Eatherly*, Paris, Laffont, 1962.

[13] Jean-Paul Sartre, *Réflexions sur la question juive* (1946), Paris, Gallimard, col. Folio Essais, 2006 [ed. bras.: *A questão judaica*, São Paulo, Ática, 1995].

[14] Louis-Ferdinand Céline, *Le voyage au bout de la nuit* (1934) [ed. bras.: *Viagem ao fim da noite*, São Paulo, Companhia das Letras, 2004].

respondeu na mais pura tradição da cusparada antissemita: "Assassino, maldito, medonho, rufião de merda, asno de óculos ..., cocozinho no meu cu genial ..., porcariazinha satânica, boceta babona, Ânus Caim pfff ..., tênia, maldito rabo podre ... cobra, ingrato, maldito asno" etc.[15]

Figura de proa da *intelligentsia* nova-iorquina de esquerda, Dwight Macdonald renunciou ao marxismo para abraçar a causa libertária no momento em que Sartre o descobria.[16] E começou então a afirmar que o extermínio dos judeus era o grande tema moral da época, que ele introduzia uma cesura na história do antissemitismo e que o stalinismo não era de mesma natureza que o nazismo, tese que seria retomada por Hannah Arendt.[17]

A atitude de Maurice Blanchot foi diferente, mas igualmente interessante por sua extrema radicalidade. Nascido em 1907 numa família católica da França profunda, tinha descoberto a filosofia alemã em 1925 ao acompanhar, em Estrasburgo, os cursos de Emmanuel Lévinas. Entre o futuro grande filósofo do judaísmo e da judeidade e o jovem estudante que se tornaria um dos principais escritores da segunda metade do século XX, nasceu então uma amizade que só cresceria nos 50 anos seguintes: um estado de graça que seria homenageado por Jacques Derrida, amigo dos dois homens, caçula dos três. Nacionalista, robespierrista, anticapitalista e, sobretudo, furiosamente monarquista, Blanchot entrou em seguida na política como editorialista em vários jornais da extrema direita maurassiana. E foi nessa época que redigiu artigos nos quais atacava os judeus, os freudianos, os comunistas, os stalinistas e os hitleristas – e mais tarde Léon Blum e a Frente Popular. Contra todos os moderados, um pouco à maneira de Bernanos, conclamava uma purificação da nação francesa que, a seus olhos, tinha se tornado um "caravançará", uma "abjeção".[18]

Durante a Ocupação, Blanchot se voltou para a ficção e virou outro homem. Quando Lévinas foi feito prisioneiro pelos alemães e encarcerado num *stalag*, acolheu em sua casa a mulher e a família dele e depois tomou providências para colocá-los em segurança. Embora continuasse colabo-

---

[15] Louis-Ferdinand Céline, "Sartre demi-sangsue, demi-ténia", *Magazine Littéraire*, 488, jul-ago 2009, p.80-1. E "À l'agité du bocal", *L'Herne*, *Louis-Ferdinand Céline*, 3 e 5, 1963.
[16] Enzo Traverso, *L'histoire déchirée*, op.cit., p.190.
[17] Ibid., p.189-91. E Dwight Macdonald, "The Responsibility of Peoples", *Politics*, vol.11, n.3, mar 1945, p.82-93.
[18] Maurice Blanchot, "La grande passion des modérés", *Combat*, 9, nov 1936.

rando com revistas petainistas, em que, contudo, só escrevia crônicas literárias, tomou consciência da necessidade de uma ruptura radical com o que tinha sido antes. O encontro e a amizade com Georges Bataille, e depois com Dionys Mascolo, Marguerite Duras e Robert Antelme,[19] desempenharam um papel importante nessa transformação. Encontramos a repercussão disso em *Thomas, o obscuro*, que teve muitas páginas, redigidas a partir de 1932, remanejadas duas vezes: em 1940, na data da derrota da França, e depois em 1950, após Auschwitz. Verdadeiro manifesto de uma literatura antipsicologista inspirada em toda uma tradição modernista – de Proust a Kafka, passando por Thomas Mann –, o romance começava com a seguinte frase que ficaria famosa: "Thomas sentou e olhou o mar."

Herói humano e monstruoso, imerso em forças noturnas, Thomas, cujo nome evoca o discípulo incrédulo de Jesus, confronta-se com a morte: com a sua e com a de duas mulheres que preferem: uma cortar a garganta com um estilete; a outra, morrer de anorexia. Em seguida, deixa-se tragar pelo nada: "Eu penso, disse Thomas, e esse Thomas invisível, inexprimível, inexistente que me tornei, fez com que doravante eu jamais estivesse onde estava, e nem mesmo houve nisso algo de misterioso. Minha existência toda se tornou a de um ausente ... minha vida era então a de um homem literalmente emparedado no cimento ..."[20]

Em seguida, Blanchot não parou mais de escrever sobre a morte, sobre seu instante e seu percurso no interior da vida, recusando-se durante 40 anos a intervir no espaço público: nem fotografias, nem participação em debates. Vivia retirado do mundo, mas, como "parceiro invisível",[21] estava presente em toda parte com o que escrevia: nas cartas dirigidas a seus amigos, a seus inimigos, à imprensa ou a interlocutores, em seus textos, em seus diversos engajamentos. Por meio dessa ausência no mundo, parecia expiar seu erro passado expiando ao mesmo tempo o erro coletivo da

---

[19] Robert Antelme (1917-90): poeta e membro da Resistência, casado com Marguerite Duras (entre 1939 e 1942), membro, junto com Dionys Mascolo, do grupo de resistência de François Mitterrand, deportado para Buchenwald e Dachau, e autor de um depoimento fundamental sobre as condições de vida nos campos: *L'espèce humaine*, Paris, Gallimard, 1947. Nele Antelme descreve a experiência do inumano num estilo despojado e desprovido de qualquer psicologismo. Blanchot se inspirará nele para escrever a última versão de *Thomas l'obscur*.

[20] Maurice Blanchot, *Thomas l'obscur* (1941), Paris, Gallimard, 1950, p.148. A última versão do livro está amputada de uma centena de páginas.

[21] Nas palavras de Christophe Bident, *Maurice Blanchot, partenaire invisible*, Champ Vallon, 1998.

Europa para com os judeus. Contudo, jamais cometera qualquer crime, nem delatara ninguém. Na intimidade, cercado de seus próximos e sem jamais fazer escola, era o mais vivo e radiante dos escritores.

Engajado desde o final da guerra na luta contra o colonialismo, redigiu em 1960 o célebre *Manifesto dos 121* "sobre o direito à insubmissão na guerra da Argélia", que terminava com as seguintes palavras: "A causa do povo argelino, que contribui de maneira decisiva para acabar com o sistema colonial, é a causa de todos os homens livres."[22] Os signatários foram tratados de burgueses pela extrema esquerda, de anarquistas pela direita, ao passo que os herdeiros da França de Maurras, partidários da Argélia francesa – entre os quais Thierry Maulnier, ex-companheiro de Blanchot –, responderam com uma contrapetição que insultava Sartre.[23] Quanto ao texto sobre a insubmissão, estava alinhado com a Declaração dos Direitos do Homem e com o *Manifesto* de Marx: uma obra-prima literária. E Blanchot afirmou tê-lo assinado enquanto escritor e não "como escritor político".[24]

Foi pelo viés da luta contra o colonialismo, e depois pelo engajamento político em maio de 1968, que Blanchot começou a teorizar a questão do extermínio dos judeus como um absoluto da História, como uma cesura que marcava profundamente as próprias condições de elaboração da filosofia e da literatura. Sem deixar de aprovar Adorno, ressaltava que em Auschwitz a humanidade fora morta pela primeira vez em sua totalidade e que, dali em diante, qualquer relato seria "de antes de Auschwitz", fosse qual fosse a data de sua redação. Pois se a vida continuasse depois daquele acontecimento, ela não poderia ser senão uma sobrevivência da qual cada texto daria testemunho.[25]

---

[22] Assinado em especial por Robert Antelme, Simone de Beauvoir, Jean-Paul Sartre, Pierre Vidal-Naquet, Marguerite Duras, Claude Lanzmann, Pierre Boulez, André Breton, Nathalie Sarraute, Claude Simon, Alain Robbe-Grillet etc. Cf. Maurice Blanchot, *Écrits politiques, 1953-1993*, Paris, Gallimard, 2008, p.49-54.

[23] Cf. Christophe Bident, op.cit., p.399. Durante a segunda metade do século XX, Sartre foi o autor francês mais insultado em seu próprio país e no estrangeiro, e também o mais famoso. Chegou a ser tratado de antissemita por uma universitária americana e de criminoso sexual por uma jornalista francesa.

[24] Ibid., p.77. Sempre extremista e apesar das opiniões sensatas de seus amigos, Blanchot estava convencido de que o gaullismo era um novo fascismo.

[25] Maurice Blanchot, *Après coup*, Paris, Minuit, 1983; *L'entretien infini*, Paris, Gallimard, 2006, p.99 [ed. bras.: *A conversa infinita*, 2 vols., São Paulo, Escuta, 2001 e 2007].

Donde a ideia de pensar o ser judeu como uma errância ou uma cultura da recusa: uma diferença. Contrário a todo antissionismo, que a seu ver sempre ameaçava se transformar em antissemitismo, e apesar de continuar próximo de Jacques Derrida, que, contra o risco de desgoverno, evoluía para um pensamento passível de incluir no judeu-cristianismo o terceiro monoteísmo – e, portanto, o mundo árabe-islâmico como parte ao mesmo tempo intrínseca e extrínseca ao mundo ocidental[26] –, Blanchot deu seu apoio a Israel: não à política de seus governantes, mas ao significante Israel, considerando que o que o termo abrangia era mais vulnerável que o termo liberdade brandido pelos palestinos: "Aconteça o que acontecer, estou com Israel. Estou com Israel quando Israel sofre. Estou com Israel quando Israel sofre por fazer sofrer."[27]

A adoção da palavra "genocídio" abria caminho para que os povos colonizados ou oprimidos se apropriassem de sua história de uma maneira nova e instaurassem um memorial de seus sofrimentos passados que logo entraria em concorrência com o dos judeus, sobretudo depois da criação do Estado de Israel, vivido por eles como a vitória dos opressores sobre os danados da terra: os árabes da Palestina. Agora, os "povos sem história" explorados por um Ocidente vencedor da barbárie e declarados iguais a seus exploradores pela Declaração Universal não tardariam a despertar para fazer valer seus direitos.

Nesse contexto, a palavra "genocídio", cujo significado era bem claro, passou a sofrer a concorrência de outros termos com conotação religiosa. No mundo anglófono, dominado por uma leitura protestante da Bíblia, adquiriu-se o hábito de chamar de Holocausto o extermínio dos judeus. Ora, essa palavra designa o "sacrifício pelo fogo de um animal macho de pelagem sem defeito" e também remete às acusações medievais de crimes rituais praticados pelos judeus, bem como às diversas fogueiras nas quais eles outrora eram queimados como punição por crimes imaginários. Por-

---

[26] Jacques Derrida, *L'autre cap*, Paris, Minuit, 1991.

[27] Maurice Blanchot, "Ce qui m'est le plus proche", *Globe*, 30, jul-ago 1988, p.56. Sobre o itinerário político de Maurice Blanchot, cf. Christophe Bident, op.cit. Sem mencionar o itinerário posterior de Blanchot, Zeev Sternhell dirá que, no período entre as duas guerras, ele era a "perfeita definição do espírito fascista", in *Ni droite, ni gauche. L'idéologie fasciste en France*, Paris, Seuil, 1983, p.368.

tanto, embora a palavra não fosse apropriada, ela se impôs. O mesmo pode ser dito do termo "*Shoá*" (ou *Choah*), que remete à história do judaísmo e às diferentes catástrofes que Deus enviou a seu povo para puni-lo. A palavra foi adotada oficialmente pelo Estado de Israel em 12 de abril de 1951, por ocasião da criação do Dia Nacional da Lembrança.

Em seguida, ela se impôs sem, no entanto, suplantar "genocídio".[28] Por outro lado, o extermínio dos judeus da Europa não foi nem um sacrifício nem uma catástrofe enviada por Deus, mas uma destruição tramada e concebida por homens hostis ao judeu-cristianismo que tinham se afastado radicalmente de qualquer ideia de Deus. Ora, a adoção dos termos Holocausto ou *Shoá* tendia a favorecer mais o culto memorial, a evocação dos sofrimentos do que o estudo racional desse acontecimento histórico sem precedentes. A memória contra a história.

Assim como o sionismo tinha contribuído para o despertar do nacionalismo árabe, também a guerra civil de 1948, durante a qual os palestinos tiveram de partir para o exílio, foi vivida pelas vítimas como o equivalente do Holocausto. Chamaram de *Naqba* (catástrofe) a destruição de sua sociedade, cultivando eles também uma história memorial mediante a qual identificavam os judeus a racistas genocidas. A essa história memorial, dolorosamente vivida, as autoridades israelenses contrapuseram uma recusa: a Naqba não existe, disseram elas, ela é uma ficção integralmente criada pela propaganda árabe, pelos antissemitas, pelos antissionistas. E foram necessários os trabalhos dos novos historiadores israelenses, que se apoiaram nos arquivos de seu país, para estabelecer sua veracidade.[29]

---

[28] Cumpre dizer que, felizmente, o filme de Claude Lanzmann, *Holocausto* [*Shoah*] (1985), elogiado com razão pelos melhores historiadores, contribuiu para laicizar o termo, extraí-lo da história do judaísmo e reconciliar história e memória: "A palavra revelou-se para mim como uma evidência, já que, por não entender hebraico, eu não compreendia seu sentido, o que era mais um modo de não nomear." A palavra lhe fora proposta por um amigo israelense, que lhe tinha sugerido realizar "não um filme sobre o Holocausto, mas um filme que fosse o Holocausto". Cf. Claude Lanzmann, *Le lièvre de Patagonie*, Paris, Gallimard, 2009, p.429 e 525.

[29] Ainda assim, houve árduos confrontos entre os novos historiadores, não sobre a realidade da Naqba, mas sobre sua interpretação. Uns afirmavam que ela era produto da guerra, outros que foi programada como "uma limpeza étnica", outros, ainda, que não passava de um caso de política de *apartheid*. Esses debates, de uma virulência inaudita, confirmam, como se preciso fosse, que a liberdade de pesquisa existe, de fato, em Israel. Cf. Ilan Pappé, *La guerre de 1948 en Palestine*, Paris, La Fabrique, 2000. E Dominique Vidal, *Le péché originel d'Israël. L'expulsion des Palestiniens revisitée par les 'nouveaux historiens' israéliens*, Paris, Éditions de l'Atelier, 2003.

Seja como for, no curso de uma guerra que certamente não tinha nada de comparável ao Holocausto, mas que, no entanto, foi mortífera, cerca de 800 mil palestinos foram brutalmente expulsos de suas casas, tendo seus bens confiscados e suas casas devastadas. Que forma é possível dar a um Estado fundado nessas condições?

A declaração de Independência de 14 de maio de 1948 proclamava que o Estado de Israel, que não tinha constituição, era simultaneamente judeu e democrático. Sendo judeu, invocava, por um lado, a Bíblia e, portanto, uma origem mítica e religiosa (o primeiro monoteísmo), e, por outro, o sionismo, movimento espiritual, laico e nacionalista. Na condição de Estado democrático, porém, dizia-se também um Estado de direito, fundamentado numa cidadania de natureza inclusiva. Aberto à imigração judaica de todos os países da diáspora, esse Estado, enquanto Estado judeu – e *dos judeus*, como disse Herzl –, também pretendia poder garantir plena igualdade social e política a todos os seus habitantes sem distinção de raça, religião ou sexo, isto é, aos não judeus. Mas, embora invocasse princípios universais que permitiam garantir a cada cidadão uma plena liberdade de consciência, de culto, de educação e de cultura, tomava como referência, para definir essa liberdade, não a definição extraída da Declaração dos Direitos do Homem, mas os ensinamentos dos profetas de Israel.

Desde a sua fundação, portanto, esse Estado esteve atravessado por uma contradição peculiar à história do povo judeu: remetia a um particularismo (o judaísmo) e a um universalismo (a democracia). Mas também estava moldado pela questão judaica, ou seja, pelo antissemitismo – e, sobretudo, por sua forma mais criminosa: o Holocausto. Concebido originalmente para dar uma nação aos judeus vítimas do antissemitismo do fim do século XIX, esse Estado, como estipulava sua declaração de Independência, também devia ser o Estado de todos os sobreviventes do genocídio.

Mas como um Estado judeu – constituído a favor dos judeus – poderia garantir a igualdade entre todos os seus cidadãos? Essa é uma questão que nunca ficou resolvida, apesar das inúmeras tentativas de diversos juristas israelenses, que se empenharam, durante décadas, em elaborar para Israel uma Constituição que permitisse ao Estado escapar de seu caráter híbrido. Consequentemente, as minorias não judaicas – druzos, circassianos, armênios e, sobretudo, árabes israelenses, em maior número, também denominados "palestinos do interior" (muçulmanos, laicos ou cristãos) –

não foram dotadas do mesmo status que os judeus. Reconhecidos como cidadãos, não obtêm a plena nacionalidade, reservada aos judeus. Logo, o Estado israelense pode ser caracterizado, como lembra o jurista Claude Klein na grande tradição do humor judaico, como um Estado democrático para os judeus e um Estado judeu para os árabes.[30]

Na véspera da fundação desse Estado, que ora será caracterizado como "judeu", porque foi concebido para os judeus, ora como "hebraico", por referência à língua nacional, suscitaram-se vários debates em torno da questão de sua nomeação. A palavra "Judá" pareceu impor-se durante certo tempo, mas prevaleceu "Israel", com base no nome dado pelo Anjo a Jacó, o terceiro patriarca. Não era uma escolha anódina, já que esse nome carregava a lembrança ancestral da luta entre o Anjo e o filho de Isaac, entre Deus e o eleito de Deus: uma luta interminável, indissociável do povo judeu. Quanto aos emblemas nacionais, inspiraram-se na tradição bíblica: a bandeira, estampando um escudo de Davi, tem a cor azul do xale de oração (o talit); o brasão oficial reproduz o candelabro de sete braços, símbolo da aspiração do povo judeu à paz. Quanto ao hino nacional (Hatikva), exprime o desejo bimilenar do povo judeu de recuperar Jerusalém e a terra prometida de Sion.

Obrigado a fazer concessões aos ultraortodoxos, que queriam garantir uma presença forte do judaísmo no Estado, Ben Gurion confiou à autoridade rabínica a gestão dos direitos civis criando um aparato judiciário específico – 12 tribunais e uma corte de apelação – para regulamentar os assuntos matrimoniais dos cidadãos judeus com base no direito religioso (a Halachá). Por isso, para designar quem é judeu, foi aplicada a lei judaica segundo a qual um judeu só é judeu se tiver nascido de mãe judia ou convertida ao judaísmo. Nesse mesmo sentido, continua sendo judeu um judeu que, nascido nas mesmas condições, já não pratica a religião judaica ainda que, em função do seu estatuto pessoal, seja obrigado a obedecer aos ritos religiosos.

Além disso, para reforçar o "caráter judeu" do Estado – no sentido da identidade nacional –, e tentar assim afastar o inevitável conflito entre os religiosos e os laicos, Ben Gurion promulgou leis que garantiam a obser-

---

[30] Segundo as palavras de Claude Klein, in "La constitution, encore la constitution", *Les Temps Modernes*, 651, nov-dez 2008, p.164. O livro de referência sobre essa questão é *L'État d'Israël*, Paris, Fayard, 2008, organizado por Alain Dieckhoff.

vância dos ritos alimentares, do Shabat e das festas em todos os setores da vida pública. E quando, em 1953, foi criado o memorial Yad Vashem, que recenseava e homenageava as vítimas do Holocausto, instalou-se o costume de comemorar ao mesmo tempo a Páscoa judaica (pessach), a criação do Estado de Israel (festa da Independência) e a lembrança dos mortos do genocídio e da revolta heroica do gueto de Varsóvia. Ataram-se desse modo, numa mesma evocação memorial, acontecimentos bem diferentes entre si: culto dos mortos e celebração de um renascimento, lembrança de uma ação heroica e invocação da tradição religiosa: "Se assim é", dirá Pierre Vidal-Naquet, "e tenho todos os motivos para temer que seja, penso que isso não apenas é politicamente perigoso, como historicamente perigoso."[31]

Ao longo dos anos e dos diferentes "retornos", a questão de saber quem é judeu não parou de se colocar: por exemplo, pode continuar dizendo-se judeu quem pratica voluntariamente outra religião? Em 1970, foi votada uma emenda à lei do retorno definindo um judeu como "nascido de mãe judia ou convertido ao judaísmo e que não pratica outra religião". Essa escolha respeitava a divisão inscrita desde a *Haskalá* no âmago da consciência judaica: significava, com efeito, que se podia ser judeu sem ser crente (ou seja, sem praticar o judaísmo), mas que era impossível continuar a sê-lo a partir do momento em que se adotasse outra religião sem ser obrigado a isso. Essa emenda, contudo, não resolvia o problema ainda insolúvel das crianças nascidas em Israel de pai judeu e mãe não judia e não convertida. Por isso, nesses casos, os casamentos mistos estavam proscritos pela lei judaica. Mas como o Estado era democrático e existiam tribunais civis, o concubinato notório não foi proibido. Quanto aos direitos dos homossexuais à vida comum e à adoção de crianças, acabaram sendo reconhecidos – deixando furiosos os judeus ortodoxos.

Doravante, e pela primeira vez na história, instaurava-se uma clivagem na realidade entre o judeu universal (diaspórico) e o judeu de território que se tornou cidadão de uma nação através da criação de um Estado judeu. E, de fato, o conflito interno desse Estado mostrou-se quase tão grave quanto aquele que o opunha a seus inimigos, pois era percebido como uma ameaça

---

[31] Pierre Vidal-Naquet, *Réflexions sur le génocide. Les Juifs, la mémoire et le présent*, t.3, Paris, La Découverte, 1995, p.287.

não só para o futuro da sociedade israelense, como para o destino de uma diáspora judaica egressa dos campos de concentração.[32]

Para uns, os laicos, o Estado de Israel estava fadado, desde sua origem, a soçobrar no fundamentalismo e, portanto, a perecer; para os outros, religiosos, estava ameaçado de uma nova destruição devido à perda de sua "alma judaica" e de sua aliança eletiva com Deus.[33] Em ambos os casos, perpetuava-se o terror do desaparecimento: seja pela catástrofe, seja devido a uma nova dispersão. Quanto à memória do Holocausto, estava presente em toda parte: "Regularmente, e em função das circunstâncias", afirmava Idith Zertal em 2002, "as vítimas do Holocausto voltam a ganhar vida e assumem um papel central no debate político israelense, em particular no contexto do conflito árabe-israelense e mais especificamente quando ocorrem crises graves ou até guerras. De fato, desde 1948 e até a crise atual, que começou em outubro de 2000, não houve guerra ou conflito armado que não tenha sido percebido, definido e conceitualizado pela sociedade israelense em termos ligados ao genocídio."[34]

Enfim, tudo se passava como se os judeus modernos – os judeus "de depois da catástrofe" ou judeus do Holocausto – estivessem tomados pelo terror de seu próprio desaparecimento. No começo do século XIX, o filósofo Nachman Krochmal já se debruçara sobre a questão antes mesmo de Freud a retomar para tentar lhe dar uma resposta magistral. E concluíra que os judeus não corriam o risco de desaparecer porque, sem território ou identidade nacional, eles não tinham cessado, desde a sua origem, de percorrer o ciclo do crescimento e do declínio para sempre renascer pela força de sua espiritualidade.[35]

---

[32] Convém observar que a população total de judeus no mundo, no começo do século XXI, é estimada em cerca de 14 milhões, distribuídos por 28 países. A maioria vive em Israel (5.640.000), nos Estados Unidos (5.500.000) e na Europa (1.200.000). Entre os países da Europa, é na França que os judeus são mais numerosos: por volta de 500 mil. O povo judeu existe, portanto, mas, diferentemente de todos os outros povos, sua existência é antes diaspórica que nacional.

[33] Cf. Marius Schattner, *Israël, l'autre conflit*, Bruxelas, André Versaille, 2008.

[34] Cf. Idith Zertal, *La nation et la mort. La Shoah dans le discours et la politique d'Israël*, Paris, La Découverte, 2004, p.9.

[35] Numa obra digna de nota, o historiador Alain Dieckhoff define Israel como uma "nação por antífrase. Nação defunta, portanto, ou melhor, nação espectral". Cf. *L'invention d'une nation. Israël et la modernité politique*, Paris, Gallimard, 1993, p.118-9. Essa tese faz pensar na de Jacques Derrida a respeito de Marx. Cf. *Espectros de Marx*, Relume-Dumará, 1994. Com efeito, o espectro é a aparição de uma força espiritual inaudita que não cessa de provocar pavor; ele é insubmergível.

Mas essa profecia caducava a partir do momento em que os judeus, a metade deles ao menos, se integravam a uma nação como as outras, dotada de um território e de um Estado. Antigamente, quando não tinham Estado, eram perseguidos, eram párias, errantes, novos-ricos, assimilados. Mais tarde, porém, como povo dotado de um Estado, os judeus de Israel opuseram-se uns aos outros e tiveram inimigos ou adversários, assim como todos os cidadãos integrados a um Estado. E, examinando com atenção – muito embora já nenhuma catástrofe significativa ameaçasse os judeus da diáspora depois de 1945, protegidos em toda parte por leis contra o ódio racial –, a única catástrofe que ameaçava se abater sobre os judeus israelenses era gerada pela política de seus governantes, que se tornaria, depois de um período auspicioso, cada vez mais desastrosa e cada vez mais contestada pelos próprios israelenses, especialmente por brilhantes intelectuais, historiadores e escritores: "Se a guerra ameaça a sobrevivência *física* de Israel", escreve Ilan Greilsammer, "sua existência territorial, a paz, por sua vez, ameaça de forma mortal o tecido social israelense e corre o risco de provocar sua dissolução ou sua implosão. Há até quem aconselhe os árabes hostis à existência de Israel a fazer a paz ... . Para que o Estado judeu cesse de existir por autodestruição em consequência de um processo interno."[36] Terrível constatação.

Todos os debates sobre o genocídio e o temor de extinção mostram que foi no momento em que foi redigida a Declaração Universal dos Direitos do Homem, destinada a pôr fim a qualquer forma de racismo e a estender a todos os povos os benefícios da Declaração francesa de 1789, que se anunciou um vasto movimento de contestação de sua universalidade que só cresceria com o passar dos anos. Quanto mais essa universalidade era afirmada por países democráticos que não paravam de ridicularizá-la por meio das políticas de exploração dos países pobres, sobretudo na África, mais os povos desses países se puseram a relativizar, de maneira exorbitante, esses princípios de justiça, direito e igualdade procedentes da Declaração, em vez de se apropriar deles.

Lembremos aqui que, após ter conseguido impor a ideia sionista ao mundo ocidental, sem hesitar em cooperar com o imperialismo colonial, Herzl, sempre visionário e paradoxal, imaginou resolver simultaneamente

[36] Ilan Greilsammer, "En Israël, entre Juifs", *Colloque des intellectuels juifs. Comment vivre ensemble*, Paris, Albin Michel, 2001, p.149.

a questão racial e a questão judaica e expôs esse projeto, em 1902, em seu incrível romance intitulado *Altneuland*: "Existe um problema, um sofrimento nacional", escreveu, "cujo profundo horror só um judeu pode avaliar e que até hoje não encontrou solução. É o problema dos negros ... . Por serem negros, homens foram capturados como animais, deportados e vendidos. Seus descendentes viveram longe de seu país, odiados e desprezados porque eram de outra cor. Não me incomodo em dizê-lo mesmo que zombem de mim: depois de ter vivido o retorno dos judeus, gostaria de ajudar a preparar o retorno dos negros."[37] Nesse terreno, Herzl não foi seguido por seus herdeiros.

Em 1952, Claude Lévi-Strauss, num texto célebre, *Raça e história*, alertou os defensores dos direitos universais, apontando o perigo que há em supor uma raça superior a outra. E, ao mesmo tempo, já recusava a própria noção de raça – fonte de todos os racismos e que posteriormente será abandonada[38] –, ressaltando que nenhuma propriedade cultural ou psicológica podia ser deduzida de um substrato biológico qualquer. Não recusava o darwinismo, mas denunciava os deslizes de um evolucionismo que sempre ameaçava transformar no seu contrário um ideal absolutizado de progresso, predisposto a negar os valores positivos da diversidade cultural. Pois, sem o respeito dessas diversidades, nenhuma teoria universal do homem pode dar conta da unidade do gênero humano. E a barbárie nazista foi prova disso, pois se apoiou num desigualitarismo levado a tal extremo que almejava não só o extermínio dos judeus, mas o extermínio do gênero humano como um todo.[39]

Nesse contexto, a criação de um Estado judeu para os judeus foi percebida cada vez mais pelos povos colonizados como um ato de opressão. Depois de terem sido quase totalmente aniquilados, os judeus expulsa-

---

[37] Theodor Herzl, *Pays ancien, pays nouveau*, op.cit., p.188.

[38] O conceito de raça foi oficialmente abandonado pela Unesco em 1950, e depois pela comunidade científica mundial. Foi substituído pelo conceito de etnia, que também suscita inúmeros problemas.

[39] Mais tarde, em 1971, em *Raça e cultura*, Claude Lévi-Strauss mostrará que a evolução biológica dos homens e das populações é determinada em grande parte por sua organização cultural. Cf. Claude Lévi-Strauss, *Race et histoire* (1952), *Race et culture* (1971), Paris, Albin Michel/Unesco, 2001 [ed. bras.: "Raça e história", in *Antropologia estrutural*, t.2, Petrópolis, Vozes, 1982].

vam de sua terra palestinos que, isentos de qualquer responsabilidade no grande massacre, viam-se obrigados a pagar pela culpa das democracias ocidentais em não terem conseguido deter o processo da "solução final". E o fundador daquele novo Estado, David Ben Gurion, tinha plena consciência disso, já que, logo depois de sua vitória, fez a seguinte declaração espantosa: "Se eu fosse um líder árabe, nunca assinaria um acordo com Israel. É normal: nós tomamos o país deles. É verdade que era uma promessa de Deus, mas o que eles têm a ver com isso? Nosso Deus não é o deles. Houve o antissemitismo, Hitler, os nazistas, mas no que isso lhes diz respeito? Para eles, existe uma única coisa: nós viemos e roubamos o país deles. Por que eles aceitariam isso?"[40]

Eis como Edward Said evocará, pouco antes de morrer, como havia sido para Siri Husseini Shahid, mãe de Leila Shahid, o mundo palestino anterior à Naqba, algo como um equivalente para os judeus europeus dos anos 1905-14 do "mundo de ontem" reconstruído por Stefan Zweig em suas *Memórias*: "Vemos pastores, cozinheiros, tias, primos, camponeses, ... parentes, namorados, objetos amados: as casas, as escolas, as fazendas, os locais de piquenique e de reuniões sociais que foram conquistados e transformados por Israel em 'bens estrangeiros' ou pura e simplesmente destruídos ... . Esse livro merece um espaço no museu da memória, ao lado de outras recordações, para que nunca mais nem a amnésia nem o suposto progresso histórico possam obliterar seus testemunhos."[41]

Os trabalhos do tribunal de Nuremberg também abriram caminho para estudos sobre a questão do extermínio. E ainda que, durante os anos que se seguiram à vitória dos aliados, os sobreviventes tivessem se calado, preferindo recalcar o horror a transmiti-lo a seus próximos, numa época em que todas as vítimas do nazismo eram confundidas, os historiadores se debruçaram de novo sobre a questão judaica. Durante a segunda metade do século, o discurso antissemita foi oficialmente banido de todos os países democráticos e impossibilitado por uma série de leis que proibiam a incitação ao ódio racial e puniam os insultos e injúrias contra os judeus, ne-

[40] Nahum Goldman, *Le paradoxe juif*, Paris, Stock, 1976, p.121.
[41] Siri Husseini Shahid, *Souvenir de Jérusalem*, Paris, Fayard, 2005, p.18-9.

gros, árabes etc. À medida que os judeus da diáspora, protegidos por essas leis, recuperavam o orgulho de ser judeus, mudaram de atitude em relação aos princípios da assimilação, sobretudo na França, em que esta tinha sido ridicularizada pelo regime de Vichy. Em vez de afrancesar seus nomes ou disfarçar suas origens, eles as reivindicaram e tentaram, apesar de não serem nem crentes nem praticantes, ressuscitar, através dos ritos laicizados, uma memória do antigo Yiddishland desaparecido na tormenta.

Assim como os primeiros sionistas, muitos deles, filhos de deportados ou não, engajaram-se em combates progressistas, tornando-se anticolonialistas e depois comunistas, trotskistas ou maoístas. Revalorizaram também a ideia revolucionária que levara à emancipação dos judeus na França. Mas foi também por meio da psicanálise que muitos judeus, nascidos depois da guerra, reataram com a aventura dos judeus da diáspora, seja como clínicos, seja como pacientes: a análise foi para eles uma maneira de se confrontar com *sua* questão judaica. E o papel de Lacan nessa experiência foi determinante na França, numa época em que os psicanalistas da International Psychoanalytical Association (IPA) achavam-se num impasse, relacionado ao passado colaboracionista de Jones. Marcado pelo grande texto de Adorno e de Horkheimer, Lacan nunca deixou de situar seu retorno à obra freudiana sob o signo de um pós-Auschwitz.

Antinazista de primeira hora e de uma total lucidez desde o período entre as duas guerras, Lacan certamente não foi um resistente, mas tinha horror a tudo que se aproximasse do racismo e do antissemitismo, a ponto, aliás, de não sentir nenhum constrangimento por ter tentado conhecer Maurras na sua juventude, por ter convivido depois com Pierre Drieu la Rochelle em 1932 e, enfim, por ter a vida toda manifestado grande admiração pelo homem Heidegger, apesar de alterar o sentido de seus escritos quando neles se inspirava e, sobretudo, quando se entregou a uma tradução selvagem de *Logos*, fazendo esse texto dizer o contrário do que nele estava escrito.[42] Em 1936, tinha assistido, abismado, às Olimpíadas de Berlim e, logo após o fim da Segunda Guerra Mundial, concebeu o projeto de redigir um estudo clínico sobre o "caso" Rudolf Hess.

O certo é que considerava que a mensagem freudiana sobre as origens devia ser reatualizada à luz do acontecimento Auschwitz, que, dizia

[42] Cf. Elisabeth Roudinesco, *Jacques Lacan*, op.cit. Devo a Jean Bollack esclarecimentos sobre essa tradução.

ele, confirmava o quanto Freud tivera razão sobre a questão da pulsão de morte.[43] Mas Lacan também achava, como Freud, aliás, que a emigração para os Estados Unidos da totalidade dos psicanalistas europeus tinha sido uma catástrofe para o freudismo, que com isso mudara de cara. Obrigados a se adaptar, os emigrantes tinham acabado por esposar os ideais pragmáticos de uma psiquiatria higienista centrada na adaptação do sujeito à sociedade, esquecendo que a busca do desejo e do inconsciente era totalmente alheia a qualquer doutrina da felicidade social.[44]

Foi por isso que, ao fundar a Escola Freudiana de Paris (EFP) em 1964, Lacan afirmou que o marxismo e o hegelianismo não eram suficientes para pensar o Holocausto: pois, dizia ele, nessa tragédia moderna, surgia a forma suprema do sacrifício ao *Deus obscuro* (assimilado ao grande Outro). E citava Espinosa como o único filósofo capaz de pensar o sentido eterno do sacrifício no *amor intellectualis*. Contudo, depois de ter colocado esse filósofo numa posição de excepcionalidade, conclamava também a uma ultrapassagem da filosofia pela psicanálise, sem deixar de evocar o conteúdo de seu célebre artigo "Kant com Sade",[45] inspirado na leitura do texto de Adorno em que este mostra como a inversão perversa da Lei leva a fazer da lei a lei do crime. Mas também recusava, apesar do emprego da palavra "holocausto", qualquer teologização da questão do genocídio, fosse ela religiosa ou ateia: nem degradação sacrificial do homem, nem evento insensato que abolisse a ordem divina. Lacan universalizava Auschwitz, transformando-o na tragédia do século característica de toda a humanidade.[46]

Ele, o não judeu identificado com Espinosa, vinha dizer aos notáveis da IPA, encerrados em seu ideal adaptativo, que eles já não eram os portadores da mensagem da universalidade judaica que Freud lhes havia legado e que, a partir de Auschwitz, ela tinha de ser repensada de forma radical.

---

[43] Sigmund Freud, *Au-delà du principe de plaisir* (1920), *Œuvres complètes*, t.XV, Paris, PUF, 1996, p.273-339 [ed. bras.: *Além do princípio de prazer*, *ESB*, vol. XVIII, Rio de Janeiro, Imago].

[44] Nessa data, Lacan ainda ignorava o caso do pretenso "salvamento" da psicanálise na Alemanha.

[45] Jacques Lacan, *Escritos*, Rio de Janeiro, Jorge Zahar, 1998; *Le Séminaire, livre XI*, 1963-1964, *Les quatre concepts fondamentaux de la psychanalyse*, Paris, Seuil, 1973, p.246-8 [*O Seminário*, livro 11, *Os quatro conceitos fundamentais da psicanálise*, Rio de Janeiro, Jorge Zahar, 1985].

[46] Mostrei que, apesar de não ter lido a obra de Hannah Arendt, Lacan concordava com suas teses.

A pesquisa das causas do genocídio e o interesse despertado pelos depoimentos das vítimas vinham de par com a necessidade de punir os genocidas e, portanto, de caçá-los nos países em que tinham encontrado refúgio. Em Israel, porém, a questão da sanção foi postulada de forma paradoxal. Tanto é que a lei de 1950, que permitia perseguir os criminosos de guerra e autores de crimes contra a humanidade, só podia ser aplicada a judeus sobreviventes dos campos e que tinham sido obrigados a cooperar com os nazistas. Entre eles, os membros dos Conselhos Judeus (*Jüdenrate*), os kapos e outros auxiliares do sistema concentracionário – e, é claro, os Sonderkommandos.[47] Portanto, num primeiro momento, a busca dos "cúmplices" visou mais uma vez depurar a sociedade israelense de qualquer sujeira vinda do mundo europeu. Porém, assim fazendo, perseguindo sobreviventes, corria-se o risco de cometer a maior das injustiças: julgar vítimas ao invés de assassinos. Pois os judeus que haviam cooperado com os nazistas não tinham qualquer semelhança com colaboracionistas clássicos, os do regime de Vichy por exemplo. Na verdade, não tinham tido outra escolha senão a morte: cooperar apenas adiava o momento de seu próprio extermínio, e eles sabiam disso.

Em 1950, uma jovem de 26 anos, Elsa Trank, foi julgada por "crimes" que cometera em Birkenau oito anos antes. Por ordem dos nazistas, Elsa fora responsável por manter a ordem e a disciplina entre os deportados, espancando-os às vezes. Mas, à medida que foi prestando seu depoimento, os juízes passaram a vê-la como uma vítima obrigada a virar carrasco.[48] Consequentemente, nenhuma sanção, senão a absolvição, podia ser pronunciada contra aqueles que, de toda forma, achavam-se condenados à morte nos campos de concentração.

Mais grave foi o processo movido contra Israel Kastner, ex-dirigente socialista vindo da Hungria, por Malchiel Grünwald, húngaro de nascença que emigrou para a Palestina antes do genocídio. O acusador, sionista de

---

[47] Sonderkommandos: equipes especiais de deportados obrigados a participar do extermínio nas câmaras de gás e nos crematórios e que depois foram, por sua vez, exterminados por terem visto o que ninguém devia ver. Poucos sobreviveram para testemunhar, um deles, inesquecível, no filme de Lanzmann. Referindo-se a eles é que Primo Levi falou da pior perfídia do nazismo, que consistiu em fazer judeus lançarem judeus nos fornos para demonstrar que os próprios judeus eram genocidas, como destaca, aliás, Rudolf Höss. Cf. Schlomo Venezia, *Dans l'enfer des chambres à gaz*, Paris, Albin Michel, 2007. E Elisabeth Roudinesco, *A parte obscura de nós mesmos*, op.cit., sobretudo o capítulo "As confissões de Auschwitz".

[48] Idith Zertal, *La nation et la mort. La Shoah dans le discours et la politique d'Israël*, op.cit., p.93-4.

direita oriundo de um meio modesto, perdera parte da família nos campos de extermínio. O acusado, intelectual culto e homem da sociedade de incontestável charme, tornara-se uma figura política importante do establishment israelense. Durante as horas sombrias do extermínio, tinha cooperado com os nazistas para organizar o salvamento de 1.685 judeus privilegiados, entre os quais sua própria família, deixando ao abandono um grande número de judeus menos ricos. Sua busca de reconhecimento era, de certo modo, o sintoma da terrível culpa que sofria desde esse episódio. Quanto a seu rival, que o tratava de "cadáver fedorento", queria simplesmente que ele fosse "exterminado". O Estado tomou partido a favor do réu contra seu acusador, condenado por difamação. Mas a questão dos Conselhos Judeus nem por isso ficou resolvida. Em março de 1957, numa rua de Tel Aviv, Kastner foi abatido com um tiro de revólver.

Já era tempo de pôr fim a esse tipo de processo e julgar um carrasco de verdade: "Ao processo Grünwald-Kastner", escreve Idith Zertal, "é que devemos o processo Eichmann, que deveria supostamente corrigir os efeitos devastadores do processo anterior – coisa que ele fez – e constituir uma demonstração de poder do novo Israel, um Israel diferente, que agora perseguia por crimes de guerra e crimes contra a humanidade não mais vítimas judias, mas um criminoso nazista de peso. Essa foi a última grande obra nacional de Ben Gurion."[49]

Quando Gurion decidiu ir à Argentina capturar Adolf Eichmann, responsável pela "solução final" na Alemanha e em todos os países ocupados, seu objetivo era exaltar o heroísmo guerreiro dos israelenses contrapondo a seus feitos de armas a suposta passividade dos judeus europeus, que, dizia-se, tinham-se deixado conduzir ao abatedouro. Mas também queria incrementar a legitimidade do Estado de Israel, lembrar os aliados de que deviam apoiá-lo e, enfim, mostrar ao mundo que nunca mais seria legitimado e tolerado qualquer retorno dos adeptos da destruição dos judeus.

Desse ponto de vista, o processo foi um sucesso incontestável, apesar de todas as críticas formuladas contra sua suposta ilegalidade, a começar pela do psicanalista Erich Fromm. Numa carta publicada pelo *New York Times*, ele afirmou que o sequestro de Eichmann era um ato ilegal, "do mesmo

[49] Ibid., p.126.

tipo de que eram acusados os próprios nazistas (e os regimes de Stalin e de Trujillo). É verdade que não existem provocações piores do que os crimes cometidos por Eichmann. Mas é justamente nesses casos de provocações extremas que o respeito à lei e à integridade dos outros países deve ser posto à prova".[50] Dissidente do freudismo clássico e antiuniversalista militante, Fromm, que fora expulso da Alemanha pelo nazismo, tinha passado do sionismo ao antissionismo.

Em 1948 defendera, tal como Hannah Arendt, o retorno dos palestinos às suas terras. Em 1963, entretanto, não hesitou em comparar a situação dos Estados Unidos com a da Alemanha dos anos 1930, declarando, depois do processo ao qual se opunha, que Eichmann, por não ter consciência das ordens a que obedecia, não passava, no fundo, de um homem comum. Todo homem, dizia ele, carrega dentro de si um Eichmann recalcado. Nada mais incorreto que aquele parecer que, apoiando-se numa psicologia comportamental, dava a entender que qualquer um poderia, conforme as circunstâncias, tornar-se um genocida.[51] Essa tese foi em seguida confundida, equivocadamente, com a de Hannah Arendt sobre a banalidade do mal.

Mas o verdadeiro escândalo que envolveu aquele processo decorreu da maneira insensata com que foi recebido por certos judeus israelenses, americanos, alemães e franceses o comentário feito por Hannah Arendt, enviada a Jerusalém pela *New Yorker* para cobrir o acontecimento.

Sionista de primeira hora, mas sempre pronta a criticar os erros da política israelense, Hannah Arendt era, como Judah Magnes, favorável ao entendimento com os árabes, o que não a impedia de pensar que existia efetivamente um "povo judeu". Embora recusasse os desvios chauvinistas da doutrina da eleição, não hesitava, apoiando-se nos trabalhos de Gershom Scholem, em considerar que a espiritualidade era indispensável à transmissão da cultura e do espírito judeus. No entanto, não imaginava que os judeus pudessem se contentar em comentar os textos sagrados. Muito pelo contrário, tinham a obrigação de entrar na história real.

Em 1944, Arendt escrevera um texto[52] que suscitou intensa polêmica. Nele, observava que o sionismo trazia embutidas duas versões contradi-

---

[50] *New York Times*, 11 jun 1960.
[51] Cf. Erich Fromm, *De la désobéissance et autres essais*, Paris, Laffont, 1983. Critiquei essa tese em *A parte obscura...*, op.cit. Voltarei a ela.
[52] Hannah Arendt, "Réexamen du sionisme" (1944), in *Auschwitz et Jérusalem*, Paris, Tierce, 1991.

tórias da política judaica – uma progressista e outra nacionalista –, e que infelizmente a segunda tinha triunfado. Consequentemente, a indiferença à diáspora nos judeus da Palestina vinha acompanhada, segundo ela, de uma incompreensão da política imperialista no Oriente Médio. O texto foi recusado por Clement Greenberg, redator da revista superconservadora *Commentary*: "Ele contém demasiadas implicações antissemitas, não que a senhora as tivesse conscientemente incluído, mas um leitor mal-intencionado poderá deduzi-las com facilidade."[53]

Pela primeira vez, portanto, desde a criação de um Estado judeu, uma acusação de antissemitismo era lançada por um judeu ultraconservador contra uma judia bem mais competente que ele sobre o assunto – e que tinha ousado criticar o nacionalismo sionista. E era um questionamento tanto mais mal-intencionado, na medida em que se mostrava simpático e protetor: Hannah Arendt, dizia Greenberg, nem se dá conta de que é antissemita. Foi como que o pontapé inicial do que viria a ser, voltaremos a isso, a vulgata cara aos promotores revisionistas e conservadores da segunda metade do século XX, que consistiu em denunciar o antissemitismo ali onde não havia – e mais particularmente nos adeptos do Iluminismo.

A acusação parecia tanto mais apropriada na medida em que Hannah Arendt tinha tido, na sua mocidade alemã, um caso com Martin Heidegger. Ora, o filósofo não só era antissemita, como, em 1933, dera seu apoio ao regime nazista em seu "Discurso do reitorado".[54] Para seus adversários, Arendt se tornava, assim, um alvo privilegiado: culpada de ter amado um nazista e de não se arrepender, culpada de antissionismo simplesmente por ter criticado um certo nacionalismo judeu (que, no entanto, já fora criticado por outros judeus antes dela). Heidegger era detestável e sua mulher Elfriede, pior ainda. E embora ele a desprezasse, Hannah não

---

[53] Pierre Bouretz, "Hannah Arendt et le sionisme. Cassandre aux pieds d'argile", *Raisons Politiques*, 16, 2004, p.128.

[54] Martin Heidegger, *Auto-affirmation de l'Université allemande*, edição bilíngue, trad. Gérard Granel, Mauvezin, TER, 1982. O filósofo francês François Fédier, que sempre negou o nazismo de Heidegger, escolheu o seguinte título francês para esse texto: *L'université allemande envers et contre tout elle-même* [*A universidade alemã contra tudo e todos, ela mesma*], dando assim a entender que Heidegger defendia a ideia de que a universidade poderia resistir ao princípio do Führer, quando, ao contrário, ele propunha incorporá-la a esse princípio. Martin Heidegger, *Écrits politiques*, Paris, Gallimard, 1995.

o atacava. Ela nunca quis ceder aos argumentos de seu grande amigo Karl Jaspers, que a incitava a ser mais lúcida.[55]

Após uma profunda reflexão sobre as revoluções, Arendt tinha afirmado claramente sua preferência pela concepção americana de liberdade, apoiada nas comunidades, em detrimento da concepção francesa, que, pelo viés do Estado-nação, associava a liberdade à igualdade. Mas, depois de ter emigrado para os Estados Unidos, identificada com a posição de Bernard Lazare, pária consciente e rebelde, não parou de criticar a política do país do qual se tornara cidadã com plenos direitos. Por exemplo, denunciando o macarthismo com veemência. Não se sentia nem verdadeiramente judia, nem verdadeiramente alemã, mas muitas vezes mais judia que alemã, preferindo definir-se como "aquela que vem de outro lugar", sempre alheia a uma integração considerada excessivamente normativa. Por isso, correu efetivamente o risco de ser considerada antissemita pelos nacionalistas judeus, judia pelos antissemitas, conservadora pelos marxistas, comunista pelos conservadores. Como quer que seja, para uns era uma perigosa sionista, para outros, uma implacável antissionista.

Muito além de qualquer expressão de compaixão pelos sofrimentos ancestrais de seu povo, Hanna Arendt foi a primeira teórica da história judaica a pensar seriamente a questão do antissemitismo moderno, que ela distinguia do antijudaísmo cristão. A seu ver, com efeito, e com razão, o antissemitismo, nascido em meados do século XIX, fora não só uma arma contra os judeus, mas o maior fermento de decomposição que o mundo europeu teria conhecido: conduziu não só à destruição dos judeus, como à destruição da Alemanha e do humanismo europeu.[56] Antes mesmo da publicação dos trabalhos modernos sobre a história do colonialismo e da escravidão, Arendt foi a primeira a condenar estes últimos, mas também a distingui-los do genocídio, como mais tarde também faria Pierre Vidal-Naquet ao responder aos defensores de uma equiparação de todas as formas de massacre e de opressão cometidas por homens contra outros homens. Ela até aceitava a ideia de que o genocídio dos judeus não tinha

---

[55] Cf. Elisabeth Young-Bruehl, *Hannah Arendt*, Paris, Anthropos, 1986, p.389-401.

[56] Cf. Martine Leibovici, *Hannah Arendt, une Juive. Expérience politique et histoire*, Paris, Desclée de Brouwer, 2002. Prefácio de Pierre Vidal-Naquet.

o mesmo significado aos olhos dos povos da Ásia ou da África e aos olhos das populações pertencentes ao lado ocidental.[57]

Como Freud, cuja obra ela ignorava a ponto de confundi-la com a de seus medíocres exegetas, Arendt recusava a ideia sionista da supremacia dos judeus de território sobre os judeus da diáspora. Não opunha, portanto, o "ser israelense" ao "ser judeu", assim como não admitia que a criação de um Estado fosse equivalente a uma revolução copernicana na história da consciência judaica. Já tendo formulado as bases de uma reflexão sobre o genocídio, considerava ser seu dever de judia assistir ao processo contra o homem que fora um dos grandes responsáveis pelo extermínio dos judeus e pela destruição do mundo europeu. Também estava de acordo com a realização desse processo, a ponto de nem se colocar a questão da pena de morte. Em nenhum momento ela confundiu vítimas e carrascos, mesmo quando se mostrou severa com os Conselhos Judeus apoiando-se, aliás, no trabalho de Raul Hilberg,[58] cuja primeira versão acabava de ser publicada nos Estados Unidos.

Além disso, fazia uma distinção entre os responsáveis pelos Conselhos Judeus – que acusava, sem pretender julgá-los, de ter cooperado com os nazistas em graus diversos – e os detidos que, uma vez integrados à máquina genocida, não tinham tido escolha senão morrer sem que jamais sua morte pudesse se parecer com uma "bela morte" na tradição dos gregos.

Desse ponto de vista, e como Hilberg, aliás, voltava seus ataques sobretudo contra Leo Baeck, com quem já tinha se encontrado e que via no nazismo a continuação da eterna perseguição contra os judeus, povo eleito de Deus e distinto dos outros por seu talento. Baeck negava, assim, a distinção entre antijudaísmo e antissemitismo, a ponto de desconsiderar a cesura específica operada pelo genocídio dos judeus.

Tendo entendido que o extermínio dos seus era inevitável, Hilberg decidiu mentir-lhes a fim de tornar sua provação final mais aceitável: "Quando se colocou a questão de saber se os auxiliares judeus deviam ajudar a deter os judeus para a deportação, decidi que seria melhor para estes últimos se encarregarem disso, porque poderiam, pelo menos, mostrar mais delicadeza

---

[57] Hannah Arendt, "Les techniques de la science sociale et l'étude des champs de concentration", in *Les origines du totalitarisme et Eichmann à Jérusalem*, Paris, Gallimard, col. Quarto, 2002, p.845-60 [ed. bras.: *As origens do totalitarismo*, São Paulo, Companhia das Letras, 1989; e *Eichmann em Jerusalém*, São Paulo, Companhia das Letras, 1989].

[58] Raul Hilberg, *La destruction des Juifs d'Europe* (1961), Paris, Fayard, 1988.

e compreensão que a Gestapo e tornar a provação mais suportável. Não estava em nosso poder nos opormos eficazmente contra aquelas ordens."[59] Assim fazendo, Baeck não só privara os seus do direito de enfrentar a sua morte, como sua atitude contribuiu para forjar a lenda segundo a qual os judeus tinham se deixado levar feito carneirinhos para o abatedouro, tese que em seguida foi retomada pelos genocidas no momento em que foram processados. Com efeito, Eichmann, Höss e muitos outros afirmaram que os próprios judeus desejavam seu próprio extermínio ou, ao menos, eram os principais responsáveis por ele.[60]

Muito rapidamente Hannah Arendt se deu conta de que nem o promotor Gideon Hausner nem sua equipe estavam à altura da tarefa que lhes fora confiada. Esperavam ver comparecer um monstro, vindo diretamente da longa tradição dos vampiros e outros assassinos sádicos cobertos de sangue, e ficaram decepcionados ao constatar que tinham diante dos olhos um imbecil e um fracassado que afirmava nunca ter perseguido os judeus "por prazer ou por paixão", e que se apresentava não só como um bom sionista em busca de uma "solução humana" para a questão judaica, mas também como "vítima" de seus superiores, que tinham "abusado de sua obediência" fazendo dele um pobre executante. E se queixava com toda a sinceridade do mundo das atrocidades a que tinha sido submetido durante seu sequestro na Argentina: "Jogaram-se em cima de mim e, tendo ficado inconsciente por meio de injeções que me aplicaram, fui em seguida levado ao aeroporto de Buenos Aires; dali, me tiraram da Argentina de avião. Isso, evidentemente, só pode ser atribuído ao fato de me considerarem responsável por tudo."[61]

Naquela época, uma abundante literatura de inspiração psiquiátrica e psicanalítica se debruçava sobre os criminosos nazistas para lhes imputar uma infância em conformidade com uma concepção errônea da noção de perversão, entendida por eles como um monstruoso desvio da pulsão sexual. Nessa perspectiva, muitos autores elaboravam catálogos clínicos espantosos das diferentes práticas sexuais dos genocidas. Assim, Hitler era visto por biógrafos carentes de psicologia como um coprófago acometido

---

[59] Ibid., p.900.

[60] Rudolf Höss teoriza essa infâmia afirmando que, ao exterminar suas vítimas, ele obedecia ao desejo delas. Cf. Elisabeth Roudinesco, *A parte obscura de nós mesmos*, op.cit.

[61] Annette Wieviorka, *Le procès Eichmann*, Bruxelas, Complexe, 1989, p.184-7.

de taras mentais.[62] Quanto a Eichmann, era retratado como tendo fabricado, com a idade de dez anos, uma máquina de torturar crianças. Atribuíam-lhe, ademais, abusos sexuais e estupros.[63] Nunca será demais dizer o quanto a pretensa abordagem clínica dos carrascos, fabricada por autores pouco escrupulosos e muitas vezes ratificada por psicanalistas, contribuiu para fazer com que as categorias freudianas e, portanto, a definição estrutural da perversão e de suas diferentes metamorfoses permanecessem ignoradas por muitos anos.

Em Jerusalém, portanto, os juízes, influenciados por toda uma ideologia da suposta "não humanidade" dita "monstruosa" do nazismo e dos genocidas, se surpreenderam quando compareceu diante deles um burocrata banal, cheio de tiques e obsessões, fundamentalmente grotesco e estúpido, inapto a toda forma de afeto ou de imputação de alguma responsabilidade. O carrasco tinha consciência de seus atos, julgava-os abomináveis, mas acusava outros que não ele de serem os verdadeiros responsáveis. Consequentemente, solicitava ser julgado não culpado, porque não se sentia culpado do que o acusavam.[64]

Em Nuremberg, muitos psiquiatras tinham qualificado os genocidas de "robôs esquizoides assassinos" de uma normalidade assustadora, mostrando ao mesmo tempo que era o sistema nazista que, ao produzir uma inversão dos valores do bem e do mal, tinha dado origem àquele tipo de criminoso. Sem adotar aqueles pareceres, que ela julgava inadequados, Arendt notou que Eichmann era pavorosamente normal: "Teria sido reconfortante acreditar que Eichmann era um monstro...", afirmou. "Pois ninguém teria feito vir correspondentes da imprensa de todos os cantos do mundo com o único fim de exibir uma espécie de Barba Azul atrás das grades. O problema com Eichmann era precisamente que havia muitos que se lhe assemelhavam e que não eram nem perversos nem sádicos, que eram e ainda são pavorosamente normais. Do ponto de vista de nossas instituições e de nossa ética, essa normalidade é muito mais aterradora

[62] Ian Kershaw invalidou todas essas teses.

[63] Victor Alexandrov, *Six millions de morts. La vie d'Adolf Eichmann*, Paris, Plon, 1960.

[64] Para além das diferenças psíquicas que os caracterizavam – Eichmann não se parece nem com Höss, nem com Mengele, nem com Himmler, nem com Göring –, os genocidas e dignitários nazistas tiveram como ponto comum opor uma recusa a toda explicitação dos atos que tinham cometido. Era essa recusa que caracteriza sua perversão e não seu "perfil psicológico". Cf. *A parte obscura de nós mesmos*, op.cit.

que todas as atrocidades reunidas, pois supõe que esse novo tipo de criminoso ... comete crimes em circunstâncias tais que lhe é impossível saber ou sentir que praticou o mal."[65]

Daí Arendt considerar que Eichmann era "inconsciente" da significação de seus atos sem deixar de ser consciente de tê-los cometido. Consequentemente, dizia ela, ele não merecia viver, já que negava a diversidade humana: se o nazismo é o mal radical, dizia ela ainda, o mal segundo Eichmann é "banal" e jamais demoníaco. Esse mal não emana de Deus e sim dos homens, e os nazistas são humanos que, através do genocídio dos judeus, declararam que os seres humanos eram supérfluos enquanto seres humanos e, portanto, que o ser humano como tal podia se tornar supérfluo.

Mas Arendt também observava que os atos de um criminoso como ele desafiavam o castigo e que era absurdo punir com a morte o responsável por crimes tão hediondos. Tanto mais que Eichmann não sonhava senão com isto: ser enforcado em público e gozar com a própria execução a fim de se julgar imortal, igual a um deus. A ponto de, diante do patíbulo, provocar seus juízes afirmando que voltaria a vê-los um dia, esquecendo-se de que assistia à sua própria morte: "Como se, nesses últimos minutos, ele resumisse a lição que nos ensinou este longo estudo sobre a maldade humana: a pavorosa, a inexprimível, a impensável *banalidade do mal*."[66]

Era, portanto, pela manifestação de uma normalidade radical que Eichmann encarnava a própria essência da perversão: gozo do mal, ausência de afeto, gestual automatizado, lógica implacável, culto do detalhe e do episódio mais insignificante, capacidade inaudita de endossar crimes odiosos teatralizando-os para melhor exibir como o nazismo fizera dele um ser abjeto. Pretendendo-se kantiano, dizia a verdade, porque, para ele, o caráter infame da ordem dada nada significava diante do caráter imperativo da própria ordem. Assim, tornara-se genocida sem sentir a menor culpa.

O golpe de gênio de Arendt – que, como já disse, não tinha lido uma única linha da obra freudiana – foi entender até que ponto o antissemitismo era também um assunto inconsciente. Não havia dúvida nenhuma de que Eichmann era de fato antissemita, embora negasse seu antissemitismo e se dissesse amigo dos judeus. Evidentemente, era um dos grandes responsáveis pelo genocídio, mas negava essa responsabilidade a despeito

---

[65] Hannah Arendt, *Eichmann à Jérusalem*, op.cit, p.303.
[66] Ibid., p.277.

de confessar ter sido o executor de um extermínio abjeto. Ele não mentia, não simulava, não se furtava: oferecia o espetáculo de uma sinceridade atroz ligada a uma total estupidez.

Havia em tudo isso motivos para interessar essa filósofa judia e alemã que tinha escapado do inferno e que, longe de Israel, não hesitava em criticar tanto os desvios nacionalistas do sionismo quanto o culto exagerado de uma memória vitimária. Arendt certamente se enganava num ponto, ao esquecer que os atores dos *Jüdenrate* não tinham tido consciência de sua "cooperação" com os nazistas e que, caso tivessem tido, nada teria mudado, como ela achava, no processo de extermínio. É certo também que sua concepção da banalidade do mal podia se prestar à confusão e fazer crer, por exemplo, que qualquer funcionário podia se tornar genocida. Na verdade, a noção de banalidade do mal ilustra perfeitamente a tese de Bebel de que o antissemitismo é o socialismo dos imbecis. Um antissemita é sempre e em primeiro lugar habitado pela tolice,[67] seja qual for seu grau de patologia ou criminalidade. E Arendt mostrou que Eichmann era, acima de tudo, uma criatura totalmente estúpida.

Acontece que esse livro, muito à frente de sua época, fazia uma análise magistral do fenômeno genocida e de seu principal organizador que não convinha nem um pouco aos judeus dos anos 1960: nem aos da diáspora, em busca de uma nova identidade entre comunidade e universalismo, nem aos do Estado de Israel, desejosos de fornecer uma imagem heroica de si próprios. Ademais, naquele momento, quando as vítimas estavam começando a prestar seus depoimentos, era inadmissível que alguém se dedicasse a fazer o retrato de um carrasco.

Consequentemente, o relato do processo de Jerusalém foi desancado no mundo todo – o que não honra detratores de Arendt. Perplexa com as calúnias que se abatiam sobre ela e que a faziam dizer o contrário do que tinha escrito, Arendt decidiu responder. Mas foi obrigada a constatar que cada artigo jornalístico de seus adversários imitava algum outro, amplificando assim os erros, processo inevitável que acompanha a escalada de poder dos meios de comunicação, sua intrusão nos debates intelectuais até então reservados a um público restrito e culto.

[67] Flaubert define a tolice como o mal absoluto, ou seja, como o inimigo irredutível. Ele e Tocqueville foram os primeiros a fazer dela uma perversão identificando-a ao poder exercido sobre o povo pelas ideias consagradas, pela opinião pública e pelos ideais das falsas ciências. Jean-Paul Sartre retomou parcialmente essa tese.

Nos Estados Unidos, os judeus conservadores a acusaram de ter ficado fascinada pelo carrasco, de desconsiderar as vítimas e de degradar os membros dos Conselhos Judeus.[68] Afirmaram que o livro se tornaria uma bíblia para os antissemitas ávidos de transferir para os judeus a responsabilidade pelos crimes dos nazistas. Em Israel, as pessoas próximas a Hausner acusaram-na de inverter a significação do Holocausto e de fazer do criminoso um virtuoso, e das vítimas, assassinos. Na França, o responsável pela tradução da obra, Pierre Nora, considerou oportuno acrescentar um prefácio ambíguo. Nele expunha as polêmicas, mas evitava tomar posição.[69]

E quando *Le Nouvel Observateur* dedicou um excelente número especial ao processo, vários intelectuais de renome publicaram uma carta coletiva com seis pontos na qual manifestavam sua indignação: "Será Hannah Arendt nazista?" Foi essa a pergunta feita por Robert Misrahi, Vladimir Jankelevitch, Madeleine Barthélemy-Madaule, Olivier Revault d'Allones e alguns outros.[70] Acusavam a filósofa de ser masoquista e mal-intencionada, de mentir, de proferir contraverdades, de ser indiferente à sorte dos judeus etc. Sob a pena de Éliane Amado Lévy-Valensi, houve um convite para "elevar o debate" e restituir ao livro sua significação inconsciente. Desse modo, julgavam Arendt, a um só tempo, esquizofrênica e paranoica, impregnada pelo ódio de si judaico e pela paixão antissemita, incapaz de entender o autossacrifício dos membros dos Conselhos Judeus.

Em meio a essa proliferação interpretativa na qual se via que os acusadores não tinham entendido nada daquela análise inovadora, somente Pierre Vidal-Naquet teve a coragem de tomar partido a favor de Hannah Arendt. Declarou que o livro não tinha sido lido corretamente, que a maioria dos fatos a respeito dos Conselhos Judeus era conhecida e correta e que a genialidade da autora estava em ter feito o retrato de um genocida em total conformidade com as análises que ela já formulara sobre o totalitarismo. E ressaltava o quanto aquele relatório sobre a banalidade do mal era brilhante: de fato, permitia entender que a linguagem totalitária – essa

[68] Sobretudo Norman Podhoretz e a revista *Commentary*.

[69] O dossiê da polêmica está muito bem apresentado por Pierre Bouretz. Cf. Hannah Arendt, *Les origines du totalitarisme et Eichmann à Jerusalém*, op.cit., p.979-1013.

[70] *Le Nouvel Observateur*, 102, 25 out.-1º nov 1966.

perversão da língua alemã, como dirá mais tarde Saul Friedlander – era também uma mistificação que tinha autorizado o carrasco a se julgar kantiano e a se achar inocente dos crimes que tinha cometido.[71]

A verdadeira crítica, a mais dolorosa para Arendt, veio de Gershom Scholem. Tudo bem que ele não tivesse a mesma concepção do sionismo que ela, mas, afinal, ambos estavam ligados por uma admiração recíproca, por intercâmbios familiares e por sua amizade comum com Walter Benjamin. A respeito do sabatianismo, Scholem dera provas de sua genialidade ao pensar a questão da loucura de seu fundador convertido ao islamismo. Soubera captar com sutileza as alternâncias do discurso místico, entre luz e sombra, e formulara enfaticamente a questão da redenção pelo pecado sem deixar de pregar a necessidade de restaurar no judaísmo um pensamento messiânico que tinha sido recalcado pelo racionalismo. Além disso, foi uma das raras pessoas a analisar, especialmente a respeito do destino de Walter Benjamin, cujo marxismo ele não aprovava, os paradoxos relacionados com a dupla busca do universal e do território, do materialismo e do espiritualismo.

Ele sabia que o exílio era uma das grandes questões do combate entre Jacó e o Anjo, da luta entre o homem espiritual e o homem natural, entre aquele que não diz seu nome (Deus) e aquele que, na hora de seu ferimento e seu triunfo, recebe o nome de Israel, o nome daquele que sabe combater Deus. Conhecia também, melhor que ninguém, o *Angelus novus* de Paul Klee, com o qual Benjamin tinha se identificado e cujos olhos estão voltados simultaneamente para o futuro e o passado.[72] Em suma, era quem tinha as melhores condições para entender o que estava em jogo naquele processo: a necessidade dos sobreviventes do Holocausto – judeus de Israel e da diáspora – de estabelecerem, mediante o julgamento do carrasco, um vínculo entre história e memória, e dos pesquisadores do mundo inteiro de darem um impulso a novas reflexões sobre a questão judaica, o antissemitismo, o nazismo e o totalitarismo.

Contudo, por ter evoluído na direção de certo nacionalismo, Scholem estava convencido de que a única solução para a questão judaica residia num retorno não ao judaísmo ortodoxo, mas a uma judeidade centrada

---

[71] Pierre Vidal-Naquet, "La banalité du mal", *Le Monde*, 13 jan 1967. Sobre esse ponto, também podemos consultar o prefácio de Vidal-Naquet para o livro de Martine Leibovici.

[72] Gershom Scholem, *Benjamin et son ange* (1972), Paris, Rivages, 1995. Jean-Michel Palmier, *Le chiffonnier, l'ange et le petit bossu*, Paris, Klincksieck, 2006.

numa adesão consentida à fé, à religião e à doutrina da eleição: "Sempre considerei o sionismo laico uma via legítima, mas rejeito a afirmação estúpida de que os judeus devem tornar-se um 'povo igual aos outros'. Se isso viesse a acontecer, seria o fim do povo judeu. Compartilho a opinião tradicional de que, ainda que quiséssemos nos tornar um povo igual aos outros, não conseguiríamos. E se conseguíssemos, estaríamos acabados .... Não entendo os ateus, nunca consegui entendê-los, nem na minha juventude, nem na minha velhice. Penso que o ateísmo só é compreensível se aceitarmos a dominação de paixões desenfreadas, uma vida desprovida de valores."[73] Isso significa que Scholem estava muito distante da posição dos judeus desjudaizados da diáspora que levavam uma "existência galútica" de "judeus não judeus" ou de judeus sem deus:[74] nem o marxismo, nem o freudismo, nem o sionismo laico tinham recebido sua adesão.

Em consequência, para ele o nazismo nada mais era senão a experiência de uma destruição sistemática da imagem de Deus no homem. Scholem, decerto, podia conceber que Eichmann fosse julgado, mas a seu ver teria sido preferível não executá-lo. Embora não pregasse a abolição da pena de morte, o grande teórico da mística achava tal condenação à morte sem qualquer utilidade para o Estado de Israel e que ela não resolveria a questão de saber por que tantos judeus tinham se deixado massacrar.[75] Não se corria o risco, dizia ele, de em seguida acusar os judeus de quererem se vingar de sua própria fraqueza?

Foi nessa perspectiva que ele dirigiu a Arendt uma crítica em regra, que, infelizmente, estava destituída de argumentos sérios. Acusava-a, com efeito, de falta de amor pelo povo judeu, de ser marxista e de não sentir nenhuma empatia por Leo Baeck. Recusava a noção de banalidade do mal sem realmente analisá-la e, como se não bastasse, admitia não entender nada da ideia perversa segundo a qual Eichmann tivera a ousadia de se dizer sionista[76] ao pretender buscar uma solução para a questão judaica.

---

[73] Gershom Scholem, *Fidélité et utopie. Essais sur le judaïsme contemporain*, Pocket, 1992, p.54-6.
[74] Existência galútica: da palavra hebraica *galut*, que significa exílio. A expressão "judeu não judeu" é de Isaac Deutscher.
[75] A questão é em si mesma inaceitável e o processo contra Eichmann contribuiu para torná-la ainda mais inaceitável. Elie Wiesel foi quem primeiro mostrou isso. Cf. *La nuit*, op.cit.
[76] Ibid., p.215-21.

Ferida com a carta do velho mestre, Hannah Arendt respondeu-lhe duramente. Lembrou que não era marxista, que sua fidelidade ao sionismo e à sua judeidade permanecia íntegra, que sua posição era a de uma estrangeira sempre no exílio e que, enfim, sua concepção do amor a conduzia a sujeitos singulares, o que excluía que pudesse amar um povo em detrimento de outro. Dizia-se aflita de constatar que seu antagonista, a quem tanto respeitava, pudesse desconhecer suas teses a ponto de ser incapaz de criticar a desastrosa ausência de separação, em Israel, entre Estado e religião. E acrescentava: "O mal cometido pelo meu povo naturalmente me aflige mais que o mal cometido por outros povos."[77]

Nesse intercâmbio, a interrogação sobre a questão judaica ganhava uma nova faceta, na medida em que uma filósofa judia dessacralizava a causa sionista não só analisando a personalidade do carrasco, como trazendo à tona, acerca de um processo que se pretendia "fundador", uma profunda divisão entre os judeus da diáspora e os judeus de Israel, e entre os judeus desejosos de aderir ao ideal de um Estado salvador e outros judeus que, ao contrário, buscavam eximir-se dessa referência à territorialidade.

Ignorada pelos maiores filósofos franceses – de Sartre a Derrida, passando por Foucault, Canguilhem, Deleuze e Althusser –, a obra de Hannah Arendt só começou a ser lida na França a partir dos anos 1980.[78] Para os freudianos, ela era antifreudiana, para os marxistas e as feministas, era conservadora, para os judeus conservadores, era antissionista e para todos os que reduziam a filosofia heideggeriana a uma epopeia hitlerista, tinha sido cúmplice do nazismo devido a seu silêncio. Para os historiadores, era filósofa, para os filósofos, cientista política, para os especialistas em judaísmo, não suficientemente judia, e para os materialistas de todas as origens, ateus e antirreligiosos, excessivamente marcada pelo judaísmo. Em suma, não havia espaço no campo intelectual francês dos anos 1960-80 para obra tão paradoxal e para mulher tão emancipada em seus pontos de vista. Nisso, Vidal-Naquet foi mais uma vez um pioneiro.

---

[77] Ibid., p.224.

[78] Graças sobretudo a Claude Lefort, André Enegren, Jacques Taminiaux, Myriam Revault d'Allonnes, à revista *Esprit* e, mais tarde, a Martine Leibovici e Pierre Bouretz. A Olivier Bétourné é que devemos a primeira reunião, pela editora Points-Seuil, dos três volumes de sua grande obra, *As origens do totalitarismo*, até então dispersa por três editoras. E foi ele quem me fez descobrir essa obra em 1986. Cf. também Françoise Collin, *L'homme est-il devenu superflu?*, Paris, Odile Jacob, 1999.

Cumpre igualmente notar que os debates franceses e alemães sobre o totalitarismo irão em seguida ao encontro das posições expostas por Hannah Arendt, sobretudo com a aproximação feita por Ernst Nolte e François Furet entre os dois totalitarismos. Ambos assimilavam o comunismo ao stalinismo, como se o stalinismo estivesse inscrito na obra de Marx e no ideal comunista. Ambos consideravam, aliás, que o comunismo era de longe bem mais criminoso que o nazismo, já que se podia atribuir a essa "nefasta ideologia" uma taxa de mortalidade humana bem mais alta do que a decorrente do nazismo. Lendo esses autores, poder-se-ia pensar tranquilamente que o comunismo era responsável por todos os massacres ocorridos na Europa a partir de 1917 e depois na China, no Camboja e no Vietnã etc.: os mortos da guerra civil, os mortos atingidos pelas fomes, os mortos das duas guerras mundiais, os mortos das guerras coloniais etc.

Discípulo de Martin Heidegger e Eugen Fink, Nolte afirmava não só que o comunismo e o nazismo eram dois sistemas idênticos entre si, mas também que o nazismo na Alemanha tinha sido consequência da vitória da revolução bolchevique na Rússia. Nessa perspectiva, relativizava o nazismo e fazia dele um simples anticomunismo, além de ressaltar que o Gulag, anterior ao Holocausto, tinha servido de protótipo para o extermínio dos judeus. Essa tese revisionista, que será atacada por Jürgen Habermas, tendia a isentar a Alemanha de qualquer responsabilidade na gênese do nazismo e a reduzir o comunismo ao stalinismo.

Furet deu seu aval a essa postura ao mesmo tempo em que revisava a história da Revolução Francesa afirmando que, se o Terror de 1793 já estava em operação nas revoltas de 1789, isso significava que o bolchevismo estava presente na declaração dos direitos do homem e depois no robespierrismo – e que, por conseguinte, a Revolução de 1789 conduzia diretamente ao Gulag: tese que será retomada por vários filósofos franceses, preocupados em transformar o Iluminismo num pensamento obscurantista, gerador de antissemitismo.[79]

[79] *Les historiens devant l'histoire. Les documents de la controverse sur la singularité de l'extermination des juifs par le régime nazi*, Paris, Cerf, 1988. E, para a crítica dessas posições e a ignorância por François Furet dos trabalhos de Hannah Arendt, cf. Olivier Bétourné e Aglaia I. Hartig, *Penser l'histoire de la Révolution. Deux siècles de passion française*, op.cit. De tanto "revisar" a história da Revolução na contramão do que foi sua dialética, de tanto ignorar a diferença entre os dois totalitarismos – e, portanto, assimilar o genocídio

Quanto a Alain Besançon, que, como Furet, tinha sido membro do PCF [Partido Comunista Francês] antes de 1956 e, portanto, marcado por um sólido stalinismo, defendeu uma tese quase idêntica, baseada num comparatismo igualmente inoperante. Agregava, porém, um suposto ponto de vista "psicanalítico" à sua abordagem. Qualificando o nazismo e o comunismo de "gêmeos heterozigotos", via o primeiro como fruto de um romantismo pulsional, explicando que o genocídio nada mais era que a realização da dita pulsão, e fazia do comunismo a maior perversão do século. Ao contrário do nazismo, diz ele em resumo, o comunismo não pede para o homem dar conscientemente o passo moral do criminoso. Por conseguinte, era intrinsecamente mais perverso que o nazismo, pois fazia o extermínio das vítimas passar por uma necessidade moral: num caso (o nazismo), as vítimas eram homenageadas; no outro, esquecidas.[80]

Uma vez encerradas as polêmicas, Arendt recebeu nos Estados Unidos o apoio de uma nova geração de intelectuais judeus e não judeus de esquerda que contestavam, ao mesmo tempo, a manifestação do imperialismo americano nos países do terceiro mundo e a política cada vez mais imperialista do Estado de Israel em relação aos palestinos. Pela proclamação em 1964 da Carta da OLP, estes designaram como "ilegal" a criação do Estado de Israel.[81] Depois da Guerra dos Seis Dias, que representou o

---

dos judeus ao Gulag stalinista –, Stéphane Courtois, antigo "anarcomaoísta", que se tornou discípulo de Nolte e depois de Furet, acabará tratando de negacionismo a cegueira dos comunistas diante dos crimes de Stálin (*Le Monde*, 26 dez 1995). Tese que será retomada, e depois contestada, em *Le livre noir du communisme*, Paris, Laffont, 1997 [ed. bras.: *O livro negro do comunismo*, Bibliex Cooperativa, 2000].

80 Cf. Alain Besançon, *Le malheur du siècle: sur le communisme, le nazisme et l'unicité de la Shoah*, Paris, Fayard, 1998 [ed. bras.: *A infelicidade do século*, Bertrand Brasil, 2000].

81 Artigos 17 e 18 da Carta da Organização para a Libertação da Palestina, 2 jun 1964: "A divisão da Palestina em 1947 e a criação de Israel são decisões ilegais e artificiais não importando o tempo transcorrido, uma vez que foram contrárias à vontade do povo da Palestina e a seu direito natural sobre sua pátria. Foram tomadas numa violação dos princípios fundamentais contidos na carta das Nações Unidas, entre os quais figura, em primeiro lugar, o direito à autodeterminação. A Declaração Balfour, o mandato e tudo o que disso resultou são imposturas. As reivindicações relacionadas aos laços históricos e espirituais entre os judeus e a Palestina não condizem com os fatos históricos ou com as bases reais de um Estado. Não é porque o judaísmo é uma religião divina que ele cria uma nação com uma existência independente. Além disso, os judeus não formam um povo dotado de uma personalidade independente, porque são cidadãos dos países a que pertencem." Como já assinalei, essa Carta foi declarada "caduca" por Yasser Arafat em 1989.

o triunfo da potência militar israelense no Oriente Médio,[82] os judeus da diáspora sentiram-se obrigados a escolher um lado: ou se tornavam aliados incondicionais de Israel, com o risco de evoluir para um nacionalismo identitário, ou se comprometiam com a contestação, correndo o risco de perderem todo o vínculo com o sionismo ou até contestá-lo enquanto tal, a ponto de negar o crescimento bem real do antissemitismo árabe.

De ambos os lados, desenhava-se novamente para os judeus a grande obsessão do desaparecimento, da dispersão e da catástrofe. Uns queriam "esquecer o Holocausto", outros, ao contrário, procuravam reconstituir sua memória a fim de que nunca mais a "besta imunda" surgisse das entranhas da alma humana. Quanto aos árabes, privados de suas terras, acabaram vendo o Estado judeu como um Estado colonialista e racista.[83] Paralelamente a isso, observava-se a escalada de um racismo antiárabe em Israel.

Em junho de 1982, o exército israelense invadiu o Líbano e em setembro do mesmo ano, protegida pelo exército, a milícia falangista cristã liderada por Elie Hobeika, pretendendo vingar outros massacres, bem como o assassinato de Bachir Gemayel, chefe da milícia das Forças Libanesas, penetrou nos campos palestinos de Sabra e Chatila e assassinou com arma branca mulheres, crianças e velhos.

Essa invasão israelense não teve nada a ver com um suposto genocídio do povo libanês-palestino, nem com a destruição do gueto de Varsóvia como afirmaram muitos dos que procuravam "nazificar" seus inimigos. Entretanto, a atitude do exército israelense no momento dos massacres suscitou uma onda de protestos em Israel. Coordenada pelo juiz Itzhak Kahane, uma comissão de inquérito estabeleceu que, embora as matanças tivessem sido obra exclusiva dos falangistas, a condução da campanha militar israelense falhara.

Consequentemente, Ariel Sharon foi pessoalmente responsabilizado pela "sua não ação" e obrigado a renunciar. Esse episódio da guerra perpé-

---

[82] Em 5 de junho de 1967, sentindo-se ameaçado, o governo israelense, dominado pela direita, decidiu atacar a coalizão formada pelo Egito, a Síria, o Iraque e a Jordânia. Liderado pelo general Moshe Dayan, o exército israelense (Tsahal) conquistou em seis dias o Sinai, as colinas de Golan, a Cisjordânia, Gaza e Jerusalém oriental.

[83] Em 1975, por iniciativa dos países árabes, africanos e do bloco soviético, a Assembleia Geral da ONU adotou uma resolução comparando o sionismo a uma forma de racismo e de discriminação. Ela foi anulada em 1991, mas a denúncia não prescreveu, sendo evocada por uma ONG na primeira conferência de Durban na África do Sul, na véspera dos atentados de 11 de setembro de 2001.

tua agravou as dificuldades em Israel e, por conseguinte, as dos judeus da diáspora e seus aliados, que se sentiram obrigados: uns, a relativizar a importância do fato e apoiar ainda mais incondicionalmente a política israelense a custo de uma cegueira; outros, a adotar uma atitude cada vez mais crítica, sob o custo de serem chamados de maus judeus ou, pior ainda, "de alterjudeus",[84] para grande felicidade dos verdadeiros antissemitas da época: os negacionistas.

Com Sabra e Chatila, morreu a inocência de Israel.[85]

[84] Ver adiante, Cap.6, p.197. (N.T.)

[85] Nas palavras de Pierre Vidal-Naquet, *Les assassins de la mémoire*, op.cit., p.174. Cf. também Amnon Kapeliouk, *Sabra et Chatila. Enquête sur un massacre*, Paris, Seuil, 1982.

6 Um grande delírio devastador

Entre 1950 e 1966, ninguém na França, à exceção de alguns grupos neonazistas e de nostálgicos do regime de Vichy, podia imaginar que se pudesse negar a existência do genocídio dos judeus, e ninguém ousava se declarar publicamente antissemita. Como já não era nem expressão de uma política defendida por um partido qualquer, nem bandeira de uma opinião autorizada, o antissemitismo tinha se tornado uma maneira individual de pensar ou não pensar a questão judaica: era, sobretudo, coisa do inconsciente e, portanto, tanto mais patológico, vergonhoso e passional quanto mais recalcado fosse, a ponto de se manifestar por meio de lapsos, denegações ou deslizes de linguagem. Prova disso é um relato comovente de Jacques Derrida. Nascido na Argélia, viveu na infância a humilhação de ser judeu, sobretudo em 1942, quando, depois da abolição do decreto Crémieux,[1] foi expulso do liceu. Em 1952, com 22 anos e radicado na França, foi recebido na família tradicionalista por excelência de Claude Bonnefoy e, no meio de uma conversa de alto nível, teve de se confrontar com uma alusão antissemita.

Alguns dias depois, redigiu uma carta para o amigo na qual mencionava as diferenças entre o antissemitismo que conhecera na Argélia e o que predominava na metrópole: "Sou judeu... Eu não tinha o direito de esconder isso – embora para mim essa questão seja artificial... Alguns anos atrás, eu era muito 'sensível' a isso e qualquer alusão de caráter antijudaico teria me deixado fora de mim. Na época, era capaz de reações violentas... Tudo isso está um tanto apaziguado dentro de mim. Conheci na França pessoas que não tinham tido contato com o antissemitismo. Aprendi que nesse terreno a inteligência e a honestidade eram possíveis e que o ditado que infelizmente circula entre os judeus – 'tudo o que não for judeu é antijudeu' – não era verídico. Essa questão se tornou menos candente para mim, passou para

[1] Adolphe Crémieux (1796-1880): advogado, presidente do Consistório Central da Aliança Israelita Universal. Autor de um decreto que, em 1870, concedia cidadania francesa aos judeus da Argélia, mais tarde abolido pelo regime de Vichy.

segundo plano. Outros amigos não judeus me ensinaram a ligar o antissemitismo a todo um conjunto de determinações... O antissemitismo na Argélia parece mais insuperável, mais concreto, mais terrível. Na França, o antissemitismo faz parte ou quer fazer parte de uma doutrina, de um conjunto de ideias abstratas. Continua perigoso como tudo o que é abstrato, mas menos perceptível nas relações humanas. No fundo, os franceses antissemitas só são antissemitas com os judeus que eles não conhecem... Quando um antissemita é inteligente, ele não acredita no seu antissemitismo. Percebe claramente que não é assunto sério."[2]

Embora, segundo Derrida, os franceses inteligentes e antissemitas não acreditassem em seu antissemitismo numa época em que o genocídio dos judeus ainda não estava identificado como tal, nem por isso o antissemitismo continuava menos presente na França, silenciosa e inconscientemente, 14 anos depois, precisamente quando a questão do extermínio específico dos judeus começou a ser estudada.

Em dezembro de 1966, uma pesquisa do Instituto Francês de Opinião Pública voltada para a questão judaica revelou que 19% dos franceses achavam que os judeus "não eram franceses como os outros", sobretudo os comunistas (atingindo 28%). Cerca de 10% dos franceses reconheciam abertamente sua antipatia pelos judeus e somente 9% se dizia antissemita. Mas 50% afirmavam que não votariam a favor de um candidato judeu à Presidência da República, 31% achavam que havia judeus "demais na política" e 81% insistiam sobre o lugar dos judeus no comércio. Enfim, um francês em cada 100 qualificava o genocídio dos judeus de "medida em última instância salutar", ao passo que um terço deles calculava o número de mortos entre 5 e 6 milhões.[3]

Durante o ano escolar de 1966-67, então com 22 anos e 35 anos antes de poder confrontar minha experiência com a de Derrida, fui indicada para um posto de professora no Centro de Hidrocarburetos de Boumer-

[2] Jacques Derrida, carta inédita de agosto de 1952, Imec, transmitida por Benoît Peteers. Cf. também Jacques Derrida e Elisabeth Roudinesco, *De que amanhã...: Diálogo* (2001), Rio de Janeiro, Jorge Zahar, 2004, capítulo dedicado ao antissemitismo. Notemos que Derrida ressalta aqui a ligação entre antissemitismo e tolice.

[3] Uma pesquisa do IFOP, "Les Français et le problème juif", citada em *Le Nouvel Adam*, dez 1966. Cf. Valérie Igounet, *Histoire du négationnisme en France*, Paris, Seuil, 2000, p.116.

des, na Argélia, com a missão de reorganizar os estudos de francês voltados para alunos pouco mais jovens que eu e que, sob o comando de educadores soviéticos, estavam se preparando para se tornar técnicos e engenheiros especializados em assuntos relativos ao petróleo. Eram jovens que tinham conhecido as violências da guerra. Alguns deles tinham visto os pais serem torturados ou executados por militares franceses, outros haviam testemunhado os massacres perpetrados na guerra fratricida entre as *wilayas* [províncias]. Depois de terem sido vítimas, alguns tinham se tornado agressores: tinham, por exemplo, violentado a professora que me precedera nesse cargo porque ela tinha tido a coragem, diziam eles, de evocar o destino de George Sand e enaltecer os méritos do amor livre.

Todos aqueles estudantes desejavam receber um ensino clássico calcado nos programas dos liceus franceses. Quando decidi acrescentar à lista dos autores consagrados os nomes de alguns escritores argelinos francófonos – Mohamed Dib ou Kateb Yacine –, exprimiram descontentamento. Na verdade, exigiam que lhes ensinassem exclusivamente a cultura do antigo colonizador, que, no entanto, detestavam. Opondo-me ao seu pedido, decidi acrescentar ao meu programa o nome de Frantz Fanon. Obrigados a ler *Os condenados da terra*, a maioria deles me fez a ressalva de que se tratava de um "negro". Foi uma experiência muito dura para mim, sobretudo porque me considerava herdeira de Sartre e dos "*porteurs de valises*"[4]. Eu fora para a Argélia com uma visão bastante maniqueísta da situação pós-colonial, convencida de que tinha de compensar, por meio de um ensino de qualidade, as faltas cometidas pela colonização. Ao cabo de uma longa negociação, meus alunos aceitaram meu programa com a condição, disseram, de ter o direito de recitar alexandrinos. Eles adoravam as tragédias de Racine e Corneille e amavam o teatro. Por isso tinha pensado em lhes dar para estudar a obra de Jean Genet – particularmente *Les paravents* [*Os biombos*].[5] Mas desisti.

[4] Literalmente, carregadores de malas. Assim eram chamados os militantes franceses que, liderados pelo filósofo francês Francis Jeanson, apoiavam a independência da Argélia, hospedavam os membros da FLN e distribuíam dinheiro e papéis para os rebeldes. (N.T.)

[5] A peça tinha acabado de ser montada no Odéon-Théâtre de France em abril de 1966, numa encenação de Roger Blin que provocara escândalo. Cf. Jean Genet, *Théâtre complet*, edição apresentada, estabelecida e comentada por Michel Corvin e Albert Dichy, Paris, Gallimard, col. Bibliothèque de la Pléiade, 2002. Sobre o escândalo provocado particularmente pelos antigos defensores da Argélia francesa e sobre a recusa corajosa de André Malraux, então ministro da Cultura, de proibir a representação, cf. Edmund White, *Jean Genet*, Paris, Gallimard, 1993, p.469-89.

Durante a Guerra dos Seis Dias, para minha grande surpresa, as paredes de várias salas – entre as quais a minha – apareceram cobertas de suásticas. A maioria dos professores franceses, então chamados de "pés vermelhos" por terem militado a favor da independência da Argélia antes de ali se estabelecerem como educadores, recusou-se a ver nesse ato uma manifestação de antissemitismo. Muitos deles estavam fascinados com a Revolução Cultural chinesa e costumavam ir à embaixada da China em Argel, onde eram projetados filmes de propaganda que glorificavam a vida e a obra de Mao Tsé-Tung. Foi nessa ocasião que assisti a uma representação de *O Oriente vermelho*, espetáculo medonho que me afastou de imediato de qualquer engajamento maoísta. Naquela conjuntura política, a hostilidade a Israel era tão intensa, e a culpa em relação aos antigos colonizados tão angustiante, que ninguém tinha coragem de abordar a questão das suásticas. Lembro-me da conversa que tive com um professor, ex-desertor do exército francês,[6] em que ele me explicava que um símbolo muda de significado conforme o contexto em que é utilizado. Assim sendo, o relativismo cultural servia para justificar que uma suástica pudesse se transformar em expressão legítima da revolta de um povo esmagado pelo imperialismo americano-israelense. Nada daquilo, diziam, remetia ao nazismo ou ao antissemitismo.

Foi intensa a discussão entre aqueles que, como eu, infelizmente muito poucos, se recusaram obstinadamente a continuar lecionando em locais pichados de modo tão abjeto e aqueles que, ao contrário, não quiseram suspender suas atividades poucas semanas antes do término do ano letivo.[7]

Finalmente, tomei a decisão de pedir aos meus alunos que limpassem as paredes o mais depressa possível. Eles me acusaram de ser uma inimiga sionista e de odiá-los. Eu, certamente, aceitava a ideia de que jovens argelinos pudessem considerar os israelenses seus inimigos, mas não entendia por que tinham tido a necessidade, para manifestar isso, de convocar o principal significante do extermínio dos judeus da Europa. E para que entendessem bem o que eu queria dizer, dei-lhes um curso sobre a Segunda Guerra Mundial e sobre os campos da morte. Forneci vários detalhes que não deixaram de evocar para eles os traumas de sua infância. Eles limparam as paredes dignamente, declarando ignorância sobre aquela história.

[6] Maurienne, *Le déserteur*, Paris, Minuit, 1960.
[7] As aulas costumavam terminar no final de junho.

E, é claro, perguntaram-me se eu também, como eles, e enquanto judia, tinha perdido parentes naquela tormenta.

Pensavam, portanto, que eu era judia, já que combatia o antissemitismo. Claro que eu era, mas não como eles imaginavam. Eu era no sentido da judeidade e não do judaísmo e, materialista e sem verdadeira religião, sentia-me herdeira tanto do catolicismo, religião do desejo e da arte admirada por meu pai, do protestantismo, religião do livre-arbítrio professada por minha mãe, cujo pai pertencia à alta sociedade protestante, quanto do judaísmo, religião do livro, do saber e da inteligência. Ao que eu acrescentava os deuses gregos, meus preferidos, porque eram os deuses da história, da tragédia, da filosofia e da astúcia. Proveniente de uma família de judeus republicanos assimilados, resistentes gaullistas de primeira hora, durante toda a infância e ao contrário de meus colegas de classe, filhos de deportados sempre silenciosos, eu nunca parara de ouvir falar não só do extermínio, mas também do antijudaísmo romano e cristão, da emancipação, do antissemitismo e do caso Dreyfus.[8]

Ninguém do meu círculo próximo foi exterminado e ninguém usou a estrela amarela. Desde 1938, meus pais tinham sido decididamente contrários aos acordos de Munique e totalmente lúcidos acerca das intenções criminosas de Hitler. Por isso tinham tomado todas as precauções possíveis, munindo-se de certidões de batismo falsas e papéis de todo tipo destinados a dissimular suas origens para melhor combater o ocupante. Durante muitos anos, na França, jamais pensei em me definir como judia ou não judia e precisei daquela experiência argelina para tomar consciência, não da existência concreta do antissemitismo, mas de sua presença estrutural – e, portanto, interminável – no âmago da subjetividade humana.

Em suma, jovens argelinos tinham me feito entender que, ao tomar os israelenses por judeus, tinham se identificado com nazistas e, portanto, com antissemitas sem nada saber sobre o Holocausto. O antissemitismo inscrevera-se em seu inconsciente e esse antissemitismo visava *o* judeu no sentido genérico, e não o inimigo territorial. Lembro-me de lhes ter dito que a luta contra o antissemitismo não tinha de ser assunto dos judeus, mas sim de todo homem digno desse nome. E que não era na qualidade

[8] Meu pai escreveu um livro sobre o assunto e tinha uma biblioteca bastante completa sobre o antissemitismo e a questão judaica, que eu herdei. Cf. Elisabeth Roudinesco, *Genealogias* (1994), Relume-Dumará, 1995.

de judia que eu tinha feito aquele gesto: qualquer um poderia e deveria ter reagido daquela maneira.

Diante do relativismo cultural professado por um militante anticolonialista, que ousava ver nas suásticas o sinal de uma justa revolta contra o imperialismo, e em contato com jovens, herdeiros do horror colonial, mas capazes de alcançar a consciência de sua história por meio de um saber sobre uma história que não era a deles, adquiri a certeza de que não se deveria jamais ceder no que se refere à questão da função simbólica.[9] Foi também dali que nasceu minha convicção de que, em história, as noções de "contexto", "mentalidade" ou "contextualização" não devem ser empregadas de qualquer maneira. Embora seja evidente que não se pode interpretar o antijudaísmo cristão como um precursor do antissemitismo, pois é preciso ressituá-lo no contexto de uma época, também é evidente que seria deturpar a noção de contexto aceitar que o antissionismo fosse associado aos sinais exteriores do nazismo a pretexto de que, no "contexto do mundo árabe", uma suástica ou os *Protocolos dos sábios de Sião* não teriam o mesmo significado que no mundo ocidental. Na verdade e à guisa de "contexto", essa experiência mostrava, na realidade, que, depois da Guerra dos Seis Dias, o antissionismo ameaçava ser também o vetor de um antissemitismo que já não se atrevia a dizer seu nome. Lembremos também que, no conflito israelense-palestino, o processo de nazificação do adversário tinha se ampliado depois de 1945.

Durante essa experiência, também tomei consciência do fato de que existiam dois modos de criticar Israel: um consistia em questionar o princípio de sua existência e o outro, sua política. Ora, questionar a existência de Israel corresponde a uma atitude de negação que pode autorizar a passagem do antissionismo ao antissemitismo e que, por isso, impede qualquer crítica política. Atacar a política colonialista da França nunca levou a questionar sua existência.[10]

Essa tomada de consciência não foi alheia à admiração que eu mais tarde sentiria pela obra de Claude Lévi-Strauss e, de forma mais geral, pelo que chamariam estruturalismo, que, em suas variantes modernas, pós-modernas ou desconstruídas, me parece constituir a melhor defesa, depois da

[9] Cf. Catherine Simon, *Algérie, les années pieds rouges*, Paris, La Découverte, 2009

[10] Pierre Vidal-Naquet aponta essa evidência em *Les Juifs, la mémoire et le présent*, Paris, La Découverte, 1991.

aventura sartriana, contra todas as formas de barbárie baseadas no psicologismo, no sociologismo, no comportamentalismo, no cientificismo e outros conhecimentos ditos cognitivos, naturalistas ou afetivos do humano.

Embora seja verdade, como afirma Aimé Césaire, que Hitler é o "demônio do homem branco" por ter aplicado na Europa procedimentos bárbaros que até então só diziam respeito a negros, árabes ou asiáticos, também é verdade que, se não tomarmos cuidado, os antigos colonizados podem, tal como os antigos colonizadores, ser habitados pelo demônio de Hitler, ou seja, pelo antissemitismo.[11] A partir daí, pouco importa que esse demônio tenha sido inventado na Europa no século XIX: ele deve ser combatido onde quer que esteja.

A partir dos anos 1980, os estudos sobre o Holocausto ampliaram-se consideravelmente. Contudo, quanto mais a história do extermínio era estudada, ao mesmo tempo em que se renovava a dupla abordagem da questão judaica e da questão colonial, mais se desenvolvia uma nova forma de antissemitismo que colocava em questão os conhecimentos adquiridos pela historiografia: o negacionismo. Paralelamente, porém, também se desenvolvia, dos dois lados do Atlântico, um novo tipo de argumentação que consistia em assimilar toda crítica da política israelense e todo antissionismo a um antissemitismo: Hannah Arendt pagou por isso e, depois dela, outros foram vítimas disso, sendo chamados, por seu apoio à causa palestina ou seu vínculo com o marxismo, com o anticolonialismo e depois com o movimento antiglobalização, de "novos antissemitas".[12] Como já dissemos, o discurso do antissemitismo pode, sem dúvida, ser sustentado pelo antissionismo. Mais ainda quando esse antissionismo se confunde com um islamismo radical. Mas, para que exista realmente uma adequa-

---

[11] Aimé Césaire, *Discours sur le colonialisme* (1950), Paris, Présence Africaine, 1955, p.13-4. E a famosa frase: "Hitler? Rosenberg? Não, Renan."

[12] A tese do novo antissemitismo foi defendida na França por Jacques Givet, *La gauche contre Israël. Essai sur le néo-antisémitisme*, Paris, Pauvert, 1968. Foi, em seguida, retomada por Pierre-André Taguieff e outros autores, ora preocupados em revisar a história e fazer do Iluminismo a antecâmara de Auschwitz, ora em ver antissemitismo onde não há. Voltarei a isso no Cap.7. Nos Estados Unidos, o debate se desenvolveu com extrema violência em torno da revista *Commentary*, o que também explica a atitude de Noam Chomsky, como veremos.

ção entre antissionismo e antissemitismo, também é preciso que a crítica seja enunciada num discurso que adote os significantes do ódio ao judeu. A imputação de antissemitismo perde todo significado quando não se apoia numa sólida argumentação. Em outras palavras, se o antissemitismo está em todo lugar, já não está em lugar nenhum, e se todo antissionismo for assimilado a um antissemitismo, corre-se o risco de confundir quem se opõe a uma política com quem odeia os judeus e, portanto, dar a entender que apoiar Israel ou sua política equivale a combater o antissemitismo. Nesse terreno, a apologia é tão vã quanto o anátema. Condenar publicamente o Estado de Israel porque ele não passaria de uma criação artificial inventada pelo Ocidente para perenizar o espírito do colonialismo é tão vão quanto ver nele o único horizonte possível para os judeus da diáspora: uma espécie de terra miraculosa que encarnaria a luta contra a barbárie terceiro-mundista.[13]

Os dirigentes da OLP tomaram consciência dessas contradições, uma vez que, em 1969, em sua terceira Carta, assim definiram o objetivo de sua luta: "O Al Fatah não luta contra os judeus enquanto comunidade étnica ou religiosa, mas contra Israel, considerado como expressão de uma colonização baseada num sistema teocrático, racista e expansionista."[14] É certo que a comparação de Israel com um Estado racista e colonialista era discutível, como já tive oportunidade de dizer, mas os judeus em sentido genérico não eram visados por esse texto, que tinha o mérito de distinguir antissemitismo, combate contra Israel e luta contra o sionismo.

Se, depois da Segunda Guerra Mundial, o antissemitismo se tornou na Europa assunto do inconsciente, o negacionismo[15] foi sua perpetuação, na forma de um delírio cujo projeto era não só exterminar uma segunda vez os judeus, ao tentar assassinar sua memória,[16] como negar qualquer

---

[13] Cf. Alain Dieckhoff, *L'État d'Israël*, op.cit., p.10.

[14] As sucessivas cartas da OLP estão disponíveis na web. Voltarei à questão do Estado judeu no Cap.7.

[15] Henry Rousso forjou esse termo em 1987 para substituir o inadequado termo "revisionismo". Cf. *Le syndrome de Vichy*, Paris, Seuil, 1987. O negacionismo não é uma revisão da história, como dizem seus adeptos, mas um discurso patológico que consiste em negar a existência do genocídio dos judeus e, mais precisamente, a das câmaras de gás. Observemos, aliás, que os negacionistas não se interessam pelo extermínio dos doentes mentais, dos ciganos, das testemunhas de Jeová, o que mostra claramente que seu negacionismo é, principalmente, um antissemitismo.

[16] Segundo a formulação de Yosef Hayim Yerushalmi, retomada por Pierre Vidal-Naquet.

legitimidade ao Estado de Israel, que, como se sabe, repousava sobre fundamentos frágeis e contestáveis. Em seguida é que, progressivamente e a despeito daquilo que demonstram as diferentes cartas da OLP, se daria uma junção entre o negacionismo, oriundo da extrema direita europeia, e o antissionismo, oriundo do mundo árabe. Os judeus, dirão então ambas as partes, mentiram para jogar a culpa no Ocidente e tornar possível a criação de um Estado "criminoso" do qual os palestinos são as vítimas. E assim como no final do século XIX o colonialismo tinha sido o vetor do antissemitismo, é o antissionismo que ocupará esse lugar: como se o antissemitismo fosse tão indestrutível que pudesse servir a duas causas tão contraditórias.

É com Maurice Bardèche, cunhado de Robert Brasillach, antissemita, vichista anticomunista e antissionista, que começa, em 1948, a história singular do negacionismo. Na sua forma inicial, esse discurso propõe uma representação da história que consiste não só em inverter seus significantes e suas causalidades, segundo o princípio de uma recusa idêntica à dos genocidas, mas em introduzir nessa inversão uma temática conspiracionista. Em outras palavras, em vez de contar os fatos tal como aconteceram, os negacionistas sempre começam explicando-os nos moldes de uma interpretação delirante. Assim, a libertação da França em 1944 é apresentada por Maurice Bardèche como um momento desastroso da história desse país. Enquanto Pétain, diz ele, visava proteger os judeus de uma perseguição da qual eles eram responsáveis, os aliados, ao contrário, lançaram o Ocidente no caos: tonsuraram as mulheres, cometeram estupros e massacraram as populações civis alemãs por meio de bombardeios abomináveis. Na tentativa de julgar os vencidos, depois de tê-los assassinado ferozmente, inventaram em Nuremberg um processo infame apoiando-se em depoimentos mentirosos. Assim teria surgido o mito do Holocausto, verdadeira impostura destinada a mascarar a realidade da nova dominação dos judeus sobre o mundo.[17]

As teses de Bardèche não são mais que a continuação clássica das do regime de Vichy, que serão retomadas pelos movimentos de extrema direita, ainda que opostos uns aos outros.

Todas essas teses não teriam tido a mesma incidência historiográfica se não tivessem sido sustentadas – e até transmitidas – por outro discurso:

[17] Maurice Bardèche, *Nuremberg ou la Terre promise*, Paris, Les Sept Couleurs, 1948.

aquele, estranho, de Paul Rassinier, resistente socialista e anarquista, deportado e depois torturado em Buchenwald em 1943, e que, com o passar dos anos, agastado pelos fiascos de uma vida monótona e revanchista, juntou-se a Bardèche e aderiu, por sua vez, a essa ideia de que a história escrita pelos vencedores não passaria de uma impostura, uma falsificação da realidade. Rassinier afirmou não só que os comunistas tinham se comportado nos campos como assassinos mais ativos que os nazistas como sustentou que ninguém nunca constatou em nenhum lugar a existência das câmaras de gás.[18] A partir daí, a inversão se ampliou e o método negacionista se tornou mais preciso. Todos os testemunhos verídicos foram apresentados como fabulações – tanto os dos judeus quanto os dos nazistas –, ao passo que "avaliações" científicas tentavam demonstrar, com base em "provas", que era materialmente impossível proceder a qualquer tipo de assassinato por gás dos judeus:[19] "Para atuar no plano dos meios de comunicação", escreveu Vidal-Naquet, "era preciso se aliar de fato e de direito aos únicos grupos a quem uma tese dessas podia interessar ideologicamente: a extrema direita antissemita, seja da variedade católica fundamentalista, seja da variedade páleo ou neonazista, e uma fração do mundo árabe-islâmico em luta contra Israel por bons e maus motivos."[20]

A partir de 1965, depois da morte de Rassinier, o movimento cresceu quando Pierre Guillaume, antigo militante de *Socialisme ou Barbarie*, personalidade "perversa e megalômana",[21] criou a livraria La Vieille Taupe,[22] que se tornaria, até sua dissolução, em 1972, o ponto de encontro de uma seita ultraesquerdista composta sobretudo por Serge Thion, especialista em Sudeste asiático, sociólogo engajado nas lutas anticolonialistas. Como Guillaume, ele se juntaria às fileiras da extrema direita depois de ter sido

---

[18] Paul Rassinier, *Le mensonge d'Ulysse. Regard sur la littérature concentrationnaire* (1950), Paris, La Vieille Taupe, 1979.

[19] Pierre Vidal-Naquet enumerou em sete pontos os métodos utilizados pelos negacionistas em *Les assassins de la mémoire*, op.cit. Cf. também Valérie Igounet, *Histoire du négationnisme en France*, op.cit.

[20] P. Vidal-Naquet, *Les assassins*, op.cit., p.158.

[21] Segundo Pierre Vidal-Naquet, *Les assassins*, op.cit., p.157.

[22] Inspirou-se numa famosa frase de Hegel, retomada por Marx para designar a Revolução, e que lembra estranhamente a história do combate entre Jacó e o Anjo: "Parece amiúde que o espírito se esquece, se perde, mas, internamente, ele está sempre em oposição a si mesmo. Ele é progresso interior – como diz Hamlet do espírito de seu pai: 'Bravo, velha toupeira!'"

expulso em 2000 de seu cargo de pesquisador do CNRS.[23] Quanto a Gabriel Cohn-Bendit, militante libertário, rapidamente fará uma autocrítica.[24]

Com a entrada em cena de Robert Faurisson, o caso do negacionismo mudou de fisionomia.[25]

Aluno de Jean Beaufret, experiente em crítica literária e acostumado, na mocidade, a proferir frases hitleristas ou organizar expedições agressivas contra seus colegas, Faurisson sempre teve uma obsessão pelo complô judeu e pela censura praticada pelos editores que se recusavam a republicar os panfletos de Céline. Aspirando à fama e convencido de que todas as vanguardas literárias se dedicavam a verdadeiras imposturas, começou a carreira fazendo uma suposta interpretação psicanalítica do famoso soneto de Arthur Rimbaud sobre as vogais, análise que seria publicada na revista *Bizarre*, dirigida por Jean-Jacques Pauvert. Depois de se dedicar, em seguida, à inexistência de Lautréamont, meteu na cabeça a ideia de demonstrar, com base em provas, que o diário de Anne Frank era um documento totalmente forjado – assim como, aliás, todos os testemunhos produzidos pelos nazistas sobre os campos de extermínio. A partir de 1978, conseguiu que os grandes meios de comunicação se interessassem por sua história da inexistência das câmaras de gás.

Um ano depois, na época em que passou na televisão um seriado americano bem medíocre, *Holocausto*, boa parte da imprensa francesa se mostrou disposta a confrontar, segundo critérios de um suposto objetivismo fundamentado no famoso princípio do pró e contra, os que reconheciam o genocídio e os que o negavam. Mas Pierre Vidal-Naquet deu um basta a essa tentativa insensata declarando que, se um historiador digno desse nome tinha o dever de desmascarar os falsários, não devia de forma alguma aceitar dialogar com eles, a fim de mantê-los afastados da comunidade dos pesquisadores.

Não foi essa a opinião de Noam Chomsky, linguista respeitado e já conhecido no mundo todo por sua reformulação da teoria da linguagem e

[23] Sobre as relações anteriores de Serge Thion com Pierre Vidal-Naquet, Edgar Morin e Nadine Fresco, cf. Valérie Igounet, *Histoire du négationnisme en France*, op.cit., p.258.

[24] Ele saiu da seita negacionista em 1981 declarando sua reprovação das teses faurissonianas.

[25] O negacionismo existe em vários países, mas o caso Faurisson é uma exceção francesa porque está ligado à história das vanguardas literárias e do ensino ministrado no círculo seleto dos cursos preparatórios de letras (*khâgnes*) – no lugar, portanto, em que são formados os futuros alunos da École Normale Supérieure. Voltarei ao assunto no Cap.7.

sua rejeição definitiva das teorias estruturais de seu mestre, Roman Jakobson, o mais eminente linguista do século XX – que nunca simpatizou com suas orientações. Revolução niilista, apoiada na ideia de uma possível universalidade comunicativa da linguagem, a chamada teoria "generativa" proposta por Chomsky tinha como objetivo elaborar a gramática de uma língua como modelo explícito dessa língua separando as sequências "gramaticais" daquelas ditas "agramaticais". E para levar a bom termo essa operação de liquidação de qualquer significação da linguagem como portadora de um inconsciente, cumpria reintroduzir na linguística um ideal de comunicação rejeitado por Saussure: uma noção de sujeito intuitivo, extraída da mais comportamental das psicologias, isto é, a mais simplista.

Para dar conta do fenômeno da linguagem, a nova linguística se apoiava numa naturalização da mente humana para construir uma gramática da competência associada a uma gramática da performance que compreendia dois modelos: o da emissão (locutor) e o da recepção (ouvinte). Esse procedimento epistemológico culmina na completa esclerose da disciplina linguística e no seu confinamento na neuropsicologia: "Os primeiros estruturalistas", escreveu Tzvetan Todorov, "estavam mergulhados na pluralidade das línguas, sendo capazes de citar exemplos em sânscrito, em chinês, em persa, em russo, em alemão. Ora, Chomsky foi a negação total e radical de tudo isso, porque ele sempre trabalhou com o inglês, ou seja, com sua língua materna. Ainda que tenha sido um bom especialista no que fazia, sua influência foi desastrosa, acarretando uma esterilização absolutamente impressionante do campo da linguística."[26]

A pedido de Serge Thion, Chomsky expressou seu apoio a Faurisson num texto que serviu de prefácio (e, portanto, de aval) a uma nova publi-

---

[26] François Dosse, *Histoire du structuralisme*, II. *Le Chant du cygne. De 1967 à nos jours*, Paris, La Découverte, 1992, p.23 [ed. bras.: *História do estruturalismo*, 2 vols., Florianópolis, Edusc, 2007]. Noam Chomsky, *Structures syntaxiques*, Paris, Seuil, 1969; *Linguagem e mente* (1969), UnB, 1998, e Unesp, 2009. Sobre as incidências do chomskismo na psicanálise, cf. Elisabeth Roudinesco, *Histoire de la psychanalyse en France*, 2, col. Pochothèque, op.cit. Sobre a revolução cognitivista em psiquiatria, cf. *Por que a psicanálise?* (1999), Rio de Janeiro, Jorge Zahar, 2000. Linguista por formação, eu mesma assisti, na época da minha defesa do mestrado em letras sob orientação de Todorov, à degradação de toda uma geração de jovens linguistas que se tornaram chomskianos e que já não se interessavam senão pela descrição de frases do tipo: "É o leite do gato que o cão bebe, o leite do gato é bebido pelo cão, o leite do gato que o cão bebe está quente, o gato não gosta que o cão beba seu leite e ele perseguiu o cão que o bebia etc." Jean-Claude Milner pôs fim à sua carreira de linguista por causa da "revolução" chomskiana.

cação negacionista dele, na qual os judeus eram acusados de terem inventado seu próprio extermínio. Filho de um eminente professor de hebraico, a Chomsky certamente não faltava coragem na sua denúncia dos malefícios do colonialismo e do imperialismo americano, num contexto em que o amálgama entre antissionismo e antissemitismo era particularmente virulento. No entanto, tendo sido o criador de uma teoria da cognição que esvaziava a subjetividade humana de qualquer forma de relação significante com a língua e a linguagem, confundia análise política com moral e rejeitava tudo o que pudesse se parecer com uma ordem simbólica qualquer. Também se recusava a hierarquizar os grandes sistemas de governança inventados pelos homens.

Ao colocar no mesmo plano o nazismo, o comunismo e o capitalismo, não fazia nenhuma diferença entre o primeiro sistema, baseado na produção industrial de cadáveres, o segundo, que consistia num desvio de um ideal de emancipação, e o terceiro, centrado no lucro e na mercantilização dos sujeitos.[27] Por isso atacava este último, considerado mais mortífero que os outros dois, porque era o das democracias que tinham a obrigação de serem "morais".

Aliás, essa arte do comparatismo dedutivo tinha levado Chomsky a denunciar os "banhos de sangue" cometidos pelos países ocidentais contra os oprimidos do mundo inteiro e a compará-los com os do *Arquipélago Gulag*,[28] para melhor relativizar os efeitos devastadores do genocídio perpetrado no Camboja pelos khmers vermelhos.[29] Além disso, apoiando-se outra vez em sua teoria da linguagem, comparava o tempo todo, estabelecendo correlações inoperantes, o que não pode – e não deve – ser comparado, para depois se surpreender com as críticas que lhe eram dirigidas e nas quais via uma "conspiração": francesa, em geral.

Evocando seu engajamento, explicou em 1983 que achava terrível a política de seu país, acrescentando imediatamente que todas as políticas ado-

---

[27] Chomsky chama de TINA (*There is not alternative*) o imperialismo capitalista composto de "gigantescas pessoas imortais" (as sociedades transcontinentais das finanças, da indústria e do comércio que dividem entre si a riqueza do planeta) e as contrapõe a "pessoas de carne e osso". Cf. Noam Chomsky, *La conférence d'Albuquerque*, Paris, Allia, 2001.

[28] Romance em três volumes de Alexandre Soljenitsin publicado, entre 1974 e 1976, pela editora Seuil [e pelo Círculo do Livro, no Brasil].

[29] Noam Chomsky e Edward S. Herman, *Bains de sang*, precedido de *L'Archipel Bloodbath*, Paris, Seghers/Laffont, 1975. E *Change*, 24, out 1975, em que se encontram as cartas de Chomsky a Jean-Pierre Faye.

tadas nos outros Estados do mundo lhe pareciam igualmente assustadoras. E, sem sequer se dar conta do absurdo de seu enunciado, declarava: "Suponhamos, por exemplo, que em 1943 um intelectual alemão tivesse escrito artigos sobre atrocidades cometidas pelos ingleses, os americanos ou os judeus, ainda que o que ele escrevesse estivesse correto, não teria nos impressionado muito."[30]

Foi em nome da liberdade de expressão e para proteger Faurisson de eventuais "perseguições" por parte do Estado francês, considerado liberticida, que Chomsky subscreveu assim o negacionismo, reconhecendo, aliás, não ter lido o livro ao qual dava seu apoio[31] e no qual, uma vez mais, o autor afirmava que as câmaras de gás não existiam porque não existem. E alegava como prova disso o fato de que todos os deportados tinham voltado dos campos (*sic*) e que os depoimentos dos nazistas – o do médico SS Paul Kremer, sobretudo – tinham sido totalmente forjados pelos aliados, assim como, aliás, o *Diário* de Anne Frank, a autobiografia de Rudolf Höss e o relatório de Kurt Gerstein.[32]

E, é claro, Faurisson tinha um gostinho todo especial em realçar os erros dos partidários desvairados de uma revisão da história da questão judaica que consistia em fazer os textos do passado dizerem qualquer coisa. Assim sendo, com grande júbilo, ele denunciava a tolice de um representante regional da Licra[33] que tinha protestado perante o governo francês depois da transmissão de *O mercador de Veneza*, de Shakespeare, na televisão: "Essa peça não só tem um caráter que incita o ódio antissemita", declarava o representante da Licra, "como seu diretor, Jean Le Poulain, por sua encenação e pelo modo de interpretar o papel de Shylock, acentuou o caráter antissemita dessa peça, que passou em horário de grande audiência." Em resposta, Le Poulain, acusado de antissemitismo, ameaçou processar a Licra, afirmando que sua interpretação do personagem de Shylock tendia,

[30] Noam Chomsky, "Les raisons de mon engagement politique", *Cahiers de l'Herne*, op.cit, p.308.

[31] Robert Faurisson, *Mémoire en défense contre ceux qui m'accusent de falsifier l'Histoire. La question des chambres à gaz*, Paris, La Vieille Taupe, 1980. Precedido de uma opinião de Noam Chomsky. (Arno Mayer, que tentou em vão impedir Chomsky de redigir esse prefácio, me confirmou que ele não tinha lido o livro.) Cf. também Serge Thion, *Vérité historique ou vérité politique*, Paris, La Vieille Taupe, 1980.

[32] Rudolf Höss, *Le commandant d'Auschwitz parle*, Paris, La Découverte, 2004. Saul Friedländer, *Kurt Gerstein ou l'ambiguïté du bien*, Paris, Casterman, 1967.

[33] Liga International Contra o Racismo e o Antissemitismo. (N.T.)

ao contrário, a expor a solidão e o desespero de um homem abandonado, excluído pelo racismo e pelo ódio.[34]

Sabe-se que nessa peça, escrita entre 1594 e 1597, numa época em que a rainha Elisabeth I restabelecera certa tolerância em relação aos judeus marranos refugiados na Inglaterra, Shakespeare representou, num contexto veneziano feito de conflitos e de tensões entre comunidades, uma luta de vida ou morte entre cristãos e judeus que terminava com a derrota de Shylock, agiota sublime e feroz que tinha exigido de seu alter ego, Antonio, cristão melancólico, que sua dívida fosse paga com uma libra de carne. Mas essa derrota, que mostrava a crueldade do antijudaísmo cristão, era também o triunfo da razão sobre a vingança e do amor sobre a cupidez.

Herói ambivalente e torturado, Shylock personificava a posição do judeu europeu do final do século XVI, coagido a portar uma dupla identidade de perseguidor e de perseguido: um personagem orgulhoso de sua fé e que desprezava a de seus opressores, e que, por meio de suas lamentações, dava um rosto humano à alteridade judaica, entre busca identitária e emancipação: "Acaso um judeu não tem olhos? Um judeu não tem mãos, órgãos, dimensões, sentidos, afetos, paixões? Não se alimenta com a mesma comida, não é ferido com as mesmas armas, sujeito às mesmas doenças, curado pelos mesmos meios, aquecido e com frio no mesmo verão e no mesmo inverno que um cristão? Se nos apunhalam, acaso não sangramos? Se nos fazem cócegas, não rimos? Se nos envenenam, não morremos? E se nos ofendem, não nos vingaremos? Quando um cristão é ofendido por um judeu, em que consiste sua humildade? Em se vingar! Quando um judeu é ofendido por um cristão, em que deve consistir, segundo o exemplo cristão, sua paciência? Pois bem, em se vingar![35]

Faurisson fazia pouco da cegueira daqueles que denunciavam um antissemitismo imaginário acusando-os de querer "instaurar uma patrulha ideológica".

---

[34] *Le Monde*, 5 jul 1980, p.23.

[35] William Shakespeare, *Le marchand de Venise. Œuvres complètes*, t.I, Gallimard, col. Bibliothèque de la Pléiade, p.1234-5 [Ed. bras.: *O mercador de Veneza*, Porto Alegre, L&PM, 2007]. Shakespeare inspirou-se, em parte, no médico judeu marrano Rodrigo Lopez, que foi enforcado, decapitado e esquartejado depois de ter sido acusado (injustamente) pelo conde de Essex, Robert Devereux (1566-1601), favorito da rainha, de querer envenená-lo. Devereux foi decapitado posteriormente.

Quanto à inconsciência de Chomsky, que estava convencido de que a França tinha restaurado nos anos 1970 uma censura digna do Antigo Regime, poder-se-ia ficar tentado a interpretá-la como uma escorregadela. Mas não é esse o caso: Chomsky nunca se arrependerá de seu gesto e terá até a impertinência de se fazer passar por vítima da cena intelectual francesa, adotando ao mesmo tempo uma postura idêntica à de Faurisson – e acusando ao mesmo tempo o Estado de Israel de ser negacionista.[36]

Embora não estivesse impregnado pelo ódio de si judaico, Chomsky permaneceu indiferente a todas as reflexões de seus contemporâneos sobre a questão. Sentia um profundo respeito pelo pai, que o tinha iniciado na língua hebraica, mas cujos estudos considerava pouco sérios,[37] amava a mãe e se sentia plenamente judeu. Mas não perdoava seu país por ter sido responsável pelo lançamento da bomba atômica sobre Hiroshima, evento que o traumatizou na adolescência, e também odiava a Europa continental, onde se originara o genocídio dos judeus. Por isso desprezava tudo que viesse desse lugar maldito, preferindo prestar atenção a outros continentes. Considerava ridículos os filósofos da Escola de Frankfurt, via a psicanálise como uma tolice, Freud como um charlatão, o cinema hollywoodiano como lixo. Além disso, desde os anos 1970, não parava de condenar publicamente não só o Surrealismo, o Dadaísmo, o estruturalismo, o existencialismo e a fenomenologia, como também o conjunto dos pensadores franceses que tinham sido recebidos de modo triunfal nos departamentos de literatura das universidades americanas.[38] Não encontrava palavras duras o suficiente para denunciar sua "impostura", convencido, aliás, de que a universidade francesa estava povoada de analfabetos pré-darwinistas, ignorantes da própria história e da filosofia alemã:[39] "Considerando-se intocável", escreve Pierre Vidal-Naquet, "inacessível à crítica, inconsciente

[36] A respeito da Naqba. Como assinala Ur Shlonsky: "Israël et le sionisme", *Cahiers de l'Herne*, 88, out 2008, p.330. Cf. também, Noam Chomsky, "Réponses à mes détracteurs parisiens...", ibid, p.219-27.

[37] Cf. Robert F. Barsky, *Noam Chomsky. Une voix discordante*, Paris, Odile Jacob, 1998, p.32 [*Noam Chomsky, a vida de um dissidente*, Conrad do Brasil, 2005].

[38] Noam Chomsky: "A meu ver, a vida intelectual francesa não passa de um '*star system*' brilhante e barato. Algo parecido com Hollywood. Vão de um absurdo ao outro – stalinismo, existencialismo, estruturalismo, Lacan, Derrida –, alguns obscenos (o stalinismo) e outros simplesmente infantis ou ridículos (Lacan e Derrida). O que mais impressiona, contudo, é a grandiloquência e a autossatisfação em cada etapa." Cf. *Cahiers de l'Herne*, op.cit., p.23.

[39] Robert Barsky, op.cit., p.254.

do que foi o nazismo na Europa, envolvido num orgulho imperial e num chauvinismo americano digno daqueles 'novos mandarins' que ele antes denunciava, Chomsky acusava de liberticidas todos que não pensavam como ele."[40]

Convencido de ter mostrado a "grande censura" do governo francês e ter revelado a ausência de direitos civis nesse país, Chomsky atacava a "vida intelectual francesa", seus meios de comunicação, de esquerda, sobretudo, suas revistas e um de seus maiores historiadores, Pierre Vidal-Naquet, para afirmar, no prefácio do livro que ele não tinha lido, que Faurisson era completamente digno de ser discutido pela comunidade de pesquisadores franceses: "Como eu disse, não conheço muito bem seus trabalhos. Mas pelo que li, em grande parte por causa da natureza dos ataques dirigidos contra ele, não encontro prova nenhuma que pudesse apoiar tais conclusões. Tampouco encontro prova crível nos documentos que li a respeito dele, seja em textos publicados ou em correspondências privadas. No que me é possível julgar, Faurisson é uma espécie de liberal apolítico." Um pouco mais adiante, ele duvida do antissemitismo de Faurisson.

E, no mesmo texto, Chomsky, muito embora não cessasse de criticar a ausência, em seu próprio país, de direitos civis,[41] louvava os méritos da primeira emenda da Constituição, porque evitava toda perseguição contra o negacionismo: "Nos Estados Unidos, Arthur Butz (que pode ser considerado o equivalente americano de Faurisson) não foi submetido ao tipo de ataque impiedoso que lançaram contra Faurisson. Quando os historiadores revisionistas (*no-holocaust*) fizeram uma grande reunião internacional alguns meses atrás nos Estados Unidos, não aconteceu nada parecido com a histeria que ocorreu na França em torno do caso Faurisson."[42]

Para entender os motivos de uma atitude tão excessiva, que consistia em afirmar que Faurisson era não só uma vítima da *intelligentsia* francesa, mas um autor mais sério que a maioria dos pensadores franceses do século XX, é preciso ler o comentário sobre esse caso feito pelo melhor

---

[40] Pierre Vidal-Naquet, *Les assassins*, op.cit., p.99.

[41] O que não o impedirá de afirmar mais tarde que seu país foi o único em que pôde se exprimir livremente.

[42] Noam Chomsky, "Quelques commentaires élémentaires sur le droit à la liberté d'expression", reed. em *Cahiers de l'Herne*, op.cit., p.282-3. Naqueles tempos, empregava-se o termo inadequado de revisionismo para designar o negacionismo.

discípulo de Chomsky, o físico belga Jean Bricmont, coautor com Alan Sokal de uma obra dedicada às supostas "imposturas" da *intelligentsia* francesa.[43]

Num artigo de 2008, preocupado em resumir "objetivamente" a polêmica, ele também valorizou a posição de Faurisson ressaltando que "sua pesquisa era de natureza mais histórica que sociológica ou filosófica". E acusava Vidal-Naquet de haver, por meio de seus ataques, estimulado a difusão das teses faurissonianas e, ao mesmo tempo, contribuído para excluir da cena francesa os argumentos de um "judeu americano anarquista" mais capaz que qualquer francês de encarnar os ideais republicanos. E acrescentava: "Utilizar esse qualificativo [pesquisa] não implica nenhum juízo sobre o valor da pesquisa. Como físico, recebo frequentemente cartas ou dissertações excêntricas redigidas por pesquisadores 'independentes' ligados a questões da física. Ao ler esses textos, não tenho meios de adivinhar as intenções de seus autores, mas não vejo por que não falaria deles como sendo trabalhos de física, mesmo que não tenham valor."[44] Em outras palavras, segundo o procedimento da recusa e do método das comparações inoperantes, Bricmont afirmava que a questão da existência ou da não existência do genocídio dos judeus fazia parte de um debate científico – e que, por isso, nenhum negacionista deveria ser excluído do campo da historiografia.

Em 2000, Bricmont já tinha se manifestado a esse respeito ao prefaciar um livro de Norman Finkelstein, no qual era possível notar, de uma forma denegativa, a vontade tenaz de fazer entrar no campo da historiografia um dos mais temíveis negacionistas do mundo anglófono, David Irving: "Por mais ignóbeis que sejam as opiniões e as motivações de seus autores", escrevia Finkelstein, "a literatura negacionista não está totalmente desprovida de interesse. Deborah Lipstadt acusa David Irving de ser um dos negacionistas mais perigosos (ele recentemente perdeu uma ação que moveu contra ela por causa dessa asserção e de outras do mesmo tipo). Mas Irving, bem conhecido por ser um admirador de Hitler e um

---

[43] Alan Sokal e Jean Bricmont, *Imposturas intelectuais* (1997), Rio de Janeiro, Record, 2006. Entre os "impostores": Henri Bergson, Gilles Deleuze, Michel Foucault, Paul Virilio, Jean Baudrillard, Jacques Derrida, Régis Debray, Jacques Lacan etc. Respondi a esse livro: "Sokal et Bricmont sont-ils des imposteurs?", *L'Infini*, 62, verão 1998.

[44] Jean Bricmont, "Chomsky, Faurisson et Vidal-Naquet", *Cahiers de l'Herne*, op.cit., p.276.

simpatizante do nacional-socialismo, deu, apesar de tudo, uma contribuição 'indispensável', como indica Gordon Craig, que faz referência a seu livro, *Hitler's War*, ainda que descarte suas teses sobre o holocausto nazista como sendo 'estúpidas e completamente desacreditadas'."[45]

Como se vê, o discípulo exprimia em 2008 a mesma opinião que seu mestre, o que explica o motivo daquele prefácio ao livro de Faurisson. Portanto, segundo Chomsky, um negacionista era um historiador como qualquer outro. E devia ser levado a sério. Com seu gesto, Chomsky tinha procurado reabilitar o negacionismo. Claro que só podemos nos alegrar por ele ter perdido essa batalha, mas temos o direito de nos indagar sobre a natureza do ódio que esse "judeu americano anarquista" sempre expressou em relação aos intelectuais provenientes da Europa continental, judeus ou não judeus, e em relação a todos os Estados democráticos – a ponto de instrumentalizar a favor de Faurisson a luta dos palestinos pelo reconhecimento de seus direitos nacionais.

É sabido que, mesmo depois do Holocausto, os judeus dos Estados Unidos sempre se definiram mais como americanos judeus do que como judeus americanos. Portanto, identificados com a nação americana, de um modo bem diferente dos judeus da França, mais assimilados, geralmente não fizeram *aliá*, mas, em contrapartida, disseram-se os melhores defensores do Estado de Israel, ao mesmo tempo em que divergências fundamentais opunham conservadores e liberais, judeus imigrados (ou filhos de imigrantes) e judeus nascidos em solo americano.[46] Por isso, somente os religiosos ortodoxos fizeram um retorno à terra prometida, convencidos de que toda a Palestina lhes pertencia – segundo a lei de Deus. Donde o processo de colonização selvagem impossível de conter – e que em seguida será imitado por outros fanáticos vindos dos antigos países comunistas.

Nesse aspecto, Chomsky adotava uma atitude paradoxal. Não se sentindo nem um pouco ligado, como judeu, à diáspora europeia, que ele de-

[45] Norman Finkelstein, *A indústria do holocausto* (2001), Rio de Janeiro, Record, 2001. Prefácio de Jean Bricmont. Para uma crítica severa dessa obra, cf. Dominique Vidal, "Ambiguïtés", *Le Monde Diplomatique*, 565, abr 2001.

[46] Cf. a esse respeito Françoise S. Ouzan, *Histoire des Américains juifs*, Paris, André Versaille, 2008.

testava, acusava os judeus americanos, tanto de esquerda como de direita, de viverem uma história de amor sem sentido com o povo de Israel.[47]

Em 1967, depois da Guerra dos Seis Dias e a respeito da Guerra do Vietnã, ele afirmou, como se fosse uma tese nova e revolucionária, que "o recurso à violência [é] ilegítimo exceto quando ela [é] legitimada pela necessidade de eliminar um mal maior". E, contra Hannah Arendt, cuja "absolutização da democracia" ele criticava, disse que a China era o único país onde reinava uma verdadeira liberdade.[48] Niilista e relativista, fascinado por todos os "outros mundos" fora do Ocidente judaico-cristão, dizia-se ora maoísta e marxista, ora antimaoísta e antimarxista, sem, por outro lado, sentir qualquer simpatia, ainda que crítica, pelo Estado de Israel, já que a complexa questão das relações entre judaísmo, judeidade, sionismo, antissemitismo e antissionismo não tinha nenhum significado para ele. Chomsky era fundamentalmente contra tudo, e somente a contestação sempre moralizante de tudo e de seu contrário tinha graça para os seus olhos de lógico da insignificância.

Por exemplo, ora afirmava que o Hamas estava mais aberto a negociações que os Estados Unidos e Israel, ora o contrário. Às vezes dizia que os palestinos tinham de romper com sua rejeição da América, outras vezes aconselhava-os a nunca ceder em nada. Não parava de se mostrar tão favorável a um Estado binacional quanto à criação de dois Estados e, por fim, nunca tomava partido a favor de uma solução viável para a questão israelense-palestina. Do seu ponto de vista, ora Israel era uma terra em que reinava o *apartheid*, ora um simples "peão" manipulado pelos Estados Unidos, ora um país acolhedor onde podia debater democraticamente com seus amigos de extrema esquerda sobre massacres cometidos, em nome da democracia, pelos americanos e israelenses.

No fundo, a questão judaica não interessava a Chomsky, exceto quando se tratava de apoiar Faurisson para melhor demonstrar que a França – e com ela a chamada Europa iluminista – era ao mesmo tempo antiamericana, reacionária, antissemita e antidemocrática, pois nela se originaram três pragas: o Gulag, o Holocausto e o capitalismo.

---

[47] Entrevista de Noam Chomsky a Frank Barat, jun 2008, *Agora Vox*, on-line. E Noam Chomsky, *L'ivresse de la force. Entretiens avec David Barsamian*, Paris, Fayard, 2008.

[48] "La légitimité de la violence comme acte politique", debate entre Noam Chomsky, Hannah Arendt e Susan Sontag, 15 dez 1967, on-line.

A partir dos anos 1990, e à medida que as tentativas de paz fracassavam no Oriente Médio, apesar dos acordos de Oslo e das negociações frutíferas entre Yasser Arafat e Yitzak Rabin,[49] o negacionismo teve uma aceitação cada vez maior no mundo árabe-islâmico, devido à escalada do islamismo radical na região, com o Hamas tomando progressivamente o lugar da OLP e do Al Fatah.[50] Daí o sucesso obtido pelo livro do filósofo Roger Garaudy,[51] ex-deportado e ex-stalinista convertido ao islamismo: *Os mitos fundadores da política israelense*.

O autor pretendia denunciar a "heresia do sionismo político que consiste em substituir o *Deus* de Israel pelo Estado de Israel, porta-aviões nuclear e insubmersível dos provisórios donos do mundo: os Estados Unidos".[52] A obra estava repleta de citações mais ou menos truncadas destinadas a fazer os leitores entenderem que o autor era uma vítima do Ocidente, favorável a todos os religiosos não fundamentalistas, herdeiro do gaullismo e denunciador do grande complô por meio do qual os judeus desjudaizados da diáspora e seus cúmplices sionistas tinham conseguido impingir a existência das câmaras de gás. Assim foi que o negacionismo, aliado ao antissionismo e ao islamismo, tornou-se uma força política, à qual, aliás, Faurisson se aliaria na França até se tornar um ator carnavalesco, ao lado do humorista Dieudonné Mbala Mbala e outros trânsfugas da extrema direita e da esquerda radical.[53]

O negacionismo deriva da vontade genocida na medida em que a única e exclusiva função de seu discurso é negar o extermínio dos judeus, ou seja, apagar seus vestígios. É, portanto, a tentativa de dar continuidade, por meio do discurso, ao apagamento do massacre. Por isso é consubstancial ao próprio genocídio, já que permite perpetuar o crime tentando fazer

---

[49] Yitzak Rabin (1922-95): primeiro-ministro de Israel entre 1974 e 1977 e entre 1992 e 1995, assassinado por um judeu israelense fundamentalista, Ygal Amir, hostil aos acordos de Oslo. Ninguém esquece o famoso aperto de mãos entre os dois homens, na presença de Bill Clinton, em Washington, em 13 de setembro de 1993.

[50] Cf. Charles Enderlin, *Le grand aveuglement*, op.cit.

[51] No Egito, no Irã, no Líbano etc.

[52] Roger Garaudy, *Les mythes fondateurs de la politique israélienne*, op.cit., p.7-8. Sobre a análise do negacionismo de Garaudy, cf. Michel Prazan, Adrien Minard, *Roger Garaudy. Itinéraire d'une négation*, Paris, Calmann-Lévy, 2007. Apesar de alguns erros significativos, a obra é interessante.

[53] Nas eleições europeias de junho de 2009, eles formaram uma chapa "antissionista por uma Europa livre da censura, do comunitarismo, dos especuladores e da OTAN", uma maneira de apontar mais uma vez os judeus como responsáveis por todas as desgraças do mundo.

dele um crime perfeito – sem vestígios, sem lembrança ou memória. E foi, aliás, em virtude dessa mesma perspectiva de negação que os chefes nazistas fizeram de tudo para dissimular seu crime ao preço de organizar seu suicídio. Ao contrário dos generais japoneses que se mataram de forma manifesta e seguindo o ritual feudal do *seppuku*, para que o povo pudesse reviver depois da derrota pela qual eles se sentiam responsáveis, Hitler e seu círculo deram um jeito, após a grande cena do Bunker, de fazer seus corpos desaparecerem – ou seja, o vestígio de seu suicídio –, modo este de perverter o ato suicida de tipo sacrifical.

Se o negacionismo é a continuação do genocídio por outros meios, entende-se por que certos Estados – Alemanha, Áustria etc. – tiveram a ideia de instituir uma lei que possibilitasse condenar explicitamente sua negação, na medida em que esta seria uma incitação à perpetuação ilimitada do espírito genocida.

A lei Gayssot,[54] introduzida no Código Penal francês em 1990 e muito diferente, quanto a seu objeto, da lei Pleven de 1972, sobre a incitação ao ódio racial, também visava resolver o problema do antissemitismo por via jurídica, com o risco, contudo, de que o legislador se visse, assim, investido da responsabilidade de dirimir uma questão que não concerne ao direito, e sim ao trabalho intelectual. E embora ela tenha possibilitado processar e condenar os autores de livros ou declarações negacionistas, cumpre notar que eles – Robert Faurisson e Paul Rassinier – já tinham sido condenados na Justiça por delito moral e em virtude do artigo 1.382[55] do Código Civil.

Como vários outros intelectuais e juristas, sou contrária a essa lei, que, ademais, deu origem a várias leis memoriais nefastas.[56] É verdade que, por meio dela, foi possível proibir na França a difusão dos livros negacionis-

---

[54] Trata-se, com efeito, do artigo 9 da lei nº 90-615 de 13 de julho de 1990, que aditou um artigo 24 bis à lei de 1881 sobre a liberdade de imprensa: "Serão punidos por penas previstas na alínea 6 do artigo 24 aqueles que tiverem contestado por um dos meios descritos no artigo 23 a existência de um ou vários crimes contra a humanidade, tal como foram definidos pelo artigo 6 do estatuto do Tribunal Militar Internacional anexado ao acordo de Londres de 8 de agosto de 1945, e que foram cometidos seja pelos membros de uma organização declarada criminosa pela aplicação do artigo 9 do mencionado estatuto, seja por uma pessoa reconhecida culpada por tais crimes por uma jurisdição francesa ou internacional."

[55] "Qualquer fato oriundo daquele que provoca um dano a outrem obriga aquele que foi a causa do que ocorreu a reparar este dano."

[56] "La loi menace-t-elle les historiens?", entrevista a Françoise Chandernagor, *L'Histoire*, 306, fev 2006.

tas. Mas, ao fazer do negacionismo um delito, restringiu a liberdade daqueles que querem combatê-lo por meio da escrita e que sempre correm o risco de serem processados, por sua vez, por tolerância para com o negacionismo. Vale dizer que, nesse terreno, quanto mais extensa a liberdade de expressão, mais eficaz é o combate contra a abjeção. Nos países em que não existem tais disposições, a situação não é muito diferente da da França. Com efeito, nenhuma propaganda negacionista jamais conseguiu obter a menor legitimidade em qualquer instituição universitária: os negacionistas se reúnem entre eles, como uma seita, sejam ou não acolhidos por regimes que preguem oficialmente o negacionismo.[57] Quanto a isso, nem Chomsky nem Bricmont obtiveram ganho de causa.

A liberdade de exprimir essas opiniões existe em diversos graus nos Estados de direito, mas cada Estado criou leis que restringem essa liberdade: muito mais na Europa, centro do extermínio dos judeus, que do outro lado do Atlântico.[58] Mas, para pensar a ideia de que essa liberdade possa existir incondicionalmente, também é preciso que a lei não substitua a liberdade de escrita, que continua sendo o melhor recurso, o mais ilimitado e o mais racional, contra a expressão das opiniões negacionistas – e, portanto, antissemitas.

Outras formas de recusa se manifestaram na época da escalada de poder do negacionismo e até se multiplicaram na vida pública francesa. Prova disso são as declarações de Raymond Barre por ocasião de uma entrevista dada à *France Culture*, realizada por Raphaël Enthoven e transmitida no dia 1º de março de 2007.

Homem de Estado centrista, respeitado por todos e primeiro-ministro de um governo de direita na França entre 1976 e 1981, Raymond Barre nada tinha de negacionista delirante, tampouco tinha algo em comum com um argelino traumatizado pelas violências da guerra. Nascido em 1924, vinha de uma família de negociantes católicos radicados em Saint-Denis

[57] Como ocorreu na conferência de Teerã sobre o Holocausto, em dezembro de 2006.

[58] Na Áustria e na Alemanha, como já disse, as leis são ainda mais severas que na França. Notemos, a esse respeito, que não se deve confundir a proibição de ensinar, que, no caso do negacionismo, do racismo, do antissemitismo etc. é uma medida salutar, com a proibição de publicar. David Irving foi severamente condenado nos Estados Unidos em consequência de uma ação que ele moveu contra Deborah Lipstadt, por sua vez contrária a qualquer lei que proibisse declarações negacionistas. Cf. a esse respeito Jacques Derrida e Elisabeth Roudinesco, *De que amanhã...*, op.cit.

de la Réunion, onde passou a infância. Era jovial, culto, inteligente, franco e nada em sua atitude levava a supor que alimentasse, evidentemente sem ter consciência, alguma forma de paixão antissemita: era a normalidade em pessoa.

Contudo, em 3 de outubro de 1980, depois de um atentado mortífero[59] contra uma sinagoga da rua Copernic, em Paris, ele deu uma declaração espantosa, cujo significado não escapou a ninguém no país mais freudiano do mundo: "Esse atentado odioso", declarou, "quis atingir israelitas que se dirigiam à sinagoga e atingiu franceses inocentes que estavam atravessando a rua Copernic."[60]

Durante 27 anos, a selvageria dessa frase ficou esquecida, frase que tinha irrompido no discurso de um primeiro-ministro transtornado diante do horror de um ato terrorista. A classe política quis crer num inocente escorregão sem maiores consequências.

E foi precisamente por isso que no dia 1º de março de 2007, Raphaël Enthoven pediu ao autor da frase, que morreria alguns meses depois, para voltar àquele acontecimento. Ficou perplexo ao ouvir o velho homem, geralmente tão ponderado, elogiar Maurice Papon, condenado em 1998 por crime contra a humanidade, e Bruno Gollnisch, membro da Frente Nacional, conselheiro municipal em sua prefeitura e também condenado por declarações negacionistas em aplicação da lei Gayssot.

Quanto ao caso da rua Copernic, Raymond Barre não só não se arrependia de suas palavras, como as reivindicava: "P: 'O senhor lamenta ter dito aquelas palavras?' R: 'Não, lembro muito bem do clima em que disse aquilo. Não esqueça que na mesma declaração eu disse que a comunidade judaica não pode ser separada da comunidade francesa. Quando se cita, é preciso citar por inteiro. E a campanha feita pelo lobby[61] judeu mais vinculado à esquerda decorria do fato de que estávamos num clima eleitoral, por isso não fiquei impressionado e por mim eles podem continuar repetindo.' P: 'Mas por que *franceses inocentes*?' R: 'Porque sim, porque eram franceses que estavam circulando pela rua e que são massacrados porque umas pessoas resolvem explodir uma sinagoga. Então aqueles que queriam

[59] Quatro mortos e 26 feridos.
[60] Declaração à TF1, 3 out 1980.
[61] Lembremos que, em inglês, a palavra *lobby* (confinamento para animais, corredor, vestíbulo, grupo de pressão) não tem a mesma conotação pejorativa que em francês.

atacar os judeus poderiam ter feito explodir a sinagoga e os judeus. Mas não! Cometem um atentado às cegas e morrem três franceses não judeus. E isso não quer dizer que os judeus não sejam franceses.' P: 'Certo, mas *inocentes*?' R: 'Porque a característica dos que cometiam o atentado era castigar judeus culpados.' P: 'Aos olhos deles!' R: 'Aos olhos deles, claro! Aos meus, os franceses não tinham nada a ver com aquele assunto. Aliás, nenhum dos meus amigos judeus – e tenho muitos – me recriminou por isso. Faço questão de lhe dizer que, quanto a esse caso, considero que o lobby judeu – não só no que me diz respeito – é capaz de montar operações indignas e faço questão de dizer isso publicamente'."[62]

Convencido de estar sendo perseguido por um lobby, que evidentemente só existia na sua fantasia, Raymond Barre revelou-se, naquele dia, incapaz de captar o significado de seu próprio discurso. Com toda a sinceridade do mundo, insistia em sua boa-fé. Contudo, brotando do fundo do inconsciente, sua paixão recalcada manifestava-se sem inibição no sintagma "francês inocente, judeu culpado".[63]

Nenhum escritor, ainda que dotado do melhor senso de humor judaico, teria conseguido inventar um diálogo como esse. No âmbito da análise de texto, temos aí um verdadeiro caso exemplar.

Anteriormente, na primavera de 2000, outro caso dividiu não o mundo político, mas a comunidade intelectual, a ponto de se tornar revelador não só das paixões que cercam o conflito israelense-palestino, mas da profunda crise que atravessa essa comunidade quanto à quádrupla questão da identidade judaica, da busca das origens e das raízes, da obsessão pelas listas, herdada de Drumont e, por fim, da definição de um antissemitismo de um novo tipo, inominável, intangível, recusado, recalcado e que associa à denúncia do genocídio e da perda da grandeza soberana da França eterna – de sua bela linguagem e de sua bela escola republicana, com seus jalecos e seu latim – uma franca ojeriza aos comunistas, considerados o

[62] A transcrição integral da entrevista está disponível na internet.

[63] Raphaël Enthoven me confirmou que seu interlocutor não tinha nenhuma consciência do real significado de suas palavras. Cf. também Claude Lanzmann, "Raymond Barre, um 'Français innocent'", *Les Temps Modernes*, 642, fev-mar 2007.

"olho de Moscou", à social-democracia, aos progressistas em geral, aos antirracistas, aos árabes, à mestiçagem, à violência de rua da periferia e à vulgaridade pequeno-burguesa.

Homossexual assumido, volta e meia comparado ao barão de Charlus, aos irmãos Goncourt, a Gobineau ou a Charles Maurras, Renaud Camus era autor de cerca de 40 livros destinados a um público seleto e mestre na arte de redigir um diário de longo percurso ao qual confidenciava, no calor da hora, e sem nenhuma censura, suas cóleras, caprichos, sentimentos íntimos e práticas sexuais. Portanto, sob o manto de um senso comum ingênuo tingido de uma perversidade plenamente aristocrática e falsamente infantil, emitia uma série de colocações que apresentava como sendo juízos estéticos eruditos.

Em *La campagne de France* [O interior da França],[64] Renaud Camus defendia particularmente os "franceses de boa cepa" contra os imigrantes, e fazia uma contabilidade dos jornalistas "judeus" que trabalhavam na France Culture, sem deixar de afirmar sua repugnância pelo nazismo e pelo Holocausto: "Convenhamos que os colaboradores judeus do *Panorama*[65] da France Culture exageram um pouco: por um lado, em cada programa, de cada cinco profissionais, quatro são judeus, ou quatro de cada seis ou cinco de cada sete, o que, numa emissora nacional e quase oficial, constitui uma nítida representação excessiva de um determinado grupo étnico ou religioso; por outro, dão um jeito para que pelo menos um programa por semana seja dedicado à cultura judaica, à religião judaica, a escritores judeus, ao Estado de Israel e à sua política etc." E, mais adiante: "Pequenos comerciantes da periferia sofrem 15 ou 20 vezes seguidas ataques a mão armada por parte de jovens que são sempre da mesma origem étnica. Caso deem destaque a esses detalhes e afirmem desconfiar de adolescentes ou jovens dessa origem, são tratados de racistas. E os meios de comunicação, quando consentem em relatar os fatos, se acham no dever de não dizer uma palavra sobre a origem dos agressores."[66]

Tais declarações não tinham, evidentemente, nada a ver com as palavras que Raymond Barre pronunciaria depois. Tratava-se, ao contrário, de

[64] Renaud Camus, *La campagne de France*, Paris, Fayard, 2002.
[65] Programa, hoje inexistente, em que eram comentadas de maneira muito viva as publicações de ciências humanas, filosofia e literatura.
[66] Renaud Camus, *La campagne de France*, op.cit., p.48 e 55.

uma fala totalmente controlada. Camus achava sinceramente que havia *judeus demais* entre os comentaristas da France Culture e estava convencido de que os meios de comunicação escamoteavam o fato de que jovens árabes da periferia agrediam comerciantes.

É essa convicção que cumpre interrogar. Para quem conheceu bem o tal *Panorama*, a argumentação camusiana não se sustenta. Apaixonados por literatura e pelos debates de ideias, os comentaristas daquele programa não paravam de brigar entre si, mas não o faziam brandindo uma judeidade ou uma cultura judaica qualquer e, sim, dissecando pelas ondas do rádio obras sobre as quais estavam em total desacordo: Blanchot, Bataille, o *nouveau roman*, as vanguardas, o feminismo, o Surrealismo, *Tel Quel*, Foucault, a sexualidade, Rank, Freud, Philip Roth, Claude Simon, Sollers, Lévinas, Derrida, Althusser, Reich, Marcuse, Adorno, Arendt, Heidegger, Benjamin etc. Aliás, era costume deles criticar violentamente seus convidados. Lembro-me, por exemplo, que em 1993 passei cerca de uma hora com aquela equipe matreira, o que deu lugar, a respeito de meu livro sobre Lacan, a um pugilato verbal inaudito: no final do programa, um dos comentaristas, sentindo-se mal, chegou a ter de deitar no carpete e pediu piedade. Outros autores foram atacados, como eu, com a mesma vivacidade e obrigados a se defender como puderam.

Que Renaud Camus tivesse podido imaginar que aquele programa estivesse dominado por judeus a ponto de se entregar a uma contabilidade nojenta significava claramente que, a seu ver, judeus, alheios à literatura de "boa cepa francesa", poderiam reinar numa emissora pública sem serem censurados. Consequentemente, dava a entender que a France Culture era uma rádio judaica, uma rádio que escondia os crimes dos árabes na periferia.

A publicação desse livro, a princípio retirado do mercado e logo depois posto novamente à venda,[67] provocou uma verdadeira tempestade nos meios intelectuais franceses, canadenses e americanos,[68] como revelam

[67] Estive pessoalmente envolvida com o caso, porque foi Olivier Bétourné, então vice-presidente da livraria Arthème Fayard, que propôs retirar o livro do mercado. Ele foi em seguida posto novamente em circulação, amputado do que, evidentemente, configurava incitação ao ódio racial. Jacques Derrida e eu dedicamos um extenso comentário a esse caso, em *De que amanhã*..., op.cit.

[68] Renaud Camus era frequentemente convidado pelas universidades da América do Norte.

centenas de debates e artigos. Apoiado pela direita e pela ultraesquerda literárias, por vários jornalistas do *Libération* e de *Marianne*, bem como por pesquisadores e filósofos conservadores, soberanistas ou, ao contrário, libertários e apolíticos, Renaud Camus foi atacado por outra parte da *intelligentsia*, lacaniana, foucaultiana, althusseriana, sartriana etc., e pela totalidade dos jornalistas do *Le Monde*.

Jacques Derrida, Jean-Claude Milner, Bernard-Henri Lévy, Serge Klarsfeld, Jean-Pierre Vernant, Philippe Sollers foram alguns dos primeiros signatários de uma petição proposta por Claude Lanzmann, que qualificava de "criminosas"[69] as passagens em questão de *La campagne de France* dedicadas à lista dos comentaristas judeus.[70] O que suscitou a fúria dos dois principais defensores de Camus: Pierre-André Taguieff e Alain Finkielkraut.

Sempre inclinado a detectar antissemitismo nas obras de Espinosa, Voltaire, Marx, Deleuze, Genet, Nietzsche e nos comunistas, maoístas, trotskistas, árabes, muçulmanos e judeus favoráveis a um Estado palestino, o primeiro destacou que aquelas colocações decorriam de certa "ingenuidade" do autor.[71] Quanto ao segundo, seduzido pelo esteticismo maurasiano de Camus, declarou, *como judeu que era*, que "os graus de pertencimento nacional" e a recusa por parte de Camus "em ignorar a parcela de herança que há na identidade, seu apego ferrenho ao pouco que resta de 'conhecimento pelo tempo' adquirem um sentido diferente daquele – essencialista, racista, criminoso – que precipitadamente quiseram ver nele".[72]

No fundo, esse caso apenas revelou uma forte reincidência do velho antissemitismo proveniente do mundo das letras, do qual o negacionismo era a face imunda. Ora, esse novo avanço do drumontismo na França deu-se num momento em que, no plano político, o velho populismo ganhava uma nova face com o crescimento da Frente Nacional.

Inscrevendo-se na linhagem de Léon Bloy, embora fosse muito mais herdeiro de Drumont, Marc-Édouard Nabe reabilitou, em 1985,[73] os es-

---

[69] É verdade que essa qualificação era extravagante e inapropriada. Petição publicada no *Le Monde*, 25 mai 2000.
[70] *Le Monde*, 25 mai 2000.
[71] Pierre-André Taguieff, *La nouvelle judéophobie*, Paris, Mille et Une Nuits, 2002, p.200-1. E *La judéophobie des modernes*, op.cit.
[72] Alain Finkielkraut, *L'imparfait du présent. Pièces brèves*, Paris, Gallimard, 2002, p.4.
[73] Marc-Édouard Nabe, *Au régal des vermines* (1985), Paris, Le Dilettante, 2006.

critores da colaboração afirmando que os panfletos antissemitas de Céline tinham um valor literário superior a seus romances e que, em vez de ler e admirar *Viagem ao fim da noite*, melhor seria reeditá-los. Adotando a postura do maior perseguido da França e considerando-se, sem dúvida, o maior escritor do panteão, denunciaria, durante 15 anos, os judeus, homossexuais, africanos – comparados a "macacos degenerados" –, transsexuais, brancos, árabes, o cenário intelectual etc.[74]

O mais interessante, porém, é que em 1999, num texto em que a palavra judeu não aparecia, Nabe adotou a famosa tese de que os judeus são responsáveis, por intermédio de Freud, Marx e Einstein, pela destruição da humanidade e, mais ainda, pela criação de uma fábrica de cadáveres: "Tomem Freud, o ignóbil Freud, por exemplo. Este que os fascina. O curandeiro de Édipos adiposos, o dessonhador dos medrosos, o terceiro ladrão desse assustador trio de celerados sobre cuja montoeira de crimes vivemos sonambulicamente faz quase 100 anos! Marx-Einstein-Freud: o maldito tripé tão inoculado em nossos bolos íntimos que hoje já não podemos avaliar, sem transpirar, seus envenenamentos. Toda a merda saiu desses três ânus, não nos deixemos enganar: todo o barro, os 25 centímetros marrons! Talvez um dia se consiga imaginar como poderia ter sido o século XX sem esses Irmãos Marx da deprê. A bomba, o complexo, o social: haveria sonho melhor para destruir um universo?"[75]

Dez anos depois, Nabe deu o arremate final por ocasião de uma declaração a respeito de Barack Obama, que mostrava claramente que tanto nele como em seus semelhantes o mecanismo é o mesmo. "Durante toda a sua campanha", escreveu, "Obama reiterou seu apoio indefectível a Israel. Ele quer uma Jerusalém israelense e reforços de tropas no solo sagrado ocupado por aqueles palestinos sujos... Tudo para Israel! Setenta e oito por cento de judeus ianques votaram a favor dele. Podemos confiar neles: não teriam elegido um preto se não tivessem certeza de que ele é um *man* deles... Para chegar a eleger um negro, os ianques deviam estar no limite... Obama não foi eleito por ser negro, mas porque os brancos no poder entenderam que, pondo um negro à frente, os Estados Unidos po-

[74] Morgan Sportès e Gérard Miller tiveram a coragem de atacar frontalmente Nabe na televisão, uma vez no programa *Apostrophes*, em 15 de fevereiro de 1985, outra, no programa de Laurent Ruquier, em 2006.

[75] Marc-Édouard Nabe, *Non*, Mônaco, Éd. du Rocher, 1999, p.26. No discurso antissemita ou negacionista, Hiroshima é sempre usada contra o Holocausto, assim como o Gulag stalinista.

deriam voltar a ocupar o primeiro lugar apagando suas canalhices. Sua imagem estava tão preta devido a seus crimes que precisava mesmo de um negro para limpá-la. Obama branqueia os Estados Unidos."[76]

Donde se entende que é porque os Estados Unidos estão dominados pelos judeus que seus cidadãos elegeram não um verdadeiro negro, mas um "preto esbranquiçado", um mestiço, único capaz de rejudaizar a América em prol do sionismo.

Enquanto o negacionismo se tornava assunto dos historiadores do mundo inteiro, além de ser amplamente difundido no mundo árabe, vários sionistas descobriram que o sionismo já não era uma resposta para a questão judaica. Foi assim que nasceu o pós-sionismo, nos moldes da pós-modernidade.

Recusando-se a aderir às grandes narrativas das origens – lei do retorno, engajamento israelocentrista etc. –, alguns intelectuais judeus israelenses, ao contrário, passaram a ser cada vez mais críticos em relação ao nacionalismo de seus governantes. Sabiam que mais dia, menos dia seria preciso se perguntar se um Estado podia ser qualificado de judeu mesmo sendo laico, ou seja, semelhante aos outros Estados democráticos e, portanto, por definição, irredutível à judeidade, ainda que totalmente separada do judaísmo. Em torno dessa órbita também girava a brilhante escola historiográfica israelense, conhecida como "os novos historiadores".[77] Quando Pierre Vidal-Naquet morreu, no verão de 2006, muitos deles lhe prestaram homenagem lado a lado com Stéphane Hessel, antigo resistente e corredator da Declaração Universal de 1948, e com dois grandes representantes da causa palestina: Leila Shahid e Elias Sambar.[78]

---

[76] Declaração de 20 de janeiro de 2009, disponível na internet. Essas palavras devem ser relacionadas com aquelas recolhidas, em 20 de janeiro de 2009, por Lorraine Millot, correspondente do jornal *Libération* em Moscou, por ocasião da eleição de Barack Obama à presidência dos Estados Unidos. Constatando até que ponto a maioria dos russos era racista, às vezes sem nem sequer se dar conta, ela cita uma frase destacada por um pesquisador da Academia de Ciências, para quem essa situação nada tinha de surpreendente: "O racismo fortaleceu-se nestes últimos tempos na Rússia, onde agora chegamos a ouvir comentários do seguinte tipo: 'Se hoje temos um preto como presidente na América, amanhã teremos um judeu na Rússia'." Trata-se, evidentemente, de uma frase racista mas, oculto na sombra, vemos desenhar-se o que há de determinante nela: a matriz do racismo sempre é, de fato, o antissemitismo.

[77] Citei aqui os trabalhos de vários deles, sobretudo os de Idith Zertal.

[78] "Un historien dans la cité", homenagem prestada, em 10 de novembro de 2006, na Biblioteca Nacional da França.

Foi na França que inventaram, a exemplo do negacionismo faurissoniano e no embalo da tese que denunciava o "novo antissemitismo", uma forma de revisionismo de que já falei e que consistia em considerar antissemita todo discurso de questionamento da política israelense, mas também toda tentativa de pensar a questão judaica de uma maneira que não fosse a da adesão a um sionismo idealizado, como se o Estado de Israel tivesse se tornado, com a memória do Holocausto, o único referente identitário possível para os judeus da diáspora: uma injunção à fusão.[79]

Foi nessa perspectiva que o sociólogo Shmuel Trigano forjou, junto com Muriel Darmon, o neologismo "alterjudeu" para designar o mau judeu, ovelha negra e desgarrada, ao qual ele recusava qualquer pertencimento à identidade judaica, à história judaica, ao povo judeu: judeus de certo modo foracluídos, indignos, irrecuperáveis, e que tinham de ser banidos do mundo da judeidade. Essa denominação tinha o claro objetivo de estigmatizar todo aquele que criticasse a política israelense para que fosse confundido com aqueles que negavam a Israel o direito à existência e à realidade do genocídio. Entre os "alterjudeus", Trigano incluía personalidades que não tinham nada a ver umas com as outras: judeus franceses de direita, de esquerda, de centro, jornalistas, escritores, donos de jornais, filósofos, intelectuais e, por fim, os historiadores israelenses "pós-sionistas", cuja heterogeneidade de posições, contudo, já não precisava ser demonstrada. Todos eram acusados de querer demonizar Israel. Em suma, Trigano, assim como Renaud Camus, Nabe e muitos outros, parecia ignorar que o ato de contar judeus – e, portanto, "montar listas" – inscrevia-os na herança direta do drumontismo.[80]

Entre os mais estigmatizados figurava o sociólogo Edgar Morin que, em 2002, assinou, com Danielle Sallenave e Sami Naïr, um artigo contra

[79] Cf., a esse respeito, Régine Azria, "L'État d'Israël et la diaspora, une relation complexe", in Alain Dieckhoff, *L'État d'Israël*, op.cit., p.333-49.

[80] *Controverses*, 4, "Les alterjuifs", fev 2007. Não vou citar os nomes que figuram nessa lista, precisamente porque ela pretende tornar alvo de represálias exclusivamente judeus, o que significa aplicar métodos dignos dos antissemitas. Tariq Ramadan procedeu dessa forma quando quis montar, num artigo denunciador, uma "lista" de judeus ditos "comunitários", na qual, entenda-se bem, figurava pelo menos um não judeu. Cf. "Critique des nouveaux intellectuels communautaires", 3 out 2003, artigo recusado por *Le Monde* e *Libération*. Como distinguir um judeu de um não judeu? Essa é a questão central dos antissemitas, e vimos o quebra-cabeça com que o Estado de Israel se deparou quando foi preciso definir quem era judeu sem recorrer a "estigmas" físicos ou nominais.

a política israelense no qual afirmavam "ser difícil imaginar que judeus de Israel, descendentes das vítimas de um *apartheid* chamado gueto, guetizassem palestinos. 'No oprimido de ontem, o opressor de amanhã', dizia Victor Hugo", lembravam... "É a consciência de ter sido vítima que permite a Israel tornar-se opressor do povo palestino. A palavra Shoá que singulariza o destino vitimário judeu e banaliza todos os outros (os do Gulag, dos ciganos, dos negros escravos ou dos índios da América) torna-se a legitimação de um colonialismo, de um *apartheid* e de uma guetização para os palestinos."[81]

É verdade que o texto pecava por alguns excessos, embora a referência a Hugo fosse correta. Também tinha o defeito de atacar os "judeus de Israel" como um todo e não a política do Estado, esquecendo que esta, muitas vezes, era contestada pelos judeus israelenses. Mas ele não merecia tanto ódio. E, sobretudo, não havia nele nenhuma afirmação antissemita. Contudo, os autores foram processados por "difamação racial" pelas associações França-Israel e Advogados sem Fronteiras.

Portanto, judeus denunciavam judeus, para alegria dos antissemitas e de outros negacionistas, que só podiam aprovar essa patrulha ideológica, essa nova caça às bruxas.

Nesse mesmo espírito foi publicado, em 2007, um estranho *Dicionário do antissemitismo*, destinado a revisar a historiografia dita ortodoxa e apontar finalmente os verdadeiros antissemitas que povoam o planeta. Fundador de um "Círculo de zetética",[82] o autor, Paul Éric Blanrue, jornalista, pretendia desmascarar redes, complôs, imposturas ou ligações "perigosas" ou capazes de desnaturar o poder político.[83] Por exemplo, arrolava uma "lista" de mais de 500 personalidades consideradas antissemitas, cujos nomes teriam sido, segundo ele, ocultados pela história oficial. Em sua grande maioria, incluía no livro, dedicando-lhes longos verbetes, não apenas atores ou pensadores de todos os países e todas as épocas – que nada tinham de antissemitas –, como escritores acusados de terem posto em cena em seus romances personagens duvidosos. Nessa lista, e ao lado de Hitler, Goebbels, Céline ou Rebatet, encontravam-se os nomes de

---

[81] Edgar Morin, Sami Naïr, Danielle Sallenave, "Israël-Palestine: le cancer", *Le Monde*, 3 jun 2002.

[82] Neologismo criado pelo autor para definir uma pretensa ciência da pesquisa que visava desmascarar as imposturas.

[83] Especialmente Carla Bruni e Nicolas Sarkozy.

Moisés, Tácito, Beaumarchais, Shakespeare, Cervantes, Goethe, Espinosa, Diderot, Voltaire, Sade, Dumas, Baudelaire, Marx, Freud, Proust, Deleuze, Lévi-Strauss, Gandhi, Clemenceau, Philip Roth, Salvador Allende e até o escritor francês Pierre Assouline, acusado de ter escrito, em sua biografia de Marcel Dassault, que este costumava dizer: "Com dinheiro, tudo se consegue."[84]

E no seu prefácio, de tonalidade igualmente "zetética", Yann Moix, escritor e jornalista, denunciava, por sua vez, os autores culpados: "Sinto-me extremamente orgulhoso: meu escritor preferido, Charles Péguy, não figura nessa *Antologia*. Quando vemos a quantidade de personalidades que aparecem nestas páginas e que proferiram, seja ao longo de toda a vida ou uma única vez em sua existência, palavras abjetas contra os judeus, o exemplo é bastante raro, singular e excepcional para merecer ser destacado."[85]

Depois de ter assumido o papel de detrator de supostos antissemitas, Blanrue passou, em seguida, a um virulento antissionismo. Em 2009, preocupado em desmascarar os responsáveis pelo grande "desmantelamento da República" em prol de lobbies judeus americanos e israelenses, aderiu às teses de Thierry Meyssan, que tinha se tornado ilustre pela publicação de um *best-seller*, *L'éffroyable imposture* [A terrível impostura],[86] que negava a existência dos ataques terroristas de 11 de setembro de 2001 contra o Pentágono.

Atacando, portanto, os judeus e sua influência nefasta, Blanrue pretendia girar na mesma órbita de dois universitários americanos, John Mearheimer e Stephen Walt, que tinham demonstrado o papel desempenhado pelo lobby pró-israelense na elaboração da política americana neoconservadora. No entanto, Chomsky tinha ridicularizado os dois, censurando-os por não terem ido longe o suficiente em sua análise da influência

[84] Paul Éric Blanrue, *Le monde contre soi. Anthologie des propos contre les Juifs, le judaïsme et le sionisme*, Paris, Éd. Blanche, 2007. Prefácio de Yann Moix. Rebatizado de *Dictionnaire de l'antisémitisme*.

[85] Ibid., p.7.

[86] Thierry Meyssan, *11 de setembro de 2001 – Uma terrível farsa* (2002), Usina do Livro, 2003. Intitulado *Nicolas Sarkozy, Israël et les Juifs*, o livro de Blanrue, publicado por uma editora belga em 2009, não teve divulgação em livrarias, o que levou o autor a afirmar, numa entrevista com Meyssan em 27 de maio de 2009 (rede Voltaire, on-line), que, depois de ter sido saudado pela B'nai Brith por sua denúncia dos antissemitas, agora ele era vítima dos sionistas.

sionista nos Estados Unidos... Depois de ter imaginado que a França estava submetida a uma verdadeira ditadura intelectual, o linguista se convencera de que já nenhum setor da sociedade civil americana escapava do domínio do sionismo.[87]

Na verdade, Blanrue, que virou mais chomskiano que Chomsky, forjara um suposto discurso judeu contra o Ocidente, que nada mais era senão o inverso simétrico do suposto discurso antissemita, cuja gênese ele tinha atribuído à quase totalidade dos pensadores, escritores e atores políticos da cultura mundial: de Moisés a Roth passando por Freud, de Gaulle ou Shakespeare.

É fato que essas obras jamais obtiveram reconhecimento universitário, como tampouco obtiveram as dos negacionistas. E a imprensa em geral, bem como os editores e distribuidores, costumam se mostrar prudentes. O que não impede que, entre 2001 e 2009, num período em que, depois da destruição do World Trade Center, a loucura interpretativa suplantou a análise crítica, a "zetética" repercutisse nas teses aberrantes de alguns autores plenamente integrados à comunidade dos pesquisadores. De tanto ver o antissemitismo onde ele não está, acaba-se sempre, a golpes de inversões perversas, projetando nos judeus os complôs ou discursos imaginários que se acreditara ter detectado naqueles a quem atribuíra a etiqueta de infame.

"A paixão antissemita", dizia Sartre em 1946, "adianta-se aos fatos que deveriam fazê-la surgir, ela vai buscá-los para deles se alimentar... O antissemitismo não é apenas a alegria de odiar, ele proporciona prazeres positivos."[88]

Eu afirmaria de bom grado que essa paixão não precisa de objeto para existir, de tal forma é pulsional e atravessada pelo desejo de um assassinato radical de si e de outrem. Nos próprios judeus ela se traduz ora por uma tentativa de abolição de uma judeidade considerada vergonhosa, ora, ao contrário, por uma revalorização arrogante da condição judaica. E quando a situação a isso se presta e a paixão dá origem a um movimento político, isso leva ao pior.

---

[87] John Mearheimer e Stephen Walt, *Le lobby pro-israélien et la politique étrangère américaine*, Paris, La Découverte, 2007. Noam Chomsky, "*Lobby* israélien? Vous avez dit: *lobby* israélien?", *International Solidarity Movement*, 30 mar 2006, on-line.

[88] Jean-Paul Sartre, *Réflexions sur la question juive*, op.cit., p.19 e 29.

Por ser puro gozo, essa paixão nada mais deseja senão ela mesma, e o que ela tem de fascinante é poder proporcionar a um delator que não tem nada para denunciar o prazer de gozar de sua própria loucura acusadora. Por isso, quem a ela se entrega corre sempre o risco de proferir sobre a questão judaica um discurso parecido com aquele que pretende criticar.

Em outras palavras, como bem ressaltou Pierre Vidal-Naquet a respeito do negacionismo, é sempre possível apresentar interpretações de textos, narrativas ou estudos críticos com uma aparência de verdade – a ponto de conseguir seduzir os leitores por sua lógica –, embora sejam puras invenções, totalmente desprovidas de validade. Nos seus aspectos parciais, essas ficções nem sempre são falsas e, às vezes, até se fundamentam em fontes verdadeiras ou se apoiam em referências verídicas, mas nem por isso, uma vez construído o conjunto, deixam de constituir um fantástico sistema mentiroso.

Fenômeno mundial, o negacionismo adquiriu na França, com Faurisson e outros loucos literários, um aspecto tão delirante quanto devastador. Mas é também na França que esse mesmo negacionismo foi combatido com um vigor não encontrado em nenhum outro lugar: "Onde o perigo cresce", dizia Hölderlin, "cresce também o que salva."

7 Perfis de inquisidores

Sempre considerei certa forma de ódio da ideia revolucionária – a de 1789 – comparável a certa forma de ódio contra os judeus.[1] Aliás, durante todo o século XIX, o discurso da Contrarrevolução sempre teve como corolário a temática do complô judeu e maçônico.[2] E, quando o antissemitismo se tornou um movimento político e depois literário, passou a atacar tanto os judeus quanto aqueles que os tinham emancipado.

A partir dos anos 1930, com a ascensão do nazismo e do fascismo na Europa, os judeus foram novamente objeto de uma discriminação, que prosseguiu na França sob o regime de Vichy: foram então entregues ao ocupante nazista pela polícia francesa, enquanto alguns intelectuais se tornavam colaboracionistas e antissemitas (Louis-Ferdinand Céline, Lucien Rebatet, Robert Brasillach, Pierre Drieu la Rochelle etc.) e outros, resistentes comunistas, gaullistas ou socialistas (Louis Aragon, Paul Eluard, Jean Paulhan, Jean Cavaillès, Georges Canguilhem, Marc Bloch etc.). Outros ainda permaneceram críticos (Jean-Paul Sartre, André Gide, André Malraux etc.) sem se envolver fisicamente ou por intermédio da escrita na Resistência.

Desse ponto de vista, a partir de 1894 a cena inaugural do dreyfusismo e do antidreyfusismo foi perpetuamente reencenada na França, sob as mais imprevistas metamorfoses. É sabido, aliás, que o caso Dreyfus deu origem ao sionismo, já que Herzl e Nordau, seus dois fundadores, ambos jornalistas e escritores, frequentavam os círculos da *intelligentsia* literária parisiense.

Fernand Braudel notou certo dia a estranheza dessa divisão estrutural tão característica da exceção francesa. A unidade desse país, dizia ele, nunca está garantida. Consequentemente, tem de ser o tempo todo reconstruída para não correr o risco de se desfazer. A história desse país é,

---

[1] Sinais disso podem ser encontrados, inclusive, lembrem-se, no texto fundador da Carta do Hamas, anteriormente citado.

[2] À qual se somou a do complô jesuíta – os jesuítas, os do Iluminismo em particular, eram frequentemente comparados a judeus.

portanto, a de uma batalha interna que recomeça sem parar: protestantes contra católicos, revolucionários contra monarquistas, *communards* contra versalheses, colonialistas contra anticolonialistas.[3]

Ora, sem a Revolução Francesa, que emancipou os judeus fazendo deles, pela primeira vez no mundo, cidadãos dotados de igualdade de direitos, o caso Dreyfus nunca teria ocorrido e nunca teria podido contribuir, como contribuiu, para a emergência nesse país de uma autoconsciência da classe intelectual – Zola contra Barrès, Clemenceau contra Drumont –, e nunca teria se dado com tamanha intensidade uma batalha tão sangrenta como aquela que opôs a Resistência à colaboração, de Gaulle a Pétain, os comunistas aos fascistas.

Em outras palavras, a exceção significa não só que a França é capaz tanto do melhor como do pior – Valmy e Vichy –, mas que, na França, o status atribuído desde o Antigo Regime à língua, à palavra, ao vocabulário e ao léxico é de importância crucial. Na França, todo combate é também uma questão de escrita e é por isso que o antissemitismo é uma questão da literatura e da filosofia: há uma língua do antissemitismo e uma estrutura de seu discurso. Eis por que o negacionismo francês, em sua versão mais delirante e mais midiática, foi produzido, como vimos, por um professor de literatura preocupado antes de qualquer coisa em interpretar os textos de Rimbaud e de Lautréamont.

Longe de ver sua língua como um instrumento de comunicação, as elites francesas – conservadoras ou progressistas – sempre a valorizaram, fazendo de sua forma escrita o símbolo de uma nação homogênea depois da República. Daí a importância conferida não só à Academia, que tem como função legislar sobre o "bem falar" e o "bem escrever", como aos escritores e intelectuais. Foi justamente com essa primazia da língua que Chomsky entrou em conflito na França quando quis defender a liberdade de expressão de um Faurisson sem nunca ter tomado conhecimento de seus escritos, ou quando quis contrapor à pujança formal da linguística saussuriana uma lógica da insignificância.

Não surpreende, portanto, que a cena de luta de vida ou morte tenha se repetido uma vez mais na época dos acontecimentos de Maio de 68,

[3] Fernand Braudel, *A identidade da França* (1986), 3 vols., Rio de Janeiro, Globo, 1989.

quando a ideia revolucionária esteve novamente na ordem do dia. E tampouco surpreende que, depois desse acontecimento tão importante para a segunda metade do século XX, ela tenha sido novamente representada na forma de farsa, quando a busca da verdade – e tendo como pano de fundo o conflito israelense-palestino – foi substituída pela injúria, pelo assédio verbal, pela inquisição, pelo ódio: o discurso do antissemitismo no lugar da reflexão sobre a questão judaica. Em suma, a paixão em estado puro.

E como, pelos motivos que acabo de expor, a França é também o único país em que o freudismo foi considerado por uns como uma revolução da mente e da linguagem, por meio do Surrealismo e da renovação lacaniana, e por outros, em reação, como uma prática ortodoxa que visa opor-se a qualquer forma de revolta "edipiana",[4] pode-se pensar que é bastante lógico que o primeiro livro violentamente hostil à primavera de Maio tenha sido escrito por dois psicanalistas ultraconservadores – Bela Grunberger e Janine Chasseguet-Smirgel –, que, em 1969, consideraram ser tarefa sua denunciar como "maus judeus" não só os estudantes contestadores, mas toda a juventude freudiana da França que preferira o ensino lacaniano àquele, mais ortodoxo e, por outro lado, mais prestigioso, ministrado pela Sociedade Psicanalítica de Paris (SPP).

Sob o pseudônimo de André Stéphane, os dois autores atacaram, portanto, a revolta estudantil numa obra intitulada *L'univers contestationnaire. Les nouveaux chrétiens*. Era um panfleto de incrível violência, que tentava explicar que a contestação não apenas era portadora de uma experiência concentracionária – nazista e stalinista –, como a expressão de um novo cristianismo antijudaico e, portanto, antissemita, caracterizado por uma regressão à fase anal.

Em suma, os dois titulares da SPP, obcecados pelo ânus, pelos toletes e outras matérias fecais, pretendiam ocupar o lugar de inquisidores das atividades de uma juventude que, aos olhos deles, tinha se tornado terrorista, cogitando, como bons hitleristas cristãos que eram, vingar os árabes da Palestina humilhados durante a Guerra de Seis Dias pelo glorioso exército israelense.

Num mesmo movimento, fustigavam toda a "modernidade" de uma época que, aos olhos deles, tinha perdido o senso do dever, da obediên-

[4] Cf. Elisabeth Roudinesco, *História da psicanálise na França*, op.cit. Sobre o ressurgimento do antissemitismo na história do movimento psicanalítico francês, ibid., seção intitulada "Heranças". Cf. também *Por que a psicanálise?*, op.cit.

cia, da família e da paternidade. É claro que Jacques Lacan, pensador não judeu, proveniente de um meio cristão, era apontado como o grande responsável por esse estado de deliquescência da sociedade francesa, ao lado de seu cúmplice em antissemitismo, Karl Marx. Quanto a todos os que participavam daquela revolução "anal", eram apresentados – de Jean-Luc Godard a Maurice Clavel, passando por Herbert Marcuse – como adeptos perversos de um masoquismo primário.

Chasseguet-Smirgel e Grunberger, porém, não se contentavam em denunciar a suposta estultícia do pensamento filosófico francês – de Sartre a Foucault –, negavam também a existência de qualquer vínculo entre judaísmo e cristianismo para fazer do cristianismo não uma religião com plenos direitos, mas uma espécie de seita oriunda de um cisma que se tornou o protótipo de todas as dissidências ditas antijudaicas, entre as quais o junguismo e o lacanismo: uma porque emanava de um protestante, outra porque tinha sida fundada por um católico.

Mas, que fazer então com as dissidências judaicas de Freud: Adler, Ferenczi, Rank, Reich etc.? Que fazer com Espinosa e com os fundadores da *Ego Psychology*? Os autores tomaram a precaução de não responder a essa pergunta. E, sem perceber que Marcuse era judeu, jogavam o revisionismo contestatário na lata de lixo do cisma cristão. Ainda em virtude do mesmo raciocínio, faziam uma estranha interpretação da suposta estrutura do "cristão-contestatário", declarando que os cristãos seriam menos bem-dotados que os judeus para tratar de sua neurose na medida em que a religião deles, fundada num "cisma" do filho, os impediria de resolver seu conflito edipiano. Portanto, devido a essa filiação, eram duplamente culpados: por sua analidade, consequência de seu espírito contestador; e por seu antissemitismo, derivado de seu cristianismo. Por isso cabia compará-los – por terem ousado erguer barricadas no Quartier Latin – a "profanadores de cemitérios judeus".[5]

Várias páginas eram dedicadas a Daniel Cohn-Bendit, líder inquestionável, aos olhos dos autores, do "universo contestacionário". É fato que ambos os psicanalistas sabiam que o homem era judeu. Mas, preo-

[5] Bela Grunberger, Janine Chasseguet-Smirgel, *L'univers contestationnaire* (1969), Paris, In Press, 2004, p.53. Com um prefácio inédito dos autores e sem o subtítulo sobre os novos cristãos.

cupados em demonstrar que toda revolta derivava do grande cisma cristão, explicavam que Cohn-Bendit era anarquista antes de ser judeu.[6]

Foi quando surgiu, de sua lavra, uma interpretação do discurso de Maio de 68 que será posteriormente retomada várias vezes, de diversas formas. Comentando que Cohn-Bendit tinha optado pela nacionalidade alemã, diziam que, então, ele era mais alemão que judeu.[7] Consequentemente, segundo os autores, os manifestantes que tinham criado o slogan "Somos todos judeus alemães" absolutamente não se identificavam com a judeidade de seu líder. No inconsciente deles, diziam em síntese, os rebeldes de Maio contestavam o pai, isto é, o judeu enquanto protótipo da religião do pai. Por isso eram antissemitas.

Desse modo, suprimia-se nesse livro o principal símbolo da primavera de 1968. Evitando a palavra "anarquia" para fazer surgir "judeidade", ausente do discurso de Georges Marchais, os manifestantes tinham se identificado com uma judeidade de exílio ao afirmarem, ao mesmo tempo, que um alemão não podia ser confundido com um nazista. Contra toda forma de germanofobia e de antissemitismo, tinham proclamado, para além da memória do Holocausto, a necessidade de uma reconciliação entre França e Alemanha: afirmavam-se europeus, antinacionalistas, antichauvinistas, internacionalistas. Era essa a sua "revolta contra o pai": não um desvio anarquista, terrorista, antissemita, stalinista ou nazista, mas simplesmente a expressão de uma aspiração a uma sociedade menos rígida, menos mandarínica e mais aberta às liberdades individuais das mulheres, dos homossexuais, das crianças, dos loucos, dos marginais etc.

Essa obra, única nos anais da história francesa da psicanálise, foi contestada pela maioria dos psicanalistas de todas as tendências, inclusive pelos da SPP. Eis por que os autores recorreram a um pseudônimo.[8] Desde a sua publicação, ela suscitou tanta indignação que alguns a rebatizaram de:

---

[6] Ibid., p.51.

[7] No dia 3 de maio, no jornal *L'Humanité*, Georges Marchais, secretário-geral do PCF, pronunciou uma frase que ficaria famosa ao chamar Cohn-Bendit de "anarquista alemão", estigmatizando-o assim ao mesmo tempo como inimigo do comunismo e como inimigo da França. No dia 21 de maio, o governo emitiu contra o jovem um mandato de expulsão, o que deu lugar a uma das mais incríveis manifestações daquela época, já que seu slogan foi: "Somos todos judeus alemães."

[8] E não, como eles afirmaram, para "proteger seus pacientes".

"l'univers con et stationnaire".[9] No *Le Nouvel Observateur*, Anne-Lise Stern publicou uma carta intitulada "Um lapso de SS": "Como expressar minha revolta, meu desagrado, minha sensação de impotência...? Muitos colegas psicanalistas, dos mais destacados, compartilham desses sentimentos, mas desistem de expressá-los por excelentes motivos. Eu não consigo, não devo." E, no fim da carta, inscreveu um triângulo seguido de seu número de deportada.[10] Por sua vez, Michel de Certeau, padre jesuíta e historiador, declarou: "Um extraordinário dialeto psicanalítico lança sobre a sabedoria de Prudhomme uma roupa molieresca. Isso compõe um livro em que a seriedade dos atores é a própria mola propulsora do cômico. A sangria e os clisteres apenas são substituídos pela analidade e a evitação do pai... É realmente uma beleza o ser psicanalista."[11]

O lógico seria que tal livro caísse no esquecimento. Mas não foi o que aconteceu. Pois, no correr das décadas, a força do grande discurso de ojeriza não parou de se abater sobre a revolta estudantil e mais ainda sobre o famoso slogan "judeus alemães", logo assimilado a uma proposição "antiglobalização", "islamista", "antissoberanista", antipatriótica e hostil à nação francesa.[12] Apoiado pela revista *Contrepoint*,[13] o livro foi

[9] Jogo de palavras intraduzível entre "contestacionário" e "estúpido e estacionário". (N.T.)

[10] Anne-Lise Stern, *Le savoir déporté. Champs, histoire, psychanalyse*, precedido de *Une vie à l'œuvre*, de Nadine Fresco e Martine Leibovici, Paris, Seuil, 2004, p.223. Reconstruí todo esse caso no segundo volume de *A história da psicanálise na França*, op.cit.

[11] *Le Nouvel Observateur*, 3 mai 1969.

[12] Paul Yonnet, por exemplo, considera que os revoltosos de 68 que reivindicaram o "Somos todos judeus alemães" foram gravemente responsáveis pelo ódio que em seguida se desenvolveu na França contra a nação. Paul Yonnet, *Voyage au centre du malaise français*, Paris, Gallimard, 1993. Para o estudo desses discursos blasfematórios, cf. Serge Audier, *La pensée anti-68. Essai sur les origines d'une restauration intellectuelle*, Paris, La Découverte, 2008. Por outro lado, devo dizer que não compartilho da sutilíssima análise de Jean-Claude Milner, que considera que, no slogan, o adjetivo "alemão" serve para ocultar o significante judeu e que os manifestantes deveriam simplesmente ter dito: "Somos todos judeus": "No tocante à emergência do substantivo judeu, a fórmula cumpre uma função bem específica. Cabe a ela compensar o risco de fratura subjetiva que o substantivo judeu ainda comporta." Cf. *L'arrogance du présent. Regards sur une décennie 1965-1975*, Paris, Grasset, 2009, p.174-5. Entenda-se que essa análise honesta, inteligente e pessoal não deve, de forma alguma, ser confundida com as dos blasfemos que defenderam *L'univers contestationnaire*.

[13] Fundada em 1970 por Georges Liebert, antimarxista e vinculado à Argélia francesa, e Patrick Devedjian, egresso da extrema direita e do grupo Occident, a revista *Contrepoint* dará origem, em 1978, à revista *Commentaire*, dirigida por Jean-Claude Casanova, cujo modelo era a revista neoconservadora americana *Commentary*.

saudado como obra-prima por Alain Besançon, Jean-François Revel e muitos outros. E por ocasião de sua reedição, em 2004, os autores acrescentaram um prefácio no qual explicavam que eles eram os precursores na denúncia da degradação da família patriarcal e na dos lacanianos e outros pensadores dos anos 1970 que haviam defendido os estudantes. Ressaltavam, por outro lado, que tinham decidido combater, doravante, o islamismo e não o cristianismo para mostrar mais claramente de que maneira a religião de Maomé tinha se tornado, mais que o cristianismo, a ponta de lança do antijudaísmo – e, portanto, do antissemitismo. Assumiam também o apoio que haviam recebido de alguns pensadores da direita conservadora: Trigano, Taguieff[14] etc.

Somente a convicção da superioridade racial dos judeus sobre os não judeus permite explicar que judeus freudianos, assim autodenominados, tenham podido adotar, em nome do freudismo e da identidade judaica, os emblemas do antissemitismo e do antifreudismo. Tal como fará Anna Freud em 1977, mas por outras vias, eles fizeram da psicanálise uma "ciência judaica", reservada aos "bons" judeus, ignorando assim não só a questão da judeidade freudiana, como a totalidade dos trabalhos dos historiadores sobre a judeidade vienense.[15]

A Europa central, destruída pelo nazismo, estava ausente da reflexão dos dois autores, que pareciam ter esquecido que Freud era judeu, que sua doutrina tinha brotado da desconstrução da ordem patriarcal e que sua concepção da judeidade, expressa em seu *Moisés*, era o oposto desse conjunto disparatado de interpretações baseado na analidade e no gozo dos toletes.

Portanto, esse discurso não era diferente do dos antissemitas, igualmente convencidos de que os judeus eram, por definição, adeptos do ouro intestinal e dos clisteres. E, de fato, nas palavras dos dois autores, os cristãos ocupavam o lugar atribuído aos judeus pelos antissemitas. Era por

---

[14] Cf. Pierre-André Taguieff, *Les contre-réactionnaires. Le progressisme entre illusion et imposture*, Paris, Denoël, 2007.

[15] Na mesma linha, Janine Chasseguet-Smirgel denunciou os homossexuais homens com uma violência inaudita, afirmando que a perversão era agora conduzida ao pináculo pela cultura dominante. Identificava, aliás, a homossexualidade com a sodomia, reatualizando o vocabulário da época medieval e condenando como "contranatural" e, portanto, "anal" toda forma de legalização dos casais homossexuais. "Entretiens avec J. Chasseguet-Smirgel", *RFP*, t.54, 1990, p.187-8.

isso que, no prefácio à reedição do livro, e apesar da atenuação das formulações anticristãs, a temática do complô jesuíta continuava presente: Michel de Certeau era, com efeito, mencionado de modo pejorativo como "o reverendo padre"[16], porque ousara escrever que em 1968 o povo tomou a palavra, assim como o povo de 1789 tomou a Bastilha.

Quando encontrei Janine Chasseguet-Smirgel pela primeira vez, em 1985, a fim de colher seu depoimento para a redação do segundo volume de meu *História da psicanálise na França*, chocou-me o fato de que ela acusava Lacan e os lacanianos de terem desviado a psicanálise de sua essência judaica. E quando fiz notar que tinha sido ele, na sua escola, e não os freudianos da IPA, que tinha voltado a dar destaque à interrogação sobre a questão judaica, ela acolheu minha observação num tom desolado. E por estar convencida de que deveria existir entre mim e ela algo como uma conivência judaica, comentou que os judeus agora eram minoria na comunidade psicanalítica francesa, esquecendo, aliás, que eles sempre foram minoria – e que o problema não era esse.[17] Propôs-me, então, proceder à contagem dos judeus na sua própria sociedade a fim de me demonstrar como ela tinha razão. Entre eles, pretendia, aliás, separar os "bons" judeus dos "maus" judeus – tendo os segundos sido cristianizados por Lacan –, e os asquenazes dos sefarditas, sendo os primeiros, a seu ver, mais nobres que os segundos – que se pareciam com árabes.

Depois de vários encontros, e quando, numa reunião pública, comentei que era obrigação de qualquer historiador não silenciar sobre a questão da colaboração dos freudianos com os nazistas – e tampouco sobre o conflito entre Jones, Freud e Eitingon –, ela me respondeu: "Quem critica Jones critica Freud e quem critica Freud é antissemita." Estupefata, saí imediatamente da sala não sem antes ter dito que ainda havia muito caminho a percorrer até que os psicanalistas pudessem, enfim, analisar a história de seu movimento.

Era a primeira vez que me acusavam de ser antissemita[18] e que, para me intimidar, brandiam a figura de uma judeidade inquisitorial. Tive a sensa-

[16] Bela Grunberger, Janine Chasseguet-Smirgel, op.cit., p.36. Nos meios esclarecidos, não é costume usar essa expressão para um historiador do calibre dele.

[17] Eu já tinha estudado essa questão no primeiro volume de minha *História da psicanálise na França*, coisa que ela sabia.

[18] A cena ocorreu no dia 5 de maio de 1986, durante uma reunião organizada por Alain de Mijolla e para a qual eu tinha sido convidada, tendo em vista a realização de um colóquio sobre os psicanalistas durante a Segunda Guerra Mundial. Alguns meses depois, publiquei

ção, então, de que dali em diante seria possível fazer uso dessa construção vingativa para jogar na cara de qualquer um os seis milhões de judeus exterminados pelos nazistas. A começar pela dos judeus. O recurso à figura do judeu inquisitorial simplesmente ameaçava congelar de terror a do judeu do Holocausto.

Essa mutação era consequência da acentuação da clivagem entre os judeus da diáspora e os judeus de território. Os primeiros decerto não constituíam uma população homogênea, mas o Estado de Israel tinha se tornado para eles uma inegável referência identitária. Eis por que se sentiam obrigados a "escolher um lado", entre anátema e apologia: uns, hostis a esse Estado, questionavam ora sua política, ora sua legitimidade, os outros instauravam com a terra prometida uma relação fusional. Quanto aos judeus de território, unidos numa nação, eram tão diferentes uns dos outros devido às suas múltiplas origens e à oposição entre leigos e religiosos que era difícil viverem juntos. Embora já fizesse muito tempo que não contestavam a legitimidade de seu Estado, nem por isso estavam menos divididos quanto à política adequada para lidar com a guerra perpétua. Depois de ter sido induzida pelo antissemitismo, a questão judaica era instigada agora pelo conflito entre Israel e o mundo árabe.

Constatando a existência dessa clivagem e dos desastres por ela provocados, tomei consciência de que muitos intelectuais franceses da minha geração, alguns dos quais continuavam meus amigos, estavam caindo, uns na renegação do que havia sido sua revolta da juventude (e, portanto, num apoio incondicional ao nacionalismo israelense), outros numa radicalização anti-israelense próxima da de Chomsky, chegando a pensar que o islamismo podia ser o vetor de uma nova libertação: de tanto criticar o Iluminismo e condenar as democracias ocidentais por terem feito pouco caso dos direitos humanos, acabaram confundindo o ideal comunista com

---

o segundo volume de *A história da psicanálise na França*, no qual revelava pela primeira vez o nome dos dois autores de *L'univers contestationnaire*, bem como a participação dos psicanalistas alemães na chamada política de "salvamento" da psicanálise e o caso da colaboração fracassada de René Laforgue. René Major tinha me apoiado bastante nesse caso, criticando a atitude da SPP, da qual era membro. Quero aproveitar essa oportunidade para agradecer-lhe uma vez mais. O colóquio em questão transcorreu no dia 3 de maio de 1987, sob a égide da Associação Internacional de História da Psicanálise (AIHP), dez dias antes do início do processo de Klaus Barbie. A questão da colaboração de Ernest Jones com os nazistas não foi abordada diretamente nesse encontro. Cf. Elisabeth Roudinesco, "Au temps des psychanazistes", *Libération*, 16-17 mai 1987.

o obscurantismo religioso. Os primeiros julgavam detectar em toda crítica do sionismo um antissemitismo mais perigoso que o de Drumont e o dos nazistas, ao passo que os demais não paravam de tratar os primeiros de "filossemitas", considerando Israel, *sui generis*, um Estado colonialista, genocida e racista – e esquecendo, ao mesmo tempo, suas divisões internas.

Chegara, portanto, o tempo dos advogados de acusação, paralelamente ao dos negacionistas e dos que odiavam a Revolução. Por conseguinte, uma temporada de caça ao antissemitismo se inaugurou, de maneira bastante curiosa, na literatura, no cinema, nas ciências humanas, na psicanálise e na filosofia. Essa caça já não tinha muito a ver com o combate necessário contra o antissemitismo, pois aqueles que pretendiam promovê-la não sabiam mais distinguir quem era antissemita e quem não era.

Os acontecimentos de Maio foram a oportunidade de os jovens intelectuais que aderiam tanto à revolução estruturalista quanto a uma militância anticolonialista, comunista, feminista, maoísta, situacionista ou libertária fazerem sua entrada na cena política, reatualizando as querelas interpretativas já abordadas logo depois da Libertação em revistas como *Critique* ou *Les Temps Modernes*.

O que é modernidade em literatura? O que é engajamento? É possível ler, apreciar e comentar as obras de pensadores e escritores antissemitas delatores de judeus, favoráveis ao nazismo ou à colaboração? Devia-se ler *Viagem ao fim da noite*, de Céline, à luz de seus panfletos? Ou cumpria glorificar seus romances, esquecendo a outra parte da obra, obscena e repugnante, que, no entanto, não deixava de estar presente em seus textos posteriores ao genocídio: o fato de o antissemitismo ser uma paixão ou um delírio não é desculpa. Um delírio deve ser ouvido ou tratado, um delírio antissemita deve ser combatido.

Mais louco ainda depois de sua passagem por Sigmaringen, Céline continuou até a morte a envenenar a vida intelectual francesa publicando textos cada vez mais fracos em termos literários e que, em todo caso, já não tinham muito a ver com o resplendor barroco e desesperado dos dois grandes romances anteriores aos panfletos:[19] "Muito bem, e Augsbourg

[19] Louis-Ferdinand Céline, *Viagem ao fim da noite* (1932), op.cit., e *Morte a crédito* (1936), Rio de Janeiro, Nova Fronteira, 1982.

(Auschwitz), então!", escrevia ele em 1952, "ali não eram placas papulosas! Era uma estraçalhada total! Todas as peles para os lampiões da AA (SS)! Cúpulas de abajur e encadernações tostadas, mirlitons, Valquírias, sabás de Ondinas e fornos a gás! Declaro que não é culpa minha! Nem minha bunda, nem Augsbourg! Eu não declarei a guerra!"[20] Na verdade, de tanto procurar por toda a parte o micróbio judeu para denunciá-lo, Céline mergulhara a tal ponto seu gênio literário no antissemitismo que seus romances pós-Auschwitz não eram diferentes, formalmente falando, de seus panfletos: eram simplesmente delirantes e esse delírio se exprimia na língua do antissemitismo. Depois de Auschwitz, Céline nada mais fará senão corromper sua própria escrita, já destruída pelos panfletos.

A essa abjeção céliniana, gostaria de opor um relato único em seu gênero, *Ô vous frères humains*, redigido por Albert Cohen logo depois do genocídio e no qual, sem mencionar Auschwitz, contava a humilhação vivida por uma criança judia, em Marselha, no dia em que completava dez anos, em 1905, quando foi insultada por um *camelot* antidreyfusista.

Inspirando-se no poema de François Villon,[21] Albert Cohen retomava a ideia sartriana de que um judeu se define pelo ódio que suscita nos outros. Mas, em vez de adotar uma posição fenomenológica, fazia ouvir na própria língua de Céline ou de Drumont – e à maneira de um Shylock que tivesse sobrevivido à catástrofe – a grande dor da condição judaica diante de um antissemitismo em perpétua renovação. O judeu do Holocausto contra o judeu inquisitorial: "Morte aos Judeus Morte aos Judeus Sujos Judeus Sujos Judeus. Assim dizia a boa inscrição diante da qual sabia que minha vida estava perdida... O judeu sujo sofria, o judeu sujo estava com a boca entreaberta de dor... Era um padecimento de judeu sujo e até de *youpin* ou de *youtre*[22]... Antissemitas, almas ternas, busco o amor ao próximo, digam, acaso sabem onde está o amor ao próximo?"[23]

Eram essas as interrogações dos anos 1945-60, retomadas, mas de outra maneira, em maio de 1968 e até 1980 pelos intelectuais franceses – aqueles que odiavam Chomsky.

Duas famosas sequências estruturam esse questionamento, enunciado em torno da memória do extermínio: por um lado, como escrever depois

[20] Louis-Ferdinand Céline, *Féérie pour une autrefois*, Paris, Gallimard, 1952, p.60.
[21] *La ballade des pendus* [A balada dos enforcados]. (N.T.)
[22] Tratamento injurioso e antissemita dado aos judeus por alguns franceses. (N.T.)
[23] Albert Cohen, *Ô vous frères humains*, Paris, Gallimard, col. Folio, 1972, p.172-5.

de Auschwitz, com as palavras convenientes,[24] e, por outro, como reinventar uma arte cinematográfica capaz de dizer aquele acontecimento sem cair na restituição chã de fatos impossíveis de representar?

Se é a Sartre que devemos a magnífica definição da paixão antissemita relacionada à questão da identidade judaica, é a Alain Resnais que cabe o mérito de ter sido o primeiro[25] a realizar um documentário sobre o extermínio mostrando o horror em estado bruto: cadáveres amontoados, esqueletos, sobreviventes nem vivos nem mortos, em suma, algo como o *real* do genocídio.[26] Sartre falava do judeu, dos judeus, da questão judaica e do antissemitismo sem evocar o extermínio e fazendo referência a Drumont, ao passo que Resnais exibia o extermínio, em preto e branco, sem nomear nem os judeus nem o antissemitismo: desse modo, o genocídio dos judeus transformava-se no assassinato do próprio homem na sua maior universalidade.[27]

No texto de Jean Cayrol, que acompanha as imagens de *Noite e neblina*,[28] a palavra judeu aparecia uma única vez. Portanto, Resnais mostrava o que Sartre não nomeava e vice-versa.

Com alguns anos de distância entre ambos, o texto do filósofo e o documentário do cineasta formavam um conjunto indissociável. Mas, além disso, *Noite e neblina* formulava, pela primeira vez, uma questão que, em seguida, seria determinante para os cineastas da Nouvelle Vague: François Truffaut, Jacques Rivette, Jean-Luc Godard. Depois de se perguntar como escrever após Auschwitz e como pensar Auschwitz, era legítimo fazer uma pergunta totalmente diferente: sob que condições era possível filmar

---

[24] Hannah Arendt, Jean-Paul Sartre, Primo Levi e muitos outros nisso se empenharam, como mostrei a partir dos trabalhos de Enzo Traverso.

[25] Georges Stevens e Samuel Fuller, que acompanhavam o exército americano, foram os primeiros cineastas a filmar a libertação dos campos. Cf. Antoine de Baecque, *L'histoire-caméra*, Paris, Gallimard, 2008.

[26] Emprego aqui o conceito de real no sentido lacaniano: um heterogêneo foracluído que retorna ao real.

[27] Em relação a isso, é ridículo acusar Alain Resnais e Jean Cayrol de haverem ocultado a especificidade do genocídio dos judeus. Do mesmo modo, é incongruente acusar Sartre, tal como o fizeram, de ocultar o extermínio em proveito de uma reflexão sobre o antissemitismo drumontista. Claude Lanzmann tomou a defesa de Alain Resnais, com toda razão. Cf. *Le lièvre de Patagonie*, op.cit., p.531.

[28] Alain Resnais, *Nuit et brouillard*, 1955 [*Noite e neblina*]. O filme foi encomendado por Anatole Dauman e pelo Comitê de História da Segunda Guerra Mundial, para comemorar o segundo aniversário da libertação dos campos. Foi o primeiro filme dedicado à lembrança dos mortos da deportação.

Auschwitz? E foi nesse contexto que Luc Moullet, inspirando-se em Fuller, enunciou a seguinte frase: "A moral é uma questão de *travellings*."[29]

Depois dele, em 1961, num famoso artigo, que lançou pela primeira vez o grande debate sobre as condições éticas de um novo cinema, Rivette atacou violentamente *Kapo*, de Gillo Pontecorvo, primeiro filme ocidental no qual, mediante uma ficção, o sistema concentracionário era posto em cena. É claro que ele não criticava o honesto cineasta italiano de esquerda por ter escolhido esse assunto. Achava, ao contrário, que *tudo* podia ser filmado ou reconstituído, e que nenhum limite devia ser imposto à arte cinematográfica nesse terreno. Mas atacava a opção estética do cineasta, a forma que tinha escolhido dar a seu filme: nele, a morte era mostrada de maneira bela, seriamente, com realismo, emoção e bons sentimentos, como em qualquer folhetim. Também convocava para testemunhar o espectador daquilo que chamava uma "abjeção", ou seja, uma ausência de ética cinematográfica que tornava o filme obsceno em sua totalidade: "Muito se citou, à esquerda e à direita, e geralmente de forma bastante tola, uma frase de Moullet ... Quiseram ver nela o cúmulo do formalismo ... Vejam no entanto, em *Kapo*, o plano em que Riva se suicida jogando-se contra as cercas de arame farpado eletrificadas. O homem que nesse momento decide fazer um *travelling* de aproximação para reenquadrar o cadáver em ângulo baixo tomando o cuidado de inscrever exatamente a mão erguida num ângulo de seu enquadramento final, esse homem só tem direito ao mais profundo desprezo."[30]

Godard, na verdade, tinha invertido a proposição de Luc Moullet, afirmando não que a moral é uma questão de *travellings*, mas que "o *travelling* é uma questão de moral". Para toda uma geração de cinéfilos, a que eu, assim como Serge Daney e muitos outros amigos meus pertencemos, essa palavra de ordem trazia em si um ideal de subversão que eu voltaria a encontrar no engajamento estruturalista e depois de ter me confrontado com a questão de minha judeidade, por ocasião do episódio argelino das suásticas. Com efeito, se o olhar sobre o cinema é o vetor de uma moral e não o contrário, isso significa que depois de Auschwitz não se pode esteti-

[29] Antoine de Baecque, *La cinéphilie. Invention d'un regard, histoire d'une culture, 1944-1968*, Paris, Fayard, col. Histoire de la Pensée, 2003, p.206.

[30] Jacques Rivette, "De l'abjection", *Les Cahiers du Cinéma*, jun 1961. Gillo Pontecorvo (1919-2006), cineasta italiano, diretor do filme *Kapo* (1959), com Emmanuelle Riva no papel principal.

zar a abjeção impunemente. Consequentemente, cada gesto cinematográfico tinha de estar associado a uma ética, a um modo de pensar o mundo e a representação corria o risco de cair na obscenidade.[31]

Maio de 1968 foi, de fato, um momento em que para muitos jovens intelectuais de minha geração a questão da adesão a um ideal revolucionário passava mais por uma interrogação sobre a linguagem e sobre as formas do que por um engajamento diretamente político. Por isso é que, para nós, tudo se tornara uma questão de significantes. No "Somos todos judeus alemães", atualizava-se a adesão à ideia godardiana de que o *travelling* é uma questão de moral e que a herança de Auschwitz não podia ser pensada sem a invenção de uma nova maneira de se dizer judeu, fosse você judeu ou não. Era preciso contrapor uma judeidade iluminista não apenas aos antissemitas obrigados a se disfarçar ou recalcar seu antissemitismo, mas também a essa figura nova do judeu inquisidor, estivesse ela encarnada num judeu real ou não.

No tocante a isso, *L'univers contestationnaire* não merecia outro qualificativo senão aquele atribuído a *Kapo* por Rivette. Contudo, o fato de que a obra tivesse sido escrita por profissionais do inconsciente que faziam da psicanálise uma "ciência judaica" reivindicando sua filiação a Freud, e de que ela tenha servido de emblema a uma coorte de inquisidores que, a pretexto de restabelecer a "Lei do pai", entregavam-se a uma delação feroz do que a judeidade vienense tinha trazido de mais incisivo para o mundo contemporâneo, esse fato vinculava-se a um estranho paradoxo.

Outras questões se colocavam, questões estas já abordadas imediatamente após a Segunda Guerra Mundial. Depois do extermínio, era concebível continuar publicando os textos antissemitas de Drumont, Rebatet, Brasillach e muitos outros? Porém, sobretudo, o que fazer com a obra de Martin Heidegger? Podia-se ler *Ser e tempo*[32] esquecendo o apoio dado a Hitler e ao nazismo por esse grande filósofo que não se arrependia de nada e cuja obra, repleta de referências disfarçadas ao nacional-socialismo, era de uma importância crucial para a história da cultura europeia desde o período entre as duas guerras?[33] Essa obra era tão rica que podia perfeita-

[31] Jean-Luc Godard foi o primeiro cineasta a pretender definir uma moral da representação do Holocausto, como ressalta muito bem Antoine de Baecque, in *L'histoire-caméra*, op.cit., p.100.

[32] Martin Heidegger, *Ser e tempo* (1927), Petrópolis, Vozes, 2006.

[33] Evoquei todos esses debates na minha *História da psicanálise na França*, op.cit. Entretanto, diversos livros sobre o tema trouxeram importantes esclarecimentos: Denis Hollier

mente ser lida sem que aquelas referências fossem embaraçosas para aqueles que não estivessem preocupados em realizar uma sólida exegese ou até uma interpretação abusiva. Em outras palavras, a filosofia era forte e o filósofo ignóbil, como dissera Sartre: "Heidegger era filósofo bem antes de ser nazista... 'Heidegger', dizem vocês, 'é membro do partido nacional-socialista, logo sua filosofia deve ser nazista.' Não é isso. Heidegger não tem caráter, eis a verdade. Ousarão concluir daí que sua filosofia é uma apologia da covardia?... Não é isso. Acaso não sabem que às vezes os homens não estão à altura de suas obras?"[34]

Mas não bastava dizer que o homem não estava à altura de seu pensar. Era preciso ir mais longe e afirmar, além da posição sartriana, que, quanto mais importante fosse o pensamento, maior era a necessidade de confrontá-lo com a ignomínia de um engajamento.[35] Foi esse o motivo pelo qual o antissemitismo de Heidegger e seu apoio ao hitlerismo – nunca confessados, nunca lamentados – iriam se tornar, no campo intelectual e político francês, objeto de um questionamento recorrente: beirando o delírio.

Duas frases pronunciadas em 1949 não paravam de ser comentadas, as únicas duas em que Heidegger fazia alusão ao genocídio dos judeus. A primeira dava a entender que as câmaras de gás eram da mesma natureza que a bomba de hidrogênio e que a industrialização da agricultura.

"A agricultura é hoje uma indústria alimentar motorizada, em essência a mesma coisa que a fabricação de cadáveres nas câmaras de gás, os campos de aniquilamento, a mesma coisa que o bloqueio econômico e a redução de países à fome, a mesma coisa que a fabricação de bombas de

(org.), *De la littérature française*, Paris, Bordas, 1993; Gisèle Sapiro, *La guerre des écrivains, 1940-53*, Paris, Fayard, col. Histoire de la Pensée, 1999. Dominique Janicaud, *Heidegger en France*, t.1, *Récit*, Paris, Albin Michel, 2001, t.2, *Entretiens* (em especial com Kostas Axelos, Michel Deguy, Jacques Derrida, Gérard Granel, Jean-Pierre Faye, Edgar Morin, Jean-Luc Marion, Jean-Luc Nancy, Philippe Lacoue-Labarthe etc.), Paris, Albin Michel, 2001.

[34] Jean-Paul Sartre, "À propos de l'existentialisme: mise au point", 29 dez 1944, Michel Contat e Michel Rybalka; *Les écrits de Sartre*, Paris, Gallimard, 1970, p.654; Hugo Ott, *Martin Heidegger. Une biographie*, Paris, Payot, 1990.

[35] Esta será a posição de Maurice Blanchot, *Les intellectuels en question*, Paris, Fourbis, 1996; e de Philippe Lacoue-Labarthe, *La fiction du politique* (1987), Paris, Christian Bourgois, 1988.

hidrogênio." A segunda distinguia duas maneiras de morrer, uma provocada pela essência do ser, a outra pela fabricação do aniquilamento: "Centenas de milhares morrem em massa. Morrem? Eles perecem. Eles são mortos. Morrem? Eles se tornam as peças sobressalentes de um estoque de fabricação de cadáveres. Morrem? Eles são liquidados discretamente em campos de aniquilamento. E sem isso – milhões perecem hoje em dia de fome na China."[36]

Depois de 1945 e através de inúmeras polêmicas, Heidegger, condenado na Alemanha por sua adesão ao nazismo e com sua obra reprovada por Adorno,[37] tinha se tornado figura de referência para a filosofia francesa. Ex-resistente, Jean Beaufret acabou se convencendo de que esse filósofo, cuja obra o fascinava, nunca tinha sido nazista,[38] o que não impedia a grande maioria dos comentadores – Emmanuel Lévinas, Jacques Derrida, Elisabeth de Fontenay, Alain Finkielkraut e muitos outros – de levar essa questão a sério. Em sucessivas ondas, mais ou menos a cada dez anos, o engajamento de Heidegger foi objeto de múltiplos debates dentro do campo universitário, à medida que o responsável pela tradução francesa de suas obras, François Fédier, herdeiro de Beaufret, apresentava o Mestre como um Deus irrepreensível, atacado por todos os lados devido à sua genialidade.

Na verdade, Heidegger foi o único filósofo do século do Holocausto acerca de quem se pode dizer com certeza que era um "caso". De fato, seu antissemitismo era inquestionável, seu apoio ao nacional-socialismo tinha sido deliberado, ao menos entre 1932 e 1935, e seus arrependimentos pouco críveis.[39]

---

[36] Citadas e retraduzidas por Emmanuel Faye, *L'introduction du nazisme dans la philosophie*, Paris, Albin Michel, 2005, p.490 e 492.

[37] Interrogado em 1963, Theodor Adorno respondeu: "Quem abarca com o olhar a continuidade de meu trabalho não deveria ter o direito de me comparar com Heidegger, cuja filosofia é fascista inclusive nos seus mais ínfimos componentes." Cf. *Le jargon de l'authenticité* (1964), Paris, Payot, 1989, p.30.

[38] Percorri o itinerário de Jean Beaufret (1907-82), analisado por Lacan, em *Jacques Lacan*, op.cit., p.291-307, e, na edição "La Pochothèque", p.1773-91. Sobre a introdução do pensamento de Heidegger na França, a obra de referência é a de Dominique Janicaud, *Heidegger en France*, t.1 e 2, op.cit. De tanto negar o nazismo de Heidegger, Beaufret acabará, nas duas cartas de 1978 e 1979, estimulando seu ex-aluno, Robert Faurisson, a duvidar da existência das câmaras de gás. Cf. Michel Kajman, "Heidegger et le fil invisible", *Le Monde*, 22 jan 1988.

[39] Fiz uma "grande besteira", foi o que ele se contentou em dizer.

A ascensão de Hitler tinha sido para ele um momento maravilhoso: viu realizar-se uma estetização política de seu pensamento. E como, a seu ver, a língua alemã era a única capaz de redescobrir a verdade original da língua grega pré-socrática, isso significava que o nazismo – baseado no princípio da eleição ariana – podia fornecer ao homem uma doutrina da salvação que lhe permitiria transformar o mundo. E sobre essa tese apoiava-se a ideia de que cumpria demolir (*Abbau*) e destruir (*Destruktion*) o poder soberano da metafísica ocidental, pois ela tinha ocultado a origem verdadeira e mítica (pré-socrática) do ser-aí do homem. Mas essa doutrina também podia ser interpretada, caso se ignorasse o engajamento nazista do filósofo, como uma revolução do pensamento que, por sua crítica do cogito cartesiano, prolongava o de Husserl, seu mestre. Em suma, nada permitia dizer que aquela obra pudesse ser reduzida ao que foi o engajamento de Heidegger. Por seu caráter apolítico, atemporal, pela sua rejeição de qualquer historicidade (em prol de uma "historialidade"), ela aparecia como que "foracluída" do discurso e dos atos daquele que era seu autor. A obra heideggeriana podia funcionar como uma doutrina heterogênea ao engajamento político de quem era seu proponente. Por isso, todas as interpretações eram possíveis.

As duas frases a respeito dos campos podiam até serem lidas *também* como uma crítica ao nazismo: uma indicava que as fábricas de aniquilamento eram um produto da ciência e da técnica e que o fenômeno podia se perpetuar em outros lugares além da Alemanha, sobretudo em todos os regimes democráticos. A outra significava, por que não?, que os nazistas tinham proibido aqueles que eles tinham exterminado de morrer de sua própria morte. O problema é que a palavra "judeu" estava ausente desses dois textos, neles a ciência e a técnica – e não sua utilização pervertida – eram condenadas por sua essência destrutiva, neles o genocídio era relativizado e as democracias modernas, baseadas nos direitos do homem, nada mais eram, sob a pena de Heidegger, que ditaduras disfarçadas, dominadas pela pulsão de morte.

Em 1987, quatro meses após a condenação de Klaus Barbie por crimes contra a humanidade, e no momento em que o debate sobre o negacionismo estava no apogeu, a polêmica em torno do nazismo de Heidegger ganhou outros ares na França com a publicação de um livro meteórico, *Heidegger e o nazismo*,[40] escrito por um filósofo chileno,

---

[40] *Heidegger e o nazismo*, Rio de Janeiro, Paz e Terra, 1988. O livro, redigido em espanhol e em alemão, foi primeiro publicado em francês, o que confirma que o tema do nazismo de Heidegger concernia em primeiro lugar à França.

Victor Farias, que havia sido um fiel discípulo do mestre antes de renegá-lo postumamente. Depois de três gerações de filósofos terem se apropriado da obra por meio de múltiplos debates sofisticados, para fazer dela algo diferente do que ela era – a tal ponto, aliás, que as leituras interpretativas tinham se tornado quase tão ricas quanto o original –, um desconhecido, proveniente do mundo latino-americano, invertia a tendência trazendo várias informações novas.[41] Mas extraía delas argumento para reduzir toda a obra a um texto incendiário nazista, o que transformou um debate de especialistas num caso de opinião pública. Todos os meios de comunicação – televisão, rádio, imprensa escrita – convidaram os intelectuais franceses a se pronunciarem sobre o assunto: pró ou contra Heidegger.

Como estava confirmado agora que esse filósofo, celebrado por tantos pensadores de prestígio, era um hitlerista antes mesmo do surgimento do nazismo, ou seja, desde 1911, por ter nascido, dizia Farias, numa cidade em que se enfrentavam "católicos e velhos-católicos" e por ter tido naquela época distúrbios cardíacos "sem causas fisiológicas"[42] (*sic*), e como estava estabelecido que a sua obra era o equivalente de *Mein Kampf*, a questão que se colocava era saber se aqueles também o eram, bem como seus escritos. E, caso se confirmasse que todos os heideggerianos franceses de todas as tendências eram cúmplices de um nazista, era legítimo levantar contra eles a suspeita de antissemitismo.

Escrito pelo filósofo Christian Jambet,[43] o prefácio não tinha muito a ver com o conteúdo do livro: "Se o núcleo central do hitlerismo é a 'solução final', se os campos de extermínio são, com suas câmaras de gás, a substância do nazismo, o que significa a biografia de um filósofo que deu seu

---

[41] Nessa data, o livro de Hugo Ott ainda não tinha sido traduzido para o francês e considerava-se, em geral, que o nazismo de Heidegger se limitava ao período do reitorado, não impregnando o restante da obra.

[42] Ibid., p.24 e 34.

[43] A história da Esquerda Proletária (Gauche Prolétarienne) e de seus fundadores filósofos, alguns deles sartrianos (Benny Lévy), outros lacanianos ou althusserianos (Christian Jambet, Jean-Claude Milner, Robert Linhart), ainda está por ser escrita. Evoquei aspectos dessa questão num capítulo de meu livro sobre Lacan, op.cit. Cf. também Jean-Claude Milner, *L'arrogance du présent*, op.cit.; Benny Lévy, *Le nom de l'homme. Dialogue avec Sartre*, Lagrasse, Verdier, 1984; *L'espoir maintenant. Les entretiens de 1980*, Lagrasse, Verdier, 1991; Alain Finkielkraut e Benny Lévy, *Le livre des livres. Entretiens sur la laïcité*, Lagrasse, Verdier, 2006; e Virginie Linhart, *Le jour où mon père s'est tu*, Paris, Seuil, 2008.

assentimento a isso?"[44] Jambet, que tinha horror à filosofia de Heidegger, não dizia, contudo, nada diferente de Lacoue-Labarthe, o qual se incluía na herança heideggeriana e tinha acabado, nessa mesma data, de dedicar um estudo à questão. Mas ele a formulava à maneira "heideggeriana", afirmando que no "apocalipse de Auschwitz, o que se revelou foi, nem mais nem menos, o Ocidente em sua essência – e que desde então não cessa de se revelar". E acrescentava: "E foi no pensar desse acontecimento que Heidegger falhou."[45]

Jacques Derrida foi o mais afetado por esse caso.[46] Também ele publicava naquele momento suas próprias reflexões sobre a "questão": "Falarei da aparição, da chama e das cinzas. E do que, para Heidegger, *evitar* quer dizer."[47] Mais conhecido nessa época nos Estados Unidos do que na França, ele encarnava no mundo inteiro, sobretudo depois da morte de Sartre e de Foucault, a tradição crítica do Iluminismo francês apoiando-se na desconstrução[48] e na ideia de que a melhor forma de herdar um pensamento era ser infiel a ele: nem liquidação, nem hagiografia, nem anátema, nem apologia.

E era exatamente desse modo que, embora leitor infiel do pensamento heideggeriano, ele se sentia judeu, como Freud e como Arendt, mas convencido também de ser impregnado pelo que "sobrava de judaísmo mundo afora". A seu ver, o significante judeu estava tanto mais presente na sua vida e na sua reflexão quanto mais parecia ausente de sua obra. Depois de 1967, Derrida tinha se distanciado de Beaufret, cuja evolução ele não apreciava, e

---

[44] Ibid., p.9.

[45] Philippe Lacoue-Labarthe, *La fiction du politique*, op.cit., p.59.

[46] No dia 13 de novembro de 1987, enviei uma carta a Jacques Derrida a respeito do livro de Farias, dizendo que ele era intelectualmente fraco, mas que trazia informações que eu desconhecia. Falava da evidente distância entre o livro e seu prefácio (Arquivos do Imec). Nessa época, eu ainda não havia analisado a relação de Lacan com Heidegger. Mas nunca senti simpatia pelo personagem Heidegger, nem qualquer interesse particular por sua filosofia. Pedi desculpas a Derrida depois de tê-lo criticado sobre essa questão.

[47] Jacques Derrida, *De l'esprit. Heidegger et la question*, Paris, Galilée, 1987, p.11 [ed. bras.: *Do espírito*, Campinas, Papirus, 1990].

[48] Utilizado por Jacques Derrida pela primeira vez em 1967 na *Gramatologia* (São Paulo, Perspectiva), esse termo remete a um trabalho do pensamento inconsciente ("isso se desconstrói") que consiste em desfazer um sistema de pensamento hegemônico ou dominante sem jamais destruí-lo. Desconstruir é de certo modo resistir à tirania do Um, do *logos*, da metafísica (ocidental) na própria língua em que ela é enunciada, com os mesmos materiais, que são então deslocados, trocados de lugar com o fito de fazer reconstruções movediças e jamais rígidas. Derrida sempre disse querer, com esse termo, distanciar-se dos conceitos heideggerianos de *Destruktion* e *Abbau* (destruição, demolição).

vivia a si mesmo, devido às suas origens argelinas, como um "judeu negro e árabe".[49] Admirava Nelson Mandela, que, dizia, conseguira fazer o modelo democrático inglês se voltar contra os partidários do *apartheid*[50], e combatia todas as formas de imperialismo e de tirania do Um.

Sem colocar em questão a legitimidade do Estado de Israel, não hesitava em desaprovar a política de seus sucessivos governos, a ponto de, por vezes, ser tachado de "mau judeu".[51] Numa palavra, sonhava com uma Europa em que se pudesse criticar a política israelense sem ser tachado de antissemitismo, em que se pudesse apoiar as aspirações dos palestinos a "recuperar sua terra sem com isso aprovar os atentados suicidas e a propaganda antissemita que, no mundo árabe, tende – muito frequentemente – a abonar novamente o monstruoso *Protocolos dos sábios de Sião*".[52]

Além disso, não parava de afirmar que o Ocidente devia integrar ao pensamento grego uma reflexão sobre os três monoteísmos, modo este de dizer, com Lévinas e contra Heidegger, quanto o retorno aos gregos passava por um retorno a Jerusalém[53] – mas também pela desconstrução do falocentrismo característico desses três monoteísmos, que tinham em comum, na sua essência, excluir de seu campo a mulher enquanto "diferência"[54]: "Os judeus ortodoxos", disse-me ele em 2001, "e não necessariamente os menos requintados dentre eles, lhe dirão que, caso no caso de a circuncisão ser abandonada, algo de essencial pode vir a se perder para o judaísmo. Mais genericamente, ao se abandonar a circuncisão (literal ou figurada, mas onde tudo se jogue em torno da letra, tanto no judaísmo quanto no Islã), toma-se o caminho de um abandono do falocentrismo. Isso valeria *a fortiori* para a excisão ... Em todo caso, o falocentrismo e a circuncisão ligam o Islã e o judaísmo. Apontei muitas vezes a irredutibilidade profunda do par judaico-

---

[49] Cf. *Circonfession*, por Jacques Derrida e Geoffrey Bennington, Paris, Seuil, 1991, p.57 e 279 [ed. bras.: *Circonfissão*, in *Jacques Derrida,* Rio de Janeiro, Jorge Zahar, esgotado].

[50] Seu primeiro texto sobre Mandela foi publicado na mesma data que *De l'esprit*, em *Psyché. Inventions de l'autre*, Paris, Galilée, 1987.

[51] Numa carta inédita de nove páginas dirigida a Claude Lanzmann, em 30 de janeiro de 2002, Derrida explicava que sua qualidade de judeu lhe permitia julgar mais severamente que os outros a política do Estado de Israel (Arquivos do Imec).

[52] Jacques Derrida, conferência de 8 de maio de 2004, proferida num encontro organizado por *Le Monde Diplomatique*. Publicada em *Le Monde Diplomatique* em novembro de 2004.

[53] Derrida foi várias vezes a Jerusalém para encontros com intelectuais israelenses e palestinos.

[54] No original: *differ(a)nce*, neografismo introduzido por Derrida. (N.T)

islâmico, até mesmo seu privilégio frequentememnte renegado, em relação ao par confusamente creditado do judeu-cristianismo."[55]

Atacado no meio do turbilhão, Derrida se defendeu nos meios de comunicação franceses, o que contribuiu para ampliar ainda mais sua notoriedade. Ressaltou, sobretudo, que o maior risco de tais assuntos era proibirem qualquer forma de discussão verdadeira na universidade em torno da obra de Heidegger e reduzirem-na a *Mein Kampf*, ver as bibliotecas irem se esvaziando paulatinamente não só dos livros do filósofo alemão, mas também dos livros de seus comentadores.[56] Um ano antes, num artigo incendiário que alcançara certa repercussão, ele tinha sido equiparado a um destruidor niilista e antidemocrático junto com Lacan, Bourdieu e Foucault.[57]

Esse furacão não era nada comparado com o que ele teve de enfrentar na mesma data nos Estados Unidos. Odiado tanto pelos conservadores (que o consideravam niilista, antidemocrático, antiamericano e hostil a Israel), quanto pelos filósofos da escola positivista e analítica (que o viam como um "literato"), também era rejeitado por Chomsky e seus partidários, que viam nele um impostor excessivamente favorável à democracia ocidental e ao "imperialismo americano". Foi também violentamente atacado pela imprensa americana depois da revelação, póstuma, do passado de seu amigo Paul de Man.

Nascido na Bélgica em 1919, este cruzara o Atlântico logo depois da Segunda Guerra Mundial. Professor de literatura europeia em diversas universidades, foi, em 1966, num famoso simpósio realizado na Universidade Johns Hopkins, de Baltimore,[58] o introdutor do estruturalismo nesse país, o que lhe valeu sólidas inimizades e acusações de formalismo, niilismo e apolitismo. Ele, por sua vez, acusava as abordagens acadêmicas ou psicológicas de negarem a autonomia da forma literária, considerando os departamentos de língua e literatura inglesas organismos esclerosados. Uma grande amizade o unia a Derrida.

Ora, no verão de 1987, um pesquisador belga, Ortwin de Graef, descobriu a existência de 200 crônicas sobre literatura redigidas pelo jovem de Man entre 1940 e 1942 e publicadas na imprensa valã: a maioria de-

---

[55] *De que amanhã...*, op.cit., p.232.

[56] Jacques Derrida, "Heidegger, l'enfer des philosophes", entrevista com Didier Eribon, publicada em *Le Nouvel Observateur* (6-12 nov 1987), in *Points de suspension*, Paris, Galilée, 1992, p.193-203.

[57] Luc Ferry e Alain Renaut, *La pensée 68*, Paris, Gallimard, 1986.

[58] Cf., a esse respeito, Elisabeth Roudinesco, *História da psicanálise*, t.2, op.cit.

las com menos de uma página e 25 mais consequentes. Naquela época, o rei Leopoldo III aceitara se submeter ao ocupante nazista sem deixar de se considerar cativo em seu próprio país. Quanto a seu conselheiro, Henri de Man, tio de Paul, ex-dirigente do Partido Operário belga, partidário de uma superação do marxismo, estava convencido de que o nacional-socialismo tinha triunfado e perduraria por muito tempo na Europa. E exercia considerável influência sobre seu sobrinho.[59]

Entre os textos exumados em 1987, um só, "Os judeus na literatura atual", é realmente antissemita. Nele, Paul de Man criticava "o antissemitismo vulgar", que, segundo ele, tendia a sair à caça de uma literatura "judaizada" ou "poluída". Mas considerava reconfortante que os intelectuais ocidentais tivessem sabido se preservar da "influência judaica". E acrescentava: "A criação de uma colônia judaica isolada da Europa não acarretaria, para a vida literária do Ocidente, consequências deploráveis. Esta perderia, no máximo, algumas personalidades de medíocre valor e continuaria, como no passado, a se desenvolver segundo as grandes leis evolutivas."[60] De Man tentava, portanto, distinguir um bom antissemitismo de um mau antissemitismo: frase terrível e imperdoável, dirá Derrida, tentando entender o significado da atitude de seu amigo.

Durante a vida toda, de Man escondeu dos amigos suas atividades como cronista literário num jornal colaboracionista da Bélgica ocupada, e morreu sem nunca ter se explicado. Em 1987, seus adversários não tiveram a preocupação de fazer um juízo equânime sobre a falta por ele cometida 45 anos antes e só o enquadraram como colaboracionista, nazista e antissemita para instaurar o processo contra a desconstrução, isto é, a *Destruktion* no sentido heideggeriano.

Tão logo esse passado foi revelado, os desconstrucionistas, a começar por Derrida, foram acusados de serem cúmplices de um nazista e de terem pretendido destruir o ensino das humanidades nos departamentos de língua e literatura romanas das universidades do outro lado do Atlântico, a fim de garantirem sua própria hegemonia "falsificadora" sobre o continente

[59] Sobre o itinerário de Henri (Hendrik) de Man, cf. Zeev Sternhell, *Ni droite, ni gauche*, op.cit.
[60] Publicado em *Le Soir*, 4 mar 1941. Reproduzido em Jacques Derrida, *Mémoires pour Paul de Man*, Paris, Galilée, 1988, p.190.

americano. Jeffrey Mehlman, já experiente – voltaremos a isso – nesse tipo de campanha, afirmou que a "desconstrução era, como um todo, um vasto projeto destinado a anistiar as políticas de colaboração da Segunda Guerra Mundial".[61] Em outras palavras, no entender de seus detratores, de Man não passava de uma espécie de Rebatet que, após sua emigração, escondera uma infâmia e conspirara contra a América.

Quanto a Chomsky, sempre convencido de que os intelectuais franceses perseguiam Faurisson, aproveitou a polêmica para explicar a Edward Said, fino conhecedor de Foucault, Barthes, Freud e do pensamento europeu, a necessidade de ele se afastar dessa nefasta ideologia estruturalista-desconstrucionista: "Eu gostava de Derrida", dirá Said, "e mantínhamos um bom relacionamento pessoal... Mas ele se tornou 'derridiano'... Emana de seus trabalhos – e lembro-me de ter discutido a respeito disso com Chomsky – mais ambiguidade e autocomplacência do que uma tentativa séria de se comprometer politicamente a respeito de alguns problemas atuais, seja sobre o Vietnã ou a Palestina, ou sobre o imperialismo. Ficava sempre uma impressão de evasiva."[62]

Tratado de nazista por causa do heideggerianismo e depois acusado de ter mantido uma amizade duvidosa com um ex-colaboracionista, Derrida replicou dizendo que esse tipo de condenação retroativa lembrava muito uma instrumentalização do Holocausto e da questão judaica.[63] Foi, contudo, obrigado a constatar, como fizera Hannah Arendt antes dele, que cada artigo repetia um outro, que a máquina midiática era impiedosa. É certo que o boato de que o desconstrucionismo era um complô nazista fomentado contra o Ocidente, com a cumplicidade de Heidegger, logo caiu em desuso e, no fim, todo esse assunto acabou contribuindo para dar maior dinamismo ao engajamento político de Derrida. Mas ele nem por isso desapareceu e chegou até a ser reatualizado na França em 2005, sob a pena de Emmanuel Faye, germanista e professor de filosofia.

---

[61] Citado por David Lehman, "Deconstructing de Man's Life", *Newsweek*, 15 fev 1988, p.63. Cf. também *Signs of the Times. Deconstruction and the Fall of Paul de Man*, Nova York, Poseidon Press, 1991, p.24 e 79. Jeffrey Mehlman, *Genealogy of the Text. Literature, psychoanalysis and politics in Modern France*, Cambridge, Cambridge UP, 1995.

[62] Entrevista a Hassan Arfaoui, 25 set 2003. Disponível na internet.

[63] Jacques Derrida "Biodegradables: Seven Diary Fragments", *Critical Inquiry*, 15, verão 1989. *Mémoires pour Paul de Man*, op.cit. "Réponse à Elisabeth de Fontenay", Papiers du Collège International de Philosophie, sessão de 10 de março de 1990. Todo esse caso é narrado minuciosamente por Benoît Peteers na biografia que este dedicou a Derrida.

Embora dedicasse ao nazismo de Heidegger um estudo mais sério e mais erudito que o de Farias, o autor não hesitou em afirmar não só que tais escritos deveriam ter seu ensino proibido no mundo todo, mas que o termo "desconstrução" provinha da *Destruktion* no sentido heideggeriano: "Essa obra [a de Heidegger] não pode continuar figurando nas bibliotecas de filosofia: seu lugar é antes nos acervos de história do nazismo e do hitlerismo." E mais: "Daí proveio a 'desconstrução' que, traduzindo a *Abbau* e a *Destruktion* heideggerianas, saiu da França para conquistar 'departamentos de humanidades' das universidades americanas, com o apoio inicial de Paul de Man (colaborador antissemita na Bélgica). A iniciativa possibilitou que Heidegger se disseminasse nos Estados Unidos e depois no mundo inteiro..."[64]

O mais incrível nessa história é que ninguém parecia se interessar de fato por Farias: glorificavam-no, mas nunca foi convidado para se expressar nos meios de comunicação. Contudo, igualmente obcecado por uma grande fantasia conspiratória, este decidiu, depois desse caso, realizar uma vasta dessacralização da chamada história "oficial" de seu país, a fim de fornecer a prova de que Salvador Allende, morto no dia 11 de setembro de 1973, depois de ter combatido os militares comandados por Augusto Pinochet, na verdade era apenas um adepto da "solução final", antissemita, homofóbico e detrator das "raças inferiores": em suma, um nazista disfarçado de socialista. Mas como provar que tal fábula pudesse ter alguma semelhança, de perto ou de longe, com a verdade?

Para responder a essa pergunta, Farias decidiu exumar os textos de juventude de Allende, que, já militando na esquerda, tinha apresentado, em 1933, perante os seus professores da Universidade de Santiago, uma tese dedicada à questão da higiene mental e da delinquência.

Nesse texto, Allende expunha teorias que tinham sido adotadas na Europa no final do século XIX. E foi na escola italiana que ele foi buscar a maioria de suas referências, em Lombroso sobretudo, inspirador de Max Nordau, e que tinha escrito que a criminalidade "específica dos judeus era a usura, a calúnia e a falsidade, aliada a uma ausência notória de assassinatos e delitos passionais". Citando essa frase e atribuindo-a a Allende, Farias dizia que este fora nazista a vida toda. Empenhava-se, assim, em de-

---

[64] Emmanuel Faye, *Heidegger. L'introduction du nazisme dans la philosophie*, op.cit., p.513 e 515.

sacreditar uma das figuras mais populares – junto com Che Guevara – do antifascismo latino-americano. Nas entrelinhas de seu ensaio, percebia-se a presença de uma convicção delirante. Assim como tratava de nazista um mártir, também tinha reduzido a um panfleto incendiário nazista o conjunto da obra de um filósofo, cuja covardia e antissemitismo criaram um grande problema para todos os filósofos da segunda metade do século XX. Mas a história só se lembrava da acusação contra Heidegger, sem que ninguém ou quase ninguém percebesse a relação entre ambos os casos.[65]

Se uma querela em torno dessa obra tinha sido capaz de perturbar a tal ponto o campo intelectual e midiático francês e o processo póstumo aberto contra Paul de Man de transformar-se tão facilmente num processo contra a desconstrução, isso confirmava que, nos anos 1980, começava uma revolução neoconservadora de longa duração.

Ela se alimentava da derrocada do comunismo para a alegria dos novos acusadores do pensamento, preocupados em explorar, contra a tradição iluminista, a relação conflituosa entre Israel e a diáspora. Era como se, para responder à loucura negacionista, à rejeição do espírito revolucionário e, finalmente, à crise do sionismo, fosse necessário rever o conjunto da cultura europeia para nela detectar o antissemitismo ali onde ele não existia – de preferência na esquerda –, para melhor ocultá-lo ali onde ele se apresentava sob formas novas ou disfarces.

Hannah Arendt já tinha sido considerada suspeita de simpatia pelos algozes, e agora iam explicar que quase todos os pensadores iluministas, assim como seus herdeiros, nada mais eram senão antissemitas: a começar por Espinosa, Voltaire, Marx e Freud, seguidos de Lacan, Derrida, Blanchot, Gide, Lévi-Strauss, Sartre e Deleuze.

Em 1982, Jeffrey Mehlman, brilhante universitário americano, tradutor fora de série, especialista incontestável em literatura francesa, desconstrução e French Theory, meteu na cabeça a ideia de aplicar o método estrutural de decifração psicanalítica da textualidade a autores que, de tanto amar, ele

[65] Victor Farias, *Allende, la face cachée. Antisémitisme et eugénisme* (2005), Paris, Grancher, 2006. Todas as informações, bem como a tese de Allende, estão disponíveis no site da fundação Presidente Allende. Em 2006, essa fundação processou Farias por atentado à memória de um morto. Cf. também Elisabeth Roudinesco, "La mémoire salie d'Allende", *Libération*, 12 jul 2005.

acabou odiando. Essa conversão da idolatria ao anátema tinha coincidido, diria ele mais tarde, com uma espécie de autoanálise que o tinha levado, entre 1974 e 1980, a se descobrir diferente do que era.[66] Eis por que ele não cessará de brandir, contra o poder intelectual francês, o braço armado do judeu inquisidor: passará então não só a detectar em qualquer termo minimamente suspeito a marca vergonhosa de um antissemitismo recalcado, como a inventar o antissemitismo quando ele não se manifestava – ou então a nunca perdoar os erros daqueles que os cometeram e reconheceram.

Assim, num artigo de revista e depois num livro intitulado *Legs de l'antisémitisme en France* [Legado do antissemitismo na França],[67] atacou autores tão díspares quanto Jean Giraudoux, André Gide, Maurice Blanchot e Jacques Lacan. Não hesitando em se identificar com Gershom Scholem, entregava-se a uma operação de "flagrantes",[68] destinada a derrubar a imagem que se tinha do antissemitismo nas humanidades francesas. Portanto, não escondia suas intenções. Ignorando as vociferações de Céline e dos outros colaboracionistas, consideradas, em síntese, pouco perigosas, procurava mostrar que, subterraneamente e através dos escritos de seus mais prestigiados escritores, dramaturgos e pensadores, a França de Drumont e Vichy estava presente ali onde menos se esperava. E sua escolha não era banal.

Giraudoux era o principal representante de uma renovação da arte teatral da qual o Théâtre-Français era o símbolo há mais de um século. Quanto a Gide, fundador de *La Nouvelle Revue Française*, monarca das edições Gallimard e Prêmio Nobel de Literatura, era por si só o símbolo da França literária herdada de Zola e de Voltaire, a tal ponto que, ao chegar em Paris em junho de 1940, Otto Abetz declarou que três potências habitavam aquela cidade: a *NRF*, a franco-maçonaria e os grandes bancos.

---

[66] Jeffrey Mehlman, "Blanchot philosémite", colóquio sobre *La figure juive de la pensée contemporaine*, 18 mai 2008, Alliance Israélite Universelle.

[67] Jeffrey Mehlman, *Legs de l'antisémitisme en France*, Paris, Denoël, 1984. Tradução do autor. Seu artigo sobre Maurice Blanchot foi publicado na revista *Tel Quel* em 1982, maltraduzido, segundo ele, e, portanto, incompreensível. Nem por isso deixou de ser saudado como uma inovação reveladora dos velhos demônios franceses por parte da imprensa. Resposta de Jeffrey Mehlman em *L'Infini*, 1, inverno 1983, p.123.

[68] Em 2005, Régis Debray comparou Mehlman ao grande historiador Robert Paxton, autor do primeiro livro de referência sobre Vichy: *La France de Vichy*, Paris, Seuil, 1973. "O que Paxton foi para nossa história, Jeffrey Mehlman é para nossa história literária... e, zás, o flagrante." Prefácio de Jeffrey Mehlman, *Émigrés à New York. Les intellectuels français à Manhattan, 1940-1944*, Paris, Albin Michel, 2005, p.10.

Se Gide e Giraudoux tinham sido escolhidos por Mehlman por sua popularidade, seu classicismo ou seu academicismo, Blanchot e Lacan tinham sido selecionados por motivos contrários. Eles representavam *a outra França*, a da modernidade, do formalismo, da subversão, da estrutura: linhagem de Mallarmé, de Rimbaud, do Surrealismo.

Explorando a obra desses quatro autores, com o intuito de demonstrar que eles tinham sido os maiores antissemitas do século XX, Mehlman se transformava num novo Robert Paxton com a tarefa de revelar aos leitores dos anos 1980 não só que a França de Vichy estava grudada na pele deles, sem que eles soubessem, mas, pior ainda, que os tribunais de expurgo tinham errado de alvo: os "verdadeiros" antissemitas tinham conseguido escapar de todo julgamento e habitavam as prateleiras das bibliotecas da França e de Navarra, como espectros shakespearianos surgidos dos recônditos de uma consciência culpada. Mas Mehlman, evidentemente, esquecia que naquele momento, como recordei, os estudos sobre a questão da colaboração, do genocídio e da identidade judaica estavam em plena expansão na França.

Escritor e diplomata nascido em 1882, Giraudoux tinha se recusado, sob a Frente Popular, a assumir a direção da Comédie-Française, mas tinha aceitado ser comendador na ordem da Legião de Honra. Ingressara em seguida na política, tornando-se, no início da Segunda Guerra Mundial, presidente de um conselho superior de informação. Germanófilo mas antinazista, não foi nem petainista nem resistente e morreu em setembro de 1944 antes de ter podido prestar contas de sua atitude. Era evidente que sua obra estava maculada de antissemitismo: havia, sobretudo, um livro de inspiração racista, publicado em 1939 e no qual Giraudoux se fazia o arauto de uma política de emigração controlada, destinada a preservar a França de um excesso de mestiçagem com as outras raças – entre elas, os judeus: "Entraram em nosso país, por uma infiltração cujo segredo procurei em vão descobrir", dizia ele, "uns 100 mil Askenasis [*sic*] que escaparam dos guetos poloneses ou romenos cujas regras espirituais, mas não o particularismo, eles rejeitam... Por onde passam, trazem o virtual, a ação clandestina, a malversação, a corrupção e são ameaças constantes ao espírito de precisão, de boa-fé, de perfeição que era o do artesanato francês. Horda que encontra meios de ser destituída de seus direitos nacionais e desafiar assim todas as expulsões, e cuja constituição física, precária e anormal, leva milhares deles a nossos hospitais que ela abarrota."[69]

Imbuído desse "raciocínio", Giraudoux propunha um ministério da raça a fim de garantir o bem-estar da França: "Estamos plenamente de acordo com Hitler ao proclamar que uma política só atinge sua forma superior se for racial."[70]

Texto sem ambiguidades: Mehlman podia esfregar as mãos de satisfação. Tinha agarrado um *verdadeiro* antissemita e não o largaria mais. Consequentemente, a partir da leitura de um volume de ensaios sobre a literatura publicado em 1941, ele faria do dramaturgo o novo teórico do par infernal dos semitas e arianos, mostrando que seu teatro nada mais era que a tradução da política exterminadora de Vichy. Até a personagem de *A louca de Chaillot* foi incluída nessa interpretação. Diante de uma plateia imunda de credores, chantagistas e especuladores, não seria a condessa delirante a encarnação de uma Europa demente cantada por Giraudoux postumamente, já que este atribuía à sua heroína a missão de expulsar do palco do mundo os reis das finanças, ou seja, os judeus? Mehlman não apenas atribuía a um personagem de ficção propósitos antissemitas que não existiam no texto, como pouco lhe importava saber que essa peça fora encenada pela primeira vez pela Compagnie Louis-Jouvet no dia 22 de dezembro de 1945, em benefício e em memória dos deportados. A seu ver, o essencial era sempre revelar o que as cartas escondiam, inclusive em textos de ficção que não comportavam nenhuma revelação particular. Como a França da Liberação perpetuava secretamente a política de Vichy, isso queria dizer que a condessa louca exprimia postumamente o antissemitismo recalcado de Giraudoux.

André Gide, por sua vez, não escrevera nenhum texto antissemita. Contudo, num exame minucioso, ele se revelava assim mesmo condenável, segundo Mehlman, uma vez que, em seu diário, no dia 27 de janeiro de 1914, ele falara de "raça judaica" e "literatura judaica". Esquecendo que o emprego dessa palavra era frequente na época, Mehlman não hesitava em fazer do fundador da *NRF* o depositário da herança drumontista.

No caso de Lacan, a acusação de antissemitismo adquiriu ares cômicos. E não sem motivo. Devido ao seu conhecimento da obra, Mehlman

[69] Jean Giraudoux, *Pleins pouvoirs*, Paris, Gallimard, 1939, p.66.
[70] Ibid., p.26.

não tinha conseguido desencavar no passado do renovador da psicanálise a menor "falta" que lhe permitisse exercer seus talentos de inquisidor. Convencido da necessidade de exumá-la a qualquer preço, ali onde ela não existia, quis mostrar que a obra toda de Lacan estava infestada por um antissemitismo recalcado. E em apoio a essa "tese", citava uma passagem superficial do Seminário de 1964, na qual Lacan, evocando "Kant com Sade", situava seu retorno a Freud sob o signo de um "pós-Auschwitz" e de um reconhecimento da figura do judeu do Holocausto. Portanto, Mehlman só reteve uma única frase desse Seminário. Ei-la: "Freud, então, eu o representei a última vez como a figura de Abraão, de Isaac e de Jacó? Léon Bloy, em *Le Salut par les Juifs*, os encarna na forma de três igualmente velhos que estão aí, segundo uma das formas da vocação de Israel, entregando-se, em torno de não sei que cobertura, a essa ocupação fundamental que se chama antiquário. Eles fazem triagem. Põem uma coisa de um lado e outra, do outro. Freud, de um lado, põe as pulsões parciais e, do outro, o amor. Ele diz – *não é a mesma coisa*."[71]

Acusando Bloy de ser cúmplice de Drumont – ou seja, *a mesma coisa que* Drumont –, Mehlman pretendia demonstrar, a partir de uma interpretação do *não é a mesma coisa*, que o retorno lacaniano a Freud não passava de uma obliteração de qualquer vestígio de um retorno a Bloy. Lacan era fundamentalmente bloyano, isto é, drumontista, e seu freudismo era a "sutura desse engodo": um antissemitismo, portanto.[72] Quando conheci Jeffrey Mehlman depois de ele ter traduzido para o inglês minha *História da psicanálise na França*, eu lhe disse o que pensava de seu modo de ler a obra lacaniana. Depois disso, ele trocou Lacan por outros horizontes. Contudo, o boato de um Lacan antissemita e vichysta foi retomado por outros autores, principalmente na reedição de *L'univers contestationnaire*. Ele se diluiu rapidamente.

Mas aquele a quem Mehlman não perdoava nada era Maurice Blanchot, o escritor que ele mais admirara quando ainda estava sob influência de sua idealização do poder intelectual francês. Depois de ficar verdadeiramente chocado quando, por volta de 1974, descobriu, no escritos de Sternhell, o que todo o mundo já sabia – a juventude fascista de Blanchot –,

---

[71] Jacques Lacan, *O Seminário*, livro 11, *Os quatro conceitos fundamentais da psicanálise*, op.cit., p.179.

[72] Jeffrey Mehlman, *Legs de l'antisémitisme en France*, op.cit., p.49 e 58.

não parou de persegui-lo com sua vingança, chegando até a afirmar que seu apoio a Israel e seu interesse declarado pela mística judaica provinham de um "filossemitismo", ou seja, de um antissemitismo disfarçado. Contudo, mais uma vez, Blanchot confessara seu "erro", em dezembro de 1992, numa carta endereçada a Roger Laporte.[73] Afirmou naquela oportunidade que o "próprio nome Maurras era a expressão de uma desonra". Era o que faltava para que Mehlman acusasse Blanchot de denunciar Maurras para melhor denunciar a si mesmo. Não só Blanchot, mas também seu inconsciente era imperdoável.

Assim, durante 30 anos, apoiado por uma pequena parcela da *intelligentsia* francesa,[74] que ia ao encontro da comunidade judaica mais esclarecida,[75] esse excelente universitário americano não parou de fazer da obra de Blanchot um monumento de antissemitismo. E através de Blanchot, Mehlman também atacava Derrida, já que no momento do caso Paul de Man ele afirmara que o desconstrucionismo servia para recalcar o passado nazista da Europa. Contudo, Derrida não partilhava as posições do amigo Blanchot: nem sobre Israel, nem sobre a impossibilidade de escrever depois de Auschwitz, nem mesmo sobre a absolutização da cesura do genocídio dos judeus. Pouco importava, ambos seriam doravante cúmplices em nazismo e em antissemitismo.

Num espaço de poucos anos, depois de 1990, o grande intérprete do ser judeu depois do Holocausto, amigo de Derrida, de Lévinas e de Israel, tornou-se assim, aos olhos de seus inquisidores, um escritor destrutivo que, pela onipotência de sua invisibilidade e de suas metamorfoses, tinha infestado a literatura e a filosofia francesas: bem mais que Céline, de quem não se parava de glorificar, na mesma época, não a *Viagem*, mas os panfletos.

Haverá quem ouse dizer que aquele Blanchot, assim desfigurado por seus detratores, tinha de certo modo se tornado o equivalente daquele judeu que, segundo Drumont, empesteava a França? Aos que, a golpes de interpretações freudianas, esfregavam seis milhões de exterminados na cara desse homem, poderíamos contrapor as seguintes palavras de Lévinas: "O judaísmo traz essa

---

[73] Jeffrey Mehlman, "Blanchot philosémite", op.cit.

[74] Christophe Bident dedicou 500 páginas a essa questão, e quando lemos, sob sua pena, todos os horrores que foram lançados sobre Blanchot, homem e obra, depois da publicação do livro de Mehlman, ficamos pasmos. Cf. *Maurice Blanchot, partenaire invisible*, op.cit.

[75] Salomon Malka, "Maurice Blanchot et le judaïsme", *L'Arche*, 373, mai 1988; *Lévinas, la vie et sa trace*, Paris, Jean-Claude Lattès, 2002.

magnífica mensagem. O remorso – expressão dolorosa da impotência radical de reparar o irreparável – anuncia o arrependimento gerador do perdão que repara. O homem encontra no presente com que modificar, com que apagar o passado. O tempo perde sua própria irreversibilidade. Ele cede, nervoso, aos pés do homem como um animal ferido. E ele o liberta."[76]

Se Blanchot foi arrastado para a lama ao longo de toda sua vida por uma falta cometida na juventude e mil vezes expiada, e se Paul de Man o foi por nunca ter confessado sua falta, Jean Genet foi vítima, postumamente, de um processo por antissemitismo por motivos inversos: seu apoio incondicional ao povo palestino.

A transformação de Genet em escritor antissemita e, mais ainda, em oficial nazista, comprometido com o colaboracionismo entre 1940 e 1944 e depois com o terrorismo durante os últimos 16 anos de sua vida (1970-86), iniciou-se do outro lado do Atlântico,[77] 12 anos após a morte de Sartre, que tinha sido o primeiro filósofo a dedicar um estudo monumental[78] a esse poeta e dramaturgo, cuja juventude fora a de um personagem de *Os miseráveis*. Ela prosseguiu na França, depois de 2001, com a publicação de duas obras[79] escritas por Éric Marty, um semiólogo especialista em Barthes e adepto de uma abordagem lacaniana dos textos literários. Ele fazia de Genet uma espécie de gestapista, abolidor da diferença entre os sexos e entre as gerações, incapaz de aceitar a "Lei do pai", padecendo de "rivalidade mimética" negativa, e cuja homossexualidade não era mais que a manifestação de um antissemitismo malrecalcado: pederasta, perverso e, portanto, nazista.

---

[76] Emmanuel Lévinas, "Quelques réflexions sur la philosophie de l'hitlérisme", loc.cit., p.155. Lembremos que, mesmo na época em que Blanchot escrevia seus textos tão discutíveis, Lévinas não o considerava de forma alguma um antissemita: "Ele vivia o monarquismo de Blanchot como uma curiosidade, pouco compatível com o resto de sua personalidade, incompatibilidade pensável, contudo." Cf. Christophe Bident, *Maurice Blanchot*, op.cit., p.41.

[77] Harry E. Stewart e Rob Roy McGregor, "Jean Genet's 'Douteuse mentalité'", *Romance Quarterly*, vol.39, 1992; *Jean Genet. From Fascism to Nihilism*, Peter Lang Publishing, American University Studies, 1994. Os dois autores baseiam-se na psiquiatria cognitivo-comportamental para fazer de Genet, além de um antissemita, um desviante de caráter duvidoso: personalidade psicopática, sociopata, associal, perturbado e débil.

[78] Jean-Paul Sartre, *Saint Gene: ator e mártir* (1952), Petrópolis, Vozes, 2002.

[79] São, na verdade, vários artigos reunidos em duas obras: *Bref séjour à Jérusalem*, Paris, Gallimard, 2003, e *Jean Genet, post-scriptum*, Lagrasse, Verdier, 2006.

O objetivo dessa série de intervenções era político. O autor se apoiava no "caso Genet", primeiro para equiparar a imprensa francesa a um "Doutor Mabuse" que teria organizado um complô contra Israel, depois para negar qualquer responsabilidade (ainda que passiva) de Ariel Sharon no massacre dos campos de Sabra e Chatila, no Líbano, em 1982, e por fim para acusar os palestinos de terem inventado uma "metafísica do exílio" (a Naqba) por ódio aos judeus e aos israelenses.[80] O autor adotava, assim, as teses dos dois autores de *L'univers contestationnaire*,[81] ao passo que seu estilo se parecia mais com o de Jeffrey Mehlman.

Mais uma vez, uma figura emblemática do meio literário era convocada perante um tribunal de expurgos, numa época em que, quase 20 anos depois de sua morte, sua obra e diversos engajamentos tinham sido comentados em obras eruditas e sem o menor espírito hagiográfico.[82] Acaso Genet, um dos maiores dramaturgos da segunda metade do século XX, era tão nazista, antissemita e terrorista que tinha de ser condenado à morte para garantir a sobrevivência do Estado de Israel?

Não só uma comissão parlamentar, em Israel mesmo, tinha decidido pela responsabilidade de Ariel Sharon no massacre libanês, como a realidade da Naqba já não era negada por nenhum comentador sério. Quanto à acusação contra a imprensa francesa, ela provinha de uma mania de conspiração de que já tive oportunidade de falar.

Depois dessa publicação, outro pesquisador,[83] que reivindicava a École des Annales e o rigor desapaixonado de uma tradição positivista, pretendeu escrever por fim uma "biografia desmistificadora" de Genet para mostrar não só que o homem era um hitlerista, cuja infância tinha sido "protegida",

---

[80] Éric Marty, *Bref séjour*, op.cit., p.57, 73 e 165.

[81] Na reedição de *L'univers contestationnaire*, op.cit., p.21, Janine Chasseguet-Smirgel saudava a coragem demonstrada por Éric Marty na sua denúncia do antissemitismo de Genet, sem perceber que estava falando de um lacaniano que, por sua vez, ao contrário, aliás, de Mehlman, isentava Lacan de qualquer antissemitismo, mas se esquecia de dizer que Lacan fora um dos comentadores da obra teatral de Genet, *O balcão*, em particular. Cf. Jacques Lacan, *Le Séminaire, Livre V* (1957-1958), *Les formations de l'inconscient*, Paris, Seuil, 1998, p.262-8 [ed. bras.: O *Seminário*, livro 5, *As formações do inconsciente*, Rio de Janeiro, Jorge Zahar, 1999].

[82] Entre as melhores obras de referência: Edmund White, *Genet, uma biografia* (1993), Rio de Janeiro, Record, 2003. Acompanhada de uma cronologia de Albert Dichy. Hadrien Laroche, *Le dernier Genet*, Paris, Seuil, 1997. Cf. também Michelle Perrot, *Histoire de chambres*, Paris, Seuil, 2009, que faz um belo retrato de Genet, ressaltando que o quarto de hotel foi na sua vida e até sua morte o único lugar habitável para ele, símbolo de sua errância.

[83] Ivan Jablonka, *Les vérités inavouables de Jean Genet*, Paris, Seuil, 2004.

mas que sua obra dramática era inteiramente nazista. Segundo ele, isso tinha escapado ao olhar de todos os comentadores: Sartre, Derrida, Foucault, Bataille etc. Já era hora, explicava, de lembrar que aquele mentiroso patológico não passava de um colaboracionista, assim como Rebatet, Brasillach ou Céline. Não tivera ele a pretensão de escapar da deportação no momento em que milhões de judeus eram exterminados, particularmente dois grandes poetas franceses: Max Jacob e Robert Desnos? Mais uma vez, os meios de comunicação desempenharam um papel importante nesse debate, ao fim do qual, cumpre lembrar, essas teses foram invalidadas.[84]

Durante toda a primeira parte de sua vida, Genet, como se sabe, levou a existência desses homens infames, cuja história Foucault projetava um dia escrever, dizendo que eles encarnavam a parte maldita das sociedades humanas. Numa simetria inversa à dos homens ilustres, dizia ele, suas biografias são inomináveis. E quando ganham certo nome, geralmente é pela força de uma criminalidade considerada bestial ou monstruosa.[85]

Nascido em 1910, abandonado pela mãe e sem qualquer conhecimento de suas origens, Genet foi acolhido, na qualidade de pupilo do Serviço Social, por uma família substituta de Morvan, tendo como horizonte, encerrada a vida escolar, empregar-se como criado ou operário agrícola. Desde muito cedo, sentindo-se investido de um destino excepcional, pôs-se a odiar o Estado republicano ao mesmo tempo em que devotava à língua francesa uma paixão devoradora. Ela era seu único parente, mescla de pai e mãe, masculino e feminino confundidos. As palavras, os livros, a cultura, a arte, a beleza, os nomes de flores – rosa e giesta[86] – tornaram-se para ele tanto um patrimônio genealógico quanto um território de exílio, que lhe permitiam entregar-se a fantasias transgressivas que o conduziam para perto das criaturas mais humilhadas que ele, mas também mais perigosas, vítimas ou algozes: prostitutas, travestis, sodomitas, criminosos, vagabundos, mercenários. Em seus relatos e na sua obra teatral, ele lhes dará nomes comuns "maiúsculos"[87] – Mimosa, Querelle, Divine, Yeux-Verts, Di-

[84] Sobretudo por Albert Dichy, "La part d'ombre de Genet", *Le Monde*, 20 jan 2005; "Il faut avoir le courage de lire Genet sans défaillir", *Magazine Littéraire*, 436, 1º dez 2006. Hadrien Laroche, "Une interrogation radicale de la responsabilité", ibid.

[85] *Herculine Babin, dite Alexina B.*, Paris, Gallimard, col. Les Vies Parallèles, 1978, apresentado por Michel Foucault.

[86] Essa flor se chama *genêt* em francês e se pronuncia como Genet. (N.T.)

[87] Como afirma Jacques Derrida, outro filósofo que dedicou um texto suntuoso a Genet. Ele o qualifica como grande desconstrutor do saber absoluto, fazendo-o "desposar" Hegel

vers, Notre-Dame-des-Fleurs – para que tenham direito a uma nomeação sagrada antes de entregar a alma ou subir no cadafalso.

Incapaz de se adaptar às condições de vida que lhe eram oferecidas, Genet começou a fugir e, com 15 anos, cruzou com a história da neuropsiquiatria infantil em plena expansão. Avaliado por um psiquiatra da escola de Georges Heuyer, que o classificou na categoria dos débeis e dos instáveis, fez um "tratamento" psicoterápico no Patronato da Infância do Centro Henri-Rolet, o que apenas agravou seu caso. Depois de várias vadiagens e uma internação de três meses na prisão da Roquette, foi transferido para a colônia penal agrícola de La Mettray, um desses "centros de reclusão de menores" que seriam suprimidos após a Libertação.[88]

Alistado no exército do Levante, descobriu o mundo árabe, então em pleno despertar nacionalista, o rigor do colonialismo, do qual ele mesmo era um agente, e os textos de Lawrence da Arábia, por quem sentiu uma fascinação ambígua. Entre 1933 e 1940, Genet levou uma vida de errância e pilhagens, atravessando toda a Europa numa época em que esta estava sendo devastada pelo nazismo. Ele, o ladrãozinho de panos e livros, era visto como um criminoso, um desertor, um vadio perigoso, no momento em que o assassinato em massa e as perseguições eram legalmente organizados por Estados cada vez mais assassinos e em países em guerra. Por isso ele se sentiu vítima de uma injustiça quando, de volta à França, foi outra vez condenado à prisão por ter furtado uma dúzia de lenços na loja La Samaritaine e uma edição completa das obras de Proust numa livraria.

Genet regozijava-se de que a França, da qual amava apenas a língua, estivesse agora submetida à bota nazista. E como o Estado que o julgara criminoso tinha se tornado muito mais criminoso que ele, pôde finalmente se metamorfosear num outro homem. Foi o encontro com Jean Cocteau que lhe deu a possibilidade de ganhar o status de escritor e foi a escrita que o salvou de uma existência miserável.

Em 19 de junho de 1943, enquanto milhões de judeus estavam sendo exterminados em todo o Leste europeu e a imprensa colaboracionista os

---

de acordo com um rito de escrita mortuária calcado na exegese talmúdica. Cf. *Glas*, Paris, Galilée, 1974.

[88] Sobre o destino das crianças internadas, abandonadas e separadas, e sobre o papel de Georges Heuyer (1884-1977), remeto ao livro de minha mãe, cujo prefácio escrevi: Jenny Aubry, *Psicanálise de crianças separadas* (2003), Rio de Janeiro, Companhia de Freud, 2004.

denunciava cada dia mais, Genet, que só pensava em sua própria liberdade, viu-se novamente confrontado com o saber psiquiátrico na pessoa de Henri Claude,[89] chefão da medicina mental no hospital Sainte-Anne. Na sua sapiência profundamente estúpida, este incluiu o poeta na categoria da "loucura moral", dando a entender que suas aspirações à vida literária não eram críveis, apesar de ele se vangloriar de ter sólidos protetores no meio intelectual parisiense: nem demente, nem perverso, dizia ele, mas padecendo de uma "cegueira moral" que o fazia viver na escuridão, longe das realidades da vida. E acrescentava que os "loucos morais" de sua espécie constituíam um perigo para a sociedade e que a Justiça tinha de se mostrar severa para impedi-los de causar dano.[90]

Mandado aos tribunais e condenado a três meses de prisão, reincidiu de novo, roubando uma edição de *O grande Meaulnes* e, no dia 25 de dezembro, no momento em que era publicado seu primeiro grande livro,[91] foi transferido para o campo das Tourelles, então dirigido pela Milícia francesa sob o controle da polícia alemã. Ali eram reunidos, antes de serem deportados, presos políticos e comuns, os segundos desprezados pelos primeiros. Disposto a tudo, inclusive a se alistar na Wehrmacht para consolidar o Muro do Atlântico, Genet apelou a seu amigo François Sentein, escritor fascista, que interveio junto a Joseph Darnand, e conseguiu sua soltura no dia 14 de março de 1944.[92]

A partir desse dia, deixou de ser um ladrão. Um mês depois, conheceu Sartre, Simone de Beauvoir e depois Marguerite Duras, Juan Goytisolo e muitos outros escritores engajados na esquerda ou na extrema esquerda. Encontrou neles uma verdadeira família, a família de escrita a que sonhou se integrar roubando livros e fazendo de sua língua materna seu único parente. Depois de indultado em 1948 pelo presidente Vincent Auriol por

---

[89] Henri Claude (1869-1945): psiquiatra francês, especialista em esquizofrenia, mestre da primeira geração psicanalítica francesa, adepto de uma psicanálise "latinizada".

[90] Edmund White, *Genet*, op.cit., p.322.

[91] Jean Genet, *Nossa Senhora das flores* (1948), Rio de Janeiro, Nova Fronteira, 1988.

[92] Criticar Genet, ou seja, um homem entre outros homens, por ter escapado da deportação como prisioneiro de direito comum, no mesmo momento em que milhões de judeus eram exterminados, é algo que contraria todo o pensamento judaico anterior e posterior ao Holocausto. No entanto, é isso que seus detratores fazem, convencidos de que, ao brandirem a figura do judeu inquisidor, estão vingando os judeus. Mas a "vingança judaica" é uma noção alheia à tradição do humanismo judeu.

intervenção de vários intelectuais, passou do estado de pária coagido ao estado de pária voluntário.

À medida que ia se integrando à ordem literária redigindo uma obra barroca, pornográfica, habitada pelo gozo do mal, pelo culto do sagrado e centrada numa dialética do senhor e do escravo que apenas parodiava a de Hegel, já que não desembocava em nenhuma solução, Genet não deixava de ser o que sempre fora: um fora da lei do pensamento e da norma, vomitando os ricos, os burgueses e a democracia, e não suportando ser agora honrado, famoso, admirado – e logo rico e conhecido no mundo todo. Sublimava, pois, por meio de sua escrita suas pulsões assassinas.

Protegido por Sartre, pago pela editora Gallimard, solicitado pelos melhores dramaturgos de sua época, infligia a si mesmo sevícias físicas que não sofrera na infância: não morava em lugar nenhum, deixava o corpo ao abandono, cobria-se com trapos (mas vez por outra com roupas elegantes), escolhendo seus amantes entre os saltimbancos e marginais, árabes de preferência. Mas o que ele mais gostava era de chocar os que o cercavam continuando a dizer que era ladrão, delinquente e traidor, embora já não fosse. Por meio de eternas metamorfoses, fingia ser o que não era (ou já não era), mas continuava sendo odioso, sonso, muitas vezes melancólico e sempre à cata de um inimigo declarado. Era também um escândalo permanente para seus próprios amigos, sobretudo aos olhos da direita francesa e de seus escritores. Uma das grandezas do gaullismo e, claro, de André Malraux em particular, foi ter-lhe concedido o direito de se exprimir sem jamais lhe impor alguma censura. Sonhando com a liberdade sob o nazismo, não cessou, depois de tê-la recuperado na democracia, de aspirar a todas as formas de aprisionamento e de disciplina das quais, não obstante, fora vítima. Daí seu gosto pelos assassinos, santos e guerreiros da época medieval: a seu ver, nada era mais sublime que imaginar o casal bárbaro formado por Gilles de Rais e Joana d'Arc.

Pária voluntário, Genet não conheceu o destino dos escritores malditos e sodomitas do final do século XIX – Rimbaud, Verlaine, Wilde – dos quais era herdeiro. Tampouco teve o destino de Sade, príncipe dos perversos, aprisionado durante quase 30 anos sob três regimes políticos diferentes. A época já não era a mesma. Quisesse ele ou não, Genet foi, no que a isso diz respeito e contra sua própria vontade, um escritor pós-Auschwitz, um escritor do Holocausto. Eis por que, durante toda a segunda parte de sua vida, ficou obcecado, se não pela questão judaica, ao menos pela do extermínio dos judeus, ou seja, por Hitler, figura do mal absoluto. Mas Hitler só o interessava como personagem singular sobre o qual ele projetava suas fantasias eróticas. Destruindo a França, Hitler decerto "vingara" Genet das humilhações reais e imaginárias que a Instituição republicana lhe infligira, daí ele o paramentar com estranhas "gratificações", fazendo dele um sodomita castrado disfarçado de espectro ou conspurcado pelo sangue menstrual de Joana d'Arc sobre a sua fogueira.[93] Melhor ainda, reduzia-o a um bigode, tingido por l'Oréal, mas cujos pelos hirsutos e pretos desenhavam palavras assassinas: estrangulamento, raiva, escória, despotismo, crueldades, víbora, paradas militares, prisões, punhais.[94]

Mas Genet também conhecia o preço dessa revanche e, embora fosse incapaz de ter a menor compaixão pelos sobreviventes dos campos, era o tempo todo atormentado pelo real do extermínio: farpas das cercas de arame farpado, fornos crematórios, unhas arrancadas, peles tatuadas e curtidas para cúpulas de abajures. Tinha horror dos crimes em massa e só admirava os criminosos solitários, os aristocratas do mal.

Genet tinha convivido com fascistas durante a Ocupação, mas nunca aderira ao ideal hitlerista, nem denunciara ninguém, nem incitara ao assassinato dos judeus. Nunca escreveu qualquer texto antissemita, nunca entrou no colaboracionismo, nunca adotou o linguajar do antissemitismo, nunca, enfim, por conseguinte, deu qualquer apoio aos islamitas radicais ou aos negacionistas. E, aliás, o engajamento político não lhe interessava. Genet era incapaz de aderir à linha de um partido, era inassimilável, travestido, sempre em estado de metamorfose. Mas os judeus eram para ele um enigma, pois, pela maldição que pairava sobre eles e que, a seu ver, era o sinal de uma eleição sagrada, eles tinham conseguido vencer o mal absoluto. Era, aliás, o único povo que conseguira tal milagre em muitos séculos: mobilizar o ódio para garantir sua própria sobrevivência.[95]

No entanto, longe de amar os judeus, Genet invejava suas torturas, o que era outro modo de percebê-los como rivais. Eis por que, logo depois da vitória dos aliados, ele dirigiu aos sobreviventes do Holocausto

[93] Jean Genet, *Pompes funèbres* (1953), Paris, Gallimard, col. L'Imaginaire, 1978.
[94] Idem.
[95] Lembremos que Emmanuel Lévinas chegou a fazer do nazismo a maior provação que o judaísmo teve de atravessar, na medida em que a afronta e o ultraje "acrescentaram à humilhação um pungente sabor de desespero". Cf. *L'Herne*, *Lévinas*, op.cit., p.144.

um hino barroco impregnado de uma obscenidade macabra e venenosa: "Maltrataram-nos tanto na prisão e com tão pouco vigor que eu os invejo em suas torturas ... Um único peteleco de seus guardas foi vivificado pelo sangue ardente dos heróis do Norte, ele se desenvolveu até se tornar uma planta de maravilhosa beleza, tato e destreza, uma rosa cujas pétalas torcidas, arregaçadas, mostrando o vermelho e o rosa sob um sol infernal, recebem nomes terríveis: Maïdanek, Belsen, Auschwitz, Mauthausen, Dora. Tiro o chapéu. Mas nós continuaremos a ser o seu remorso."[96]

A partir de 1970, durante os últimos anos de vida, tendo parado de escrever, Genet deu seu apoio aos Black Panthers americanos, aos membros da Fração Exército Vermelho[97] alemã e, finalmente, aos fedaim do Fatah: na época, a maioria dos primeiros e dos segundos eram prisioneiros de Estado, os outros tinham sido espoliados de seu território. Quando defendeu os primeiros, reivindicou o *J'accuse* de Zola, e quando redigiu um texto em favor dos segundos, acusou o Estado federal alemão de ter recalcado seu passado nazista.[98] Provocou novamente escândalo ao passar a impressão de celebrar as virtudes da União Soviética. E, quando foi a Chatila para descrever os cemitérios, pôde finalmente nomear a aversão que lhe inspirava, não os judeus como tais, mas Israel enquanto Estado. Descreveu o cemitério nos mesmos termos usados para evocar o extermínio e acrescentou uma frase, censurada em seguida, na qual acusava os judeus de só terem sobrevivido a sua maldição para se tornarem, por meio do Estado de Israel, um povo de colonizadores.[99]

---

[96] Jean Genet, *L'enfant criminel* (1949), Paris, *Œuvres complètes*, t.V, Paris, Gallimard, 1979, p.389.

[97] Rote Armee Fraktion (RAF), organização terrorista de extrema esquerda que pregava, depois de 1968, a guerrilha urbana e o assassinato de reféns para lutar contra "o imperialismo americano" e seus aliados federais (acusados também de terem tido um passado nazista). Seus dois principais chefes, Andreas Baader e Ulrike Meinhof, foram presos em 1972 no setor de segurança máxima da prisão de Stuttgart-Stammheim. Eles muito provavelmente se suicidaram em 1976, mas as condições de sua morte nunca foram totalmente esclarecidas. Receberam o apoio de Michel Foucault e Jean-Paul Sartre, que, embora desaprovassem sua linha política, denunciavam as condições carcerárias a que foram submetidos. Black Panther Party: movimento revolucionário afro-americano, fundado em 1966 por Bobby Seale e Huey P. Newton, e extinto em 1982 devido a rivalidades internas, do qual Genet foi testemunha em condições difíceis. Cf. a esse respeito Edmund White, *Genet*, op.cit.

[98] Jean Genet, "Violence et brutalité" (1977). Reproduzido em *L'ennemi déclaré. Textes et entretiens*. Edição estabelecida e anotada por Albert Dichy, Paris, Gallimard, 1991.

[99] Jean Genet, "La ténacité des noirs américains" (1977); "Violence et brutalité" (1977); "Quatre heures à Chatila" (1982). Reproduzido em *L'ennemi déclaré*, op.cit.

Em 1976, ele se explicou sobre sua estranha erotização do personagem de Hitler. Dizendo que a admiração tinha se "esvaziado", acrescentou que o vazio não tinha sido substituído por nada: "Eu estava vingado..., mas sei também que era um conflito interno ao mundo branco que ia muito além de mim... Em seguida, era inevitável que eu me encontrasse nos oprimidos de cor e nos oprimidos revoltados contra o branco."[100]

E no seu último livro, *Um cativo apaixonado*,[101] publicado postumamente, só tomou partido dos palestinos, com quem passara tantas temporadas, porque os via como vítimas de um Estado colonialista, ressaltando que, se um dia eles obtivessem um território, ele seria seu inimigo declarado. Hospedado por Leila Shahid, adotou, na sua língua, as teses desenvolvidas tanto por Edward Said quanto pelos novos historiadores israelenses, segundo as quais os palestinos tinham se tornado "vítimas das vítimas": "As vítimas clássicas de anos de perseguições antissemitas e do Holocausto", dirá Said, "tornaram-se nas suas próprias casas os algozes de outras pessoas que, por isso, se tornaram vítimas das vítimas."[102] Ao que acrescentará Tom Seguev: "Homens livres, os árabes partiram para o exílio como miseráveis refugiados, os judeus se apossaram das casas dos exilados para começar sua nova vida de homens livres."[103]

Ao redigir esse testamento, por sinal delirante, e no qual afirmava que os palestinos tinham dado origem à ruína de seu vocabulário, Genet convocava pela última vez o espectro de Hitler pretendendo lhe dar o beijo no Leproso e salvá-lo por ter queimado os judeus.[104] A frase era obscura, insustentável e provocadora, mas parecia ter sido escrita por um moribundo sadiano que tinha adivinhado que um dia seus mais ferozes inimigos se poriam a tratá-lo de nazista, de gestapista e de antissemita: gozo derradeiro para um escritor perverso que condenava os Estados assassinos, culpados de uma inversão perversa da Lei. Mas ele também imaginava que poderia ter sido um "belo rabino educado na fé talmúdica", herdeiro do povo das

[100] Jean Genet, "Entretien avec Hubert Fichte", *Die Zeit*, 13 fev 1976. Reproduzido em *L'ennemi déclaré*, op.cit., p.149.

[101] Jean Genet, *Um cativo apaixonado*, Arx, 2003.

[102] Edward Said, "Reflections on twenty years of Palestinian history", *Journal of Palestine Studies*, XX, 4, verão de 1991, p.12 e 15. Citado por Hadrien Laroche, *Le dernier Genet*, op.cit., p.200.

[103] Tom Seguev, *Le septième million. Les Israéliens et le génocide*, Paris, Liana Lévi, 1993, p.218. Cf. também Hadrien Laroche, *Le dernier Genet*, op.cit., p.201.

[104] Jean Genet, *Un captif amoureux*, op.cit., p.320.

origens e buscando seus ancestrais entre os peleteiros: "Meus cachos iriam até o peito: é deles que sinto falta."[105] E ao lado desse rabino afeminado que ele sonhava ser para poder gerar um filho, futuro agente do Mossad, inventava um outro casal, formado por seu amigo Hamza com sua mãe, que ele comparava a uma *pietà*. Estranha família recomposta! Filho de sua língua materna e pai de uma obra em perpétua ruína, Genet vivia a si mesmo, na véspera de sua morte, como prisioneiro de um trio crepuscular em que se acoplavam os três monoteísmos: Maria mãe de Deus, Rabino cacheado de Javé, Jesus do Fatah. Foi, portanto, incapaz de fazer de sua última obra o manifesto esperado por seus amigos palestinos, entre os quais encontrava-se, em primeiro lugar, Yasser Arafat.

Será que ele era antissemita?

Desde cedo, Sartre já tinha respondido a essa pergunta: "Genet é antissemita. Ou melhor, brinca de sê-lo. É de se imaginar que lhe custe sustentar a maioria das teses do antissemitismo. Recusar direitos políticos aos judeus? Mas ele zomba da política. Excluí-los das profissões liberais, proibir-lhes qualquer comércio? Isso significaria recusar-se a roubá-los, já que os comerciantes são suas vítimas ... Será, então, que ele quer matá-los em massa? Mas Genet não se interessa por massacres. Os assassinatos com que ele sonha são individuais ... Israel pode dormir tranquilo."[106]

Com efeito, Genet *brincava* de ser antissemita: e, sem dúvida, mais vale para Israel um inimigo declarado da estatura de um Genet do que falsos amigos inquisidores.

Nesse testamento, ele abordava, ademais, uma questão essencial, que escapou a seus acusadores.[107] O destino dos judeus vítimas, dizia ele em síntese, está vinculado ao dos palestinos, vítimas das vítimas. E, para indicar de forma ainda mais clara a existência desse vínculo, associava dois slogans e quatro termos impossíveis tanto de unir como de desunir: Palestina vencerá/Israel viverá.[108]

[105] Ibid., p.220.
[106] Jean-Paul Sartre, *Saint Genet*, op.cit., p.230. Veementemente questionado por Marty por ter negado o suposto "antissemitismo" de Genet, além de ter apoiado a causa palestina, Derrida respondeu com uma citação definitiva de Emmanuel Lévinas: "Reivindicar o 'holocausto' para dizer que Deus está conosco em qualquer circunstância é tão odioso quanto o *Gott mit uns* (Deus conosco) que figurava nos cinturões dos carrascos." Cf. *Magazine Littéraire*, 419, abr 2003, p.34. Palavras recolhidas por Alain David.
[107] Hadrien Laroche percebeu.
[108] Ibid., p.454.

Na sua linguagem poética, Genet, fino conhecedor da aventura de Herzl e leitor da Bíblia, interpretava, portanto, o conflito israelense-palestino não só como a metáfora do combate noturno entre Jacó e o Anjo, mas como a repetição sem fim da luta de vida ou morte que deu origem ao sionismo: "Uma terra sem povo para um povo sem terra." E concluía, colérico, que os judeus seriam sempre vencedores devido ao domínio que tinham da língua. O verdadeiro vencedor será sempre aquele que souber obter a vitória não pela força física, mas pelo poder da mente. Se, num caso, um povo sem Estado estivesse condenado a vencer para existir e se, no outro, um povo cujo Estado nunca conseguisse ser nomeado tivesse a vitória garantida pela soberania de seu verbo, isso significava que aos judeus estava reservada uma sobrevivência eterna, pontuada incessantemente pelo terror de seu desaparecimento ou de sua fossilização. Freud não disse outra coisa.

Anarquista, materialista, ateu, antissionista, homossexual e perverso, Genet defendia, portanto, a causa palestina da mesma forma que Chomsky, em termos com que não podemos concordar. Mas, longe de odiar a língua e a cultura europeias ou americanas, e em vez de representar a si próprio como grão-mestre de uma soberania da insignificância, ele vinculava seu próprio destino de ex-vítima, fascinada pelos algozes, ao dos três monoteísmos e, mais ainda, ao do primeiro povo, ao mesmo tempo eleito e maldito.

Que judeus? Que Estado? Que catástrofe? Que povo? Em 1993, num romance de grande audácia, *Operação Shylock*, o escritor americano Philip Roth, também ele tachado de antissemita – como Genet, como Freud, como Derrida –, tentou responder a essa pergunta por meio da ficção pondo em cena a grande obsessão judaica com a identidade, a eleição, a dispersão e a catástrofe. Inventou, pois, um duplo de si mesmo, denominado Moshe Pipik, junguiano e pós-sionista. Para resolver a questão judaica ligada à desastrosa cisão entre Israel e a diáspora, Pipik, o sósia louco, sempre à cata de um território e de uma usurpação, pretendia criar um movimento parecido com o antigo sionismo: o diasporismo. Adotando a identidade do verdadeiro Roth, narrador freudiano, neurótico, sem território e amigo do escritor israelense Aharon Appelfeld, sobrevivente do Holocausto,[109] propunha levar de volta para a Europa todos os judeus asquenazes de Israel. Estes poderiam, então, regenerar esse velho continente, que perdera a alma ao exterminá-los. Por meio desse retorno à verdadeira terra prometida, o gênio da história judaica seria ressuscitado: hassidismo, judeidade, *Haskalá*, sionismo, socialismo, comunismo, psicanálise, obras de Heine, Marx, Freud, Espinosa, Rosa de Luxemburgo, Proust, Kafka.

Em vez de festejar a cada ano "o ano que vem em Jerusalém", esses judeus novos poderiam finalmente celebrar a lembrança de sua partida libertadora e devolver aos árabes suas terras, deixando nelas, aliás, os sefarditas, já instalados de longa data, bem como os fanáticos, racistas ou fundamentalistas: "o ano passado em Jerusalém", diriam eles, conscientes de terem finalmente obtido uma vitória histórica sobre Hitler e Auschwitz. Pois mais vale perder um Estado, sugere Roth, que perder a alma com o risco de desencadear uma guerra nuclear.[110]

Poderíamos imaginar uma continuação para essa confissão do grande escritor judeu da diáspora do final do século XX. Mas ela seria menos engraçada e mais trágica. Contaria a difusão, na opinião pública israelense, das teses extravagantes de Yoram Hazony, opostas tanto às do narrador freudiano quanto às de seu sósia falsamente junguiano.

Nascido de pais israelenses que emigraram para os Estados Unidos em 1965, Hazony se estabeleceu em Israel 20 anos depois, percorrendo, assim, um ciclo bastante clássico entre alguns judeus americanos. Ligado à revista *Commentary* e marcado pelo ensino do rabino Meir Kahane,[111] que pregava uma política racista, favorável ao grande Israel e à expulsão de todos os palestinos do país, ele fundou em 1994, com outros intelectuais de mesma obediência, o Centro Shalem, lançando então um vasto programa de reflexão sobre a história judaica e as instituições políticas israelenses.

---

[109] Aharon Appelfeld: escritor israelense, nascido em 1932, na Romênia, emigrou para a Palestina em 1946, sionista de esquerda, autor de aproximadamente 40 livros, aluno de Gershom Sholem. Roth faz dele um dos heróis do romance, um outro duplo de si mesmo.

[110] Philip Roth, *Operação Shylock*, São Paulo, Companhia das Letras, 1994.

[111] Meir David Kahane (1932-90): rabino e político israelense-americano, fundador da Liga de Defesa Judaica e depois do Kach, partido político de extrema direita, excluído da Knesset em 1984 por motivo de racismo, foi assassinado por um extremista depois de ter exortado os judeus americanos a emigrarem para Israel.

Tendo-se tornado líder de um movimento neossionista, hostil tanto à esquerda israelense quanto aos novos historiadores pós-sionistas e aos melhores escritores israelenses – Amos Oz, David Grossman etc. –, Hazony publicou, no final de 2000 e no momento da segunda Intifada,[112] uma obra fortemente antidiaspórica, na qual revisava a história do sionismo depois de Theodor Herzl para promover uma rejudaização radical do Estado de Israel: foco do ensino escolar nos valores judaicos, culto do patriotismo judeu, esquecimento da *Haskalá* e do Iluminismo, valorização das características próprias do povo judeu e da "alma judaica". Vale dizer que esse estranho retorno a Herzl parecia-se muito com um retorno a Drumont, contra quem Herzl forjara o retorno a Sião.

Hazony atacava violentamente Aharon Appelfeld, amigo de Philip Roth, acusando-o de haver questionado, em sua autobiografia, a disciplina que lhe tinha sido imposta pela Tsahal[113] durante seu serviço militar. Na mesma perspectiva, Hazony denunciava a conspiração fomentada pelos maus judeus,[114] laicos e universalistas, contra a existência de Israel *enquanto Estado judeu*. E propunha resolver de uma vez por todas a questão, controversa há 60 anos, da natureza desse Estado suprimindo de seus fundamentos o princípio democrático. A seu ver, essa palavra – democracia – tinha se tornado nociva diante do poder crescente do duplo perigo orquestrado, por um lado, pelos judeus desjudaizados e, por outro, pelos árabes. Segundo Hazony, o Estado de Israel não devia mais ser israelense e sim judeu, reservado apenas aos cidadãos judeus, com a condição, contudo, de que eles aceitassem se rejudaizar e serem identificados a uma nação judaica, doce eufemismo para designar uma "raça judaica".

O problema é que essa tese, que visava transformar o Estado de Israel quer em uma teocracia semelhante a uma República islâmica, quer em

---

[112] Yoram Hazony, *L'État juif. Sionisme, post-sionisme et destin d'Israël* (2000), Paris, Éditions de l'Éclat, 2007. A segunda Intifada desencadeou-se em setembro de 2000, depois da visita de Ariel Sharon à esplanada das mesquitas/Monte do Templo. Essa visita foi vista como uma provocação pelos palestinos, sobretudo porque na véspera Yasser Arafat havia pedido ao primeiro-ministro israelense, Ehud Barak, para proibi-la. Naquela ocasião, Arafat enfrentava a escalada de poder por parte do Hamas, na verdade favorecido pelos sucessivos governos israelenses e pela política desastrosa para o processo de paz adotada por George Bush, presidente dos Estados Unidos, adepto do neoconservadorismo e obcecado pela ideia de que seu país deveria liderar uma cruzada mundial contra as forças do mal.

[113] Abreviação de Tsva Haganah le Israel (Exército de defesa de Israel). (N.T.)

[114] Isso lembra a denúncia na França dos "alterjudeus".

uma ditadura fundamentada no racismo e no *apartheid*, quer nos dois ao mesmo tempo, foi adotada por seus dirigentes conservadores nas negociações com uma Autoridade Palestina por sua vez ultrapassada pelo Hamas. Mais uma vez, uma doutrina racialista engendrada por universitários e que deveria ter sido objeto de uma controvérsia entre eruditos, vinha servir a interesses de uma política fundamentada na guerra perpétua.

Freud tinha imaginado um pesadelo assim quando temeu um enfrentamento na Terra Prometida – entre Muro das Lamentações e Domo do Rochedo – entre judeus racistas e árabes antissemitas.

E como na aurora do século XXI esse pesadelo virou realidade, isso significa que os israelenses estão confrontados agora com uma escolha verdadeira: ou fazer de seu Estado uma democracia ainda mais laica e mais igualitária, continuando a chamá-lo Israel, mas admitindo que um Estado de direito tem de ser não judeu para ser verdadeiramente democrático; ou afirmar o caráter judeu de seu Estado, aceitando junto com isso que ele deixa de ser israelense e democrático e se torna religioso e racialista.

No primeiro caso, eles continuariam judeus no sentido do judaísmo ou da judeidade, sendo ao mesmo tempo cidadãos israelenses tanto quanto os não judeus: homens entre outros homens, capazes de conceder um território a um povo que dele foi despossuído. No segundo caso, deixariam de ser cidadãos israelenses, assumindo o fato de serem judeus no sentido da nação, da etnia, da raça e de um Deus vingador e assassino. Perderiam então, certamente, aquilo que constitui a universalidade do povo judeu e sua capacidade de resistência a todas as catástrofes: uma maneira única de saber transmitir à humanidade a ideia de que nenhum homem pode ser reduzido à sua comunidade, às suas raízes e a seu território.

Pois tal é a história de Jacó, patriarca bíblico, profeta do islamismo, que deu seu nome a Israel: ferido por Deus, vencedor de Deus e de si mesmo, eleito por Deus para ser um homem entre os outros homens.

Agradecimentos

Agradeço a todos aqueles que contribuíram de uma maneira ou outra para a elaboração deste livro: Laure Adler, Jacques-Martin Berne, Stephane Bou, Mireille Chauveinc, Raphaël Enthoven, Liliane Kandel, Guido Liebermann, Arno Mayer, Maurice Olender, Benoît Peteers, Michel Rotfus.

A Dominique Bourel, que releu as provas.

E, naturalmente, a Olivier Bétourné, meu editor.

Coleção Transmissão da Psicanálise

Não Há Relação Sexual
Alain Badiou e Barbara Cassin

Fundamentos da Psicanálise de Freud a Lacan
(4 volumes)
Marco Antonio Coutinho Jorge

Histeria e Sexualidade
Transexualidade
Marco Antonio Coutinho Jorge; Natália Pereira Travassos

Por Amor a Freud
Hilda Doolittle

A Criança do Espelho
Françoise Dolto e J.-D. Nasio

O Pai e Sua Função em Psicanálise
Joël Dor

Introdução Clínica a Freud
Introdução Clínica à Psicanálise Lacaniana
Bruce Fink

A Psicanálise de Crianças e o Lugar dos Pais
Alba Flesler

A Vocação do Exílio
Betty Fuks

A Psicanálise e o Religioso
Philippe Julien

Alguma Vez É Só Sexo?
Gozo
O Que É Loucura?
Simplesmente Bipolar
Darian Leader

Freud e a Descoberta do Inconsciente
Octave Mannoni

5 Lições sobre a Teoria de Jacques Lacan
9 Lições sobre Arte e Psicanálise
Como Agir com um Adolescente Difícil?
Como Trabalha um Psicanalista?
A Depressão é a Perda de uma Ilusão
Dez Lições de Vida, Sofrimento e Amor
A Dor de Amar
A Dor Física
A Fantasia
Os Grandes Casos de Psicose
A Histeria
Introdução à Topologia de Lacan
Introdução às Obras de Freud, Ferenczi, Groddeck, Klein, Winnicott, Dolto, Lacan
Lições sobre os 7 Conceitos Cruciais da Psicanálise
O Livro da Dor e do Amor
O Olhar em Psicanálise
Os Olhos de Laura
Por Que Repetimos os Mesmos Erros?
O Prazer de Ler Freud
Psicossomática
O Silêncio na Psicanálise
Sim, a Psicanálise Cura!
J.-D. Nasio

Guimarães Rosa e a Psicanálise
Tania Rivera

A Análise e o Arquivo
Dicionário Amoroso da Psicanálise
Em Defesa da Psicanálise
O Eu Soberano
Freud — Mas Por Que Tanto Ódio?
Lacan, a Despeito de Tudo e de Todos
O Paciente, o Terapeuta e o Estado
A Parte Obscura de Nós Mesmos
Retorno à Questão Judaica
Sigmund Freud na sua Época e em Nosso Tempo
Elisabeth Roudinesco

O Inconsciente a Céu Aberto da Psicose
Colette Soler

ESTA OBRA FOI COMPOSTA POR MARI TABOADA EM FRUTIGER E SABON E IMPRESSA EM PROCESSO SOB DEMANDA PELA UM LIVRO SOBRE PAPEL OFFWHITE PARA A EDITORA SCHWARCZ A PARTIR DE 2025

FSC
www.fsc.org
MISTO
Apoiando o manejo florestal responsável
FSC® C128038

A marca FSC® é a garantia de que a madeira utilizada na fabricação do papel deste livro provém de florestas que foram gerenciadas de maneira ambientalmente correta, socialmente justa e economicamente viável, além de outras fontes de origem controlada.